Ꮛ e

TABLETTES
DU DIRECTEUR D'USINES A GAZ

RECUEIL

DE

JURISPRUDENCE

COMPAGNIES & CONSOMMATEURS

PAR

Émile Durand

Directeur du journal LE GAZ

Membre honoraire de l'Association des Directeurs d'usines à gaz
d'Angleterre.

PARIS

AU BUREAU DU JOURNAL *LE GAZ*

72. faubourg Montmartre, 72.

Paris. — Typ. Alcan-Lévy, boul. de Clichy, 62.

AVANT-PROPOS

———

Il y a déjà longtemps que, en présence des difficultés nombreuses dont la solution nous était demandée, soit comme journaliste spécial de l'industrie du gaz, soit comme conseil de compagnies gazières, nous avons senti la nécessité de réunir et de mettre en ordre les décisions judiciaires prononcées, en cette matière, par les tribunaux français, depuis que l'éclairage au gaz a conquis son droit de cité parmi nous jusqu'à nos jours.

L'absence d'un pareil recueil était une lacune regrettable, que nous nous efforcions de combler, en publiant le plus souvent possible, dans notre journal *le Gaz*, les jugements et arrêts spéciaux au fur et à mesure qu'ils étaient rendus, ou qu'ils venaient à notre connaissance ; mais nous sentions toute l'insuffisance de cette publication. Chaque décision de la justice, ainsi isolée, se perdait au milieu des autres sujets par nous traités, et il manquait, entre elles toutes, ce lien qui aurait dû les rattacher aux principes généraux, de manière à en démontrer la légalité, la logique.

Nous avons souvent regretté qu'une plume plus autorisée que la nôtre, celle d'un jurisconsulte, par exemple, n'entreprît pas une tâche que nous regardions comme au-dessus de nos forces, ayant le sentiment de notre impuissance à traiter des questions de droit.

Voyant enfin que personne ne songeait à entreprendre un travail dont chaque jour nous démontrait l'urgente nécessité, nous avons essayé de réunir les quelques jugements épars dans notre publication et de les grouper, afin d'en former un premier noyau. A ces quelques documents, essentiellement incomplets, nous avons joint d'autres jugements et arrêts qui nous sont tombés sous la main.

Désireux d'essayer nos forces dans l'intérêt de l'industrie, aux progrès de laquelle nous nous sommes voué, nous nous sommes attaché d'abord à cette partie de la jurisprudence qui est spécialement relative aux rapports naturels qui existent entre les compagnies de gaz et leurs abonnés; comme cadre, nous savno pris les stipulations contenues dans les polices d'abonnement ; comme type des polices, nous avons choisi le modèle approuvé par le préfet de la Seine et qui est en usage dans la Ville de Paris.

Autour de chacun des articles de cette police, nous avons groupé les décisions qui avaient trait à leur interprétation ou qui se rattachaient aux difficultés auxquelles l'exécution des conditions pouvait donner lieu dans la pratique. Nous avons ainsi établi dans notre travail un ordre logique ayant, à défaut d'autres avantages, celui de présenter sous une même rubrique la solution de tous les litiges relatifs à un même ordre d'idées.

Peu à peu nous avons pris goût à cette tâche, et c'est ainsi que nous avons été amené à compulser tour à tour :

Toute la collection complète du journal le *Droit*,

Toute celle de la *Gazette des Tribunaux*,

Le *Journal des Tribunaux de Commerce*, de MM. Teulet et Camberlin ;

Le *Mémorial du Commerce* de M. Le Hir ;

Le *Journal du Palais*, depuis 1834 ;

Le Recueil périodique de Dalloz, depuis la même époque ;

Le Recueil de Sirey ;

Le journal de l'*Eclairage au Gaz*, et diverses autres publications ;

Et à consulter, comme auteurs, Troplong, Duvergier, le Répertoire de jurisprudence de Dalloz, etc.

Aux nombreux documents que nous avons puisés à ces diverses sources, sont venus se joindre d'autres documents qui nous étaient envoyés par quelques compagnies et par quelques directeurs d'usines à gaz, jaloux de nous aider à compléter le travail que nous avions entrepris.

Aujourd'hui l'œuvre est terminée, grâce à nos patientes recherches, grâce au concours bienveillant que nous avons trouvé chez plusieurs de nos abonnés, concours pour lequel nous désirons qu'ils trouvent ici l'expression de notre gratitude.

L'ouvrage que nous avons produit et que nous livrons aujourd'hui à nos lecteurs, n'est point un traité de jurisprudence. Si les diverses questions de droit en matière de gaz nous sont familières par suite de la longue habitude que nous avons de traiter ces questions, nous l'avons dit, nous ne sommes point jurisconsulte.

Notre œuvre a donc des proportions plus modestes, c'est un simple Recueil de jurisprudence établi sur environ cent cent cinquante décisions judiciaires des tribunaux des diverses juridictions appelés, suivant leur compétence, à connaître des nombreuses questions litigieuses auxquelles les rapports de compagnies à abonnés ont pu donner lieu jusqu'à ce jour. Nous n'avons rien négligé pour que ce travail fût aussi complet et aussi clair que possible.

A nos lecteurs à juger notre œuvre.

Si leur jugement nous est favorable, nous avons déjà réuni tous les matériaux nécessaires à produire un semblable recueil pour toutes les questions relatives aux rapports des compagnies avec les municipalités ; nous nous mettrons de nouveau au travail sans relâche.

Pour le moment, certain d'avoir apporté à la rédaction de l'œuvre présente tout le soin, toute l'exactitude indispensable à un pareil travail, à défaut du talent spécial qui nous manque, nous attendons avec confiance le jugement de nos lecteurs. Puisse leur indulgence assurer notre succès !

EMILE DURAND.

INDUSTRIE DU GAZ

RECUEIL DE JURISPRUDENCE SPÉCIALE

COMPAGNIES ET CONSOMMATEURS

CHAPITRE PREMIER

Question Préliminaire

INTRODUCTION DU GAZ DANS LES LOCAUX HABITÉS

1. — La première question qui doit se présenter naturellement à l'esprit de toute personne qui veut adopter le système de l'éclairage au gaz pour ses besoins industriels ou domestiques, est celle-ci : Ai-je le droit d'introduire le gaz dans la maison que j'habite?

2. — La réponse affirmative n'est point douteuse si l'individu qui se pose cette question est propriétaire du local à éclairer : son droit est entier et ne connaît d'autres limites que celles des prescriptions imposées par l'autorité pour l'adoption de l'éclairage au gaz.

3. — Mais il n'en est pas de même du locataire. Outre les préjugés que certains propriétaires conservent encore contre l'éclairage au gaz, qu'ils considèrent comme une cause de craintes, de sinistres, de mauvaise odeur, et cela surtout en province où ce mode d'éclairage n'est point encore devenu, comme à Paris, un objet de nécessité première, l'introduction du gaz dans une maison nécessite des travaux d'installation, percement de murs, de plafonds, de cloisons que le locataire n'est pas toujours libre d'exécuter.

4. — Le locataire ne doit point perdre de vue qu'aux termes de l'article 1728 du Code civil, *il est tenu d'user de la chose louée en bon père de famille, et suivant la destination qui lui été donnée par le bail, ou suivant celle présumée d'après les circonstances, à défaut de convention.* Or, qu'est-ce que jouir de la chose louée en bon père de famille, si ce n'est de n'exécuter dans les lieux loués aucun travail qui soit de nature à en compromettre la solidité et la sécurité. Suivant les auteurs, l'installation du gaz doit être regardée comme une modification, un changement apporté à la chose louée, et dès lors le locataire ne saurait y procéder de son seul gré sans porter atteinte aux droits du propriétaire et même sans encourir la résiliation de son bail.

5. — Duverger dit : (Ch. II, du louage des choses nos 398, 399 et 400) « Il est évident que le preneur ne doit se permettre de faire aucun changement à la chose louée.

« Le locataire ne peut se permettre de percer les gros murs, d'y pratiquer des ouvertures, de faire des travaux ou des innovations qui nuisent à la solidité des bâtiments, ou qui présentent quelques autres inconvénients. Le Tribunal de première instance de la Seine a fait une saine application des principes, en décidant qu'un locataire ne peut percer les murs et les planchers pour établir dans son appartement l'éclairage au gaz.

« L'art. 1729 consacre cette doctrine en termes généraux; il dit que : Si le preneur emploie la chose à un usage autre que celui auquel elle est destinée, ou dont il puisse résulter un dommage pour le bailleur, celui-ci peut, suivant les circonstances, demander la résiliation du bail. »

6. — Troplong s'exprime ainsi sur le même sujet : (Droit civil expliqué, de l'échange et du louage, no 311) « Il va sans dire qu'il est interdit au locataire d'exécuter des travaux qui seraient de nature à nuire à la solidité des bâtiments ou qui présenteraient d'autres inconvénients, comme de percer les gros murs

pour y établir des fenêtres, des ouvertures, des conduites de gaz, etc. On le voit! ce serait empiéter sur les droits du propriétaire, dépasser les bornes d'une jouissance précaire et limitée, et faire ce dont un bon père de famille doit s'abstenir dans l'usage de la chose d'autrui. »

7. — En présence d'opinions si nettes et si précises, on comprend que le locataire qui, par le seul fait de sa position, est sans droit pour introduire le gaz dans les lieux habités, se voie interdire bien plus encore l'adoption de ce mode d'éclairage lorsque le bail qui lui a été consenti porte expressément, que le preneur ne pourra faire aucun changement tant à l'intérieur qu'à l'extérieur de la maison louée; il est évident que, dans ce cas, le consentement exprès du propriétaire est nécessaire pour l'introduction du gaz.

8. — Voici un jugement et un arrêt qui consacrent ce principe :

Tribunal civil de Troyes.
18 août 1863.

« Attendu qu'il a été formellement stipulé par le bail sous signatures privées du..... entre T*** et Mlle L***, que les preneurs ne pourraient faire aucun changement, tant à l'intérieur qu'à l'extérieur de la maison, sans le consentement du bailleur, sous peine de tous frais et dommages et intérêts ; que les travaux faits par T*** constituent le changement défendu par le bail ; — ordonne que T*** sera tenu de cesser ou de faire cesser tous travaux, et d'enlever tous conduites et appareils ayant pour objet l'éclairage au gaz, et de rétablir les lieux dans leur état primitif, etc. »

Sur l'appel, la Cour impériale de Paris a rendu, le 22 décembre 1864, l'arrêt suivant :

La Cour, — considérant que l'appelant soutient vainement que les travaux qu'il a fait exécuter pour l'installation de l'éclairage au gaz dans son magasin ne constituent pas un changement à l'immeuble dont il est locataire; qu'en effet, il est manifeste que cette installation n'a eu lieu qu'au moyen de percements et de pose de tuyaux qui constituent évidemment une modification de l'état, tant intérieur qu'extérieur, de la propriété de la demoiselle L***; qu'en conséquence, la clause invoquée par l'intimée s'applique, par la généralité de ses termes, aux travaux exécutés par T*** pour introduire le gaz dans les lieux ; adoptant au surplus les motifs des premiers juges ; confirme,

9. — Cette jurisprudence est encore consacrée par les jugements suivants :

Tribunal civil de la Seine.
16 août 1836.

Considérant que, quels que puissent être les avantages du mode d'éclairage par le gaz, il n'en est pas moins un mode nouveau, susceptible d'inconvénients et de dangers, et qu'il ne peut être permis au locataire d'en faire usage contre la volonté du propriétaire, surtout quand il est nécessaire, à cet effet, de percer les murs de la maison ou de faire d'autres travaux qui intéressent spécialement la propriété ; ordonne la suppression des conduits et des appareils posés par le locataire.

Ce jugement offre cela de remarquable, qu'il a été rendu contre un des principaux appareilleurs de Paris, qui avait déjà installé le gaz depuis un an dans ses appartements, installation qu'il a fallu détruire en conséquence du jugement ci-dessus; mais, à cette époque, le gaz inspirait un tel effroi, que la propriétaire, à la requête de laquelle le jugement faisait droit, avait demandé au Tribunal l'autorisation de requérir, au besoin, la force armée pour procéder à l'exécution de la condamnation prononcée.

Sur l'appel, la Cour royale de Paris confirma le jugement, par arrêt du 9 octobre 1836.

10. — Un autre jugement du Tribunal civil de la Seine, en date du 23 novembre 1841, déclara à nouveau que le locataire ne peut s'éclairer au gaz sans le consentement du propriétaire, et ordonna ainsi la destruction des travaux commencés; il s'agissait pourtant, alors, d'une école publique de dessin, dans laquelle les leçons avaient lieu le soir.

11. — Voici encore un jugement semblable :

Tribunal civil de la Seine.
19 janvier 1857.

Attendu qu'un locataire ne saurait, en dehors des stipulations de son bail et sans le consentement exprès et formel du propriétaire, substituer chez lui l'éclairage au gaz à l'éclairage à l'huile; qu'en effet, les travaux nécessaires pour établir le nouveau mode d'éclairage pourraient compromettre la solidité de la maison, et nuire à la sécurité des autres locataires; déclare le preneur mal fondé dans sa demande.

12. — Un autre arrêt de la Cour impériale de Paris, du 29 janvier 1858, a tranché la question dans le même sens.

13. — Nous avons même trouvé un arrêt de la même Cour, en date du 15 janvier 1858, qui déboute un locataire de sa prétention d'éclairer au gaz le logement qu'il occupe au premier étage d'une maison, bien que le rez-de-chaussée fût éclairé au gaz et que ce mode d'éclairage fût même installé dans la loge du concierge !

14. — Pareille décision avait déjà été rendue par le Tribunal civil de la Seine, le 9 mai 1856, mais cette fois le Tribunal avait paru reconnaître que l'emploi du gaz devenait indispensable pour les établissements industriels; voici le dispositif de ce jugement :

Attendu que, si l'éclairage au gaz est devenu général pour les boutiques, magasins et établissements publics, il n'en est pas de même pour les habitations particulières;

Attendu que si Bertrand, en louant dans la maison de la veuve Granger et des époux Dufresne, a fait connaître sa qualité de commissionnaire en marchandises ; cependant, les localités dont il fait son bureau et son magasin lui ont été louées comme appartement, avec défense de faire paraître aucun signe extérieur qui pût donner l'apparence d'une exploitation commerciale ;

Attendu que, dans de telles circonstances, le propriétaire est fondé à interdire à son locataire d'introduire dans son domicile l'usage du gaz, qui présenterait des inconvénients et des chances nouvelles de dangers qu'il n'est pas tenu de subir en l'absence d'une convention formelle à cet égard ;

Déclare Bertrand mal fondé sur sa demande, l'en déboute et le condamne aux dépens.

Sur l'appel, la Cour impériale de Paris prononça un arrêt confirmatif, le 19 décembre 1856, en déclarant adopter les motifs des premiers juges.

15. — Cette jurisprudence, bien que restrictive encore à l'égard du locataire non commerçant, n'en constituait pas moins un progrès sur les décisions antérieures, car, ainsi qu'on va le voir, il avait été jugé que : quand bien même les lieux loués auraient jadis été éclairés au gaz, et quand bien même il existerait encore en place des appareils ayant servi à cet éclairage, si au moment de la prise de possession par le locataire, ces appareils avaient été isolés ou en partie détruits, de manière à ne plus pouvoir fonctionner, le locataire ne pourrait les remettre en état et s'en servir pour s'éclairer, même à l'extérieur, si le bail porte qu'il ne pourra apporter aucune modification aux lieux loués sans l'autorisation du propriétaire.

16. — Cette doctrine est confirmée par le jugement suivant :

Une demoiselle X... a loué un magasin, devant la porte duquel il y avait eu jadis deux candélabres éclairés au gaz. A la sortie du précédent locataire, le propriétaire avait fait isoler ces candélabres des tuyaux de conduite, de sorte que, lors de la prise de possession par la demoiselle X..., ces candélabres ne servaient plus à l'éclairage au gaz. Après un séjour de sept années, la locataire eut la fantaisie d'employer l'éclairage au gaz, et d'utiliser, à cet effet, les candélabres placés devant la porte; le propriétaire s'y opposa; de là contestation, assignation devant le Tribunal civil de Paris, qui rendit le jugement suivant :

Le tribunal, en ce qui touche le droit auquel prétend la demoiselle X*** de faire éclairer la partie de son établissement au gaz, en se servant à cet effet des candélabres;

Attendu que ce mode d'éclairage n'existait pas lorsque la demoiselle X*** a pris possession des lieux, en 1844 ; que si, antérieurement, lesdits candélabres avaient reçu les conduits d'un éclairage au gaz, ils avaient été détruits ; que la demoiselle X*** ne peut donc appuyer sa prétention sur l'état existant lors de son entrée en jouissance ;

Attendu que le prétendu droit que revendique la demoiselle X*** après sept années de son entrée dans les lieux, ne peut être considéré comme une conséquence de l'exploitation de son établissement ; qu'au contraire, ce mode d'éclairage, en raison des désordres et des inconvénients qu'il peut présenter au regard du propriétaire, doit être l'objet de conventions spéciales entre les parties, et ne peut résulter que du consentement exprès du propriétaire ;

Que ce dernier n'a pris à cet effet aucun engagement avec la demoiselle X***, et que, loin de là, il lui a interdit de faire ou apporter dans les lieux loués aucun changement sans son autorisation préalable ;

Déclare la demoiselle X*** sans droit pour faire éclairer la porte de son établissement au gaz.

Appel. — Cour de Paris (22 décembre 1851).

La Cour, adoptant les motifs des premiers juges, confirme.

17. — Sirey, qui rapporte cet arrêt, ajoute l'observation suivante, qui nous paraît toute naturelle :

« Les motifs de l'arrêt supposent, et cela nous paraît évident, que si l'état des lieux, lors de l'entrée en jouissance du preneur, indiquait l'existence d'un éclairage au gaz, le propriétaire ne serait pas alors fondé à s'opposer aux travaux nécessaires pour user de ce mode d'éclairage ; en ce cas, il y aurait convention tacite, ayant la même force qu'une stipulation expresse. »

18. — En présence des divers jugements que nous venons de rapporter, nous éprouvons une certaine difficulté à comprendre comment le Tribunal civil de la Seine a pu, le 21 décembre 1843, rendre un jugement qui se trouve en opposition avec ses décisions antérieures

Voici le fait :

Un sieur Leclerc loue le rez-de-chaussée d'une maison pour y installer un magasin. Voulant que cette installation soit convenable, il se fait éclairer au gaz.

A l'expiration de l'une des périodes de son bail, il remet au propriétaire un état de lieux que celui-ci s'empresse de vérifier, mais qu'il refuse d'approuver, attendu que l'état primitif du local a été modifié par l'introduction du gaz dans les lieux loués, et cela au mépris d'une clause du bail qui fait défense au locataire d'apporter aucun changement dans lesdits lieux, sans l'autorisation formelle du propriétaire.

Un expert est nommé, son rapport est favorable au locataire.

Le propriétaire intente alors un procès, prétendant que les tuyaux de gaz placés à l'intérieur étaient disposés de telle sorte dans les murs qu'on n'en pouvait suivre la trace; il demandait, ou la suppression du gaz, ou la mise à découvert des tuyaux.

Le tribunal a jugé que les *changements apportés étaient dans le droit de jouissance du locataire*, et qu'ils n'étaient pas de nature à nuire à la propriété et à sa solidité; il a décidé que si ces changements nécessitaient des réparations, elles seraient à la charge du locataire; en conséquence, il a entériné le rapport de l'expert et déclaré la prétention du propriétaire inopportune et irrecevable pour le moment.

Certes, cette déclaration que les *changements apportés sont dans les droits de jouissance du locataire*, est en contradiction bien directe avec la jurisprudence adoptée, et les avis exprimés par les divers auteurs plus haut cités, qui tous, au contraire, ont consacré la prohibition faite au locataire de ne rien changer à l'état des lieux loués.

19. — Citons encore l'opinion d'un éminent jurisconsulte.

— Dalloz (Répertoire de jurisprudence générale, louage, ch. 4, n° 600) s'exprime ainsi au sujet de cette question :

« Il a été jugé, par application aux baux à loyer, des règles qui déterminent le mode de jouissance du

preneur, qu'à moins d'une réserve faite expressément
à ce sujet dans son bail, le locataire ne peut, sans le
consentement du propriétaire, introduire dans les
lieux loués (un rez-de-chaussée, par exemple), même
pour l'utilité de l'industrie qu'il avait déclaré y vouloir exploiter, le système de l'éclairage au gaz, alors
que cela n'entre point dans les exigences de sa profession ; que la déclaration du preneur, qu'il loue pour
l'exploitation d'un restaurant, ne le dispense pas, s'il
veut faire éclairer au gaz les lieux loués, d'en faire
l'objet d'une stipulation expresse du bail ; que la circonstance que les lieux loués ont été autrefois éclairés
par le gaz n'autorise point le locataire à y rétablir,
sans le consentement du propriétaire, ce mode d'éclairage, s'il ne faisait point partie de l'état de choses
existant au moment de l'entrée en jouissance. Cependant, lorsqu'il s'agit d'un rez-de-chaussée et d'un locataire qui se propose d'y ouvrir un établissement public, tel qu'un restaurant, on doit, ce me semble, à
cause d'un usage à peu près universellement pratiqué
à Paris pour cette sorte d'industrie, décider que ce
mode d'éclairage, quoiqu'il offre des inconvénients,
est implicitement permis par le silence du bail, et
qu'il est au contraire nécessaire, en pareil cas, si on
veut l'interdire au locataire, de le stipuler expressément dans le contrat. — Mais si l'emploi du gaz était
tellement considérable qu'il pût en résulter une demande en résiliation des autres locataires, pour insé-
curité de l'habitation, ou pour trouble à la jouissance,
il semble que le propriétaire serait en droit de s'oppo-

ser à ce genre de dépréciation de son immeuble. Au reste, l'usage dont nous avons parlé ne doit pas être trop généralisé dans ses effets; il y a aussi dans le mode d'exploitation d'une maison des précédents ou une tradition qui doivent être écoutés de préférence. Aussi n'est-ce qu'à propos d'un local destiné à un restaurant que l'usage industriel nous a paru pouvoir être invoqué contre le propriétaire. »

20. — A notre avis, les diverses opinions des jurisconsultes que nous venons de reproduire, ne nous semblent pas complétement d'accord avec les progrès qu'a faits l'opinion publique sur la matière.

Aujourd'hui que la généralité des habitants, surtout à Paris, s'est familiarisée avec l'éclairage au gaz, que la Compagnie Parisienne installe à ses frais dans toute maison nouvelle des colonnes montantes chargées de distribuer le gaz à tous les étages, que l'on s'est convaincu que les travaux nécessités par l'installation du gaz sont rarement de nature à compromettre la solidité des maisons, et que les sages prescriptions de l'autorité ne permettent pas d'encastrer les tuyaux de conduite dans les murs et les plafonds, on regarde un peu comme vieillies les prohibitions de la loi, et comme pusillanimes les appréhensions des propriétaires.

21. — L'esprit de progrès, sous ce rapport, semble même gagner les tribunaux, car voici un jugement du Tribunal civil de la Seine, du 28 décembre 1861,

qui consacre le droit pour le locataire de s'éclairer au gaz sans le consentement du propriétaire, alors que le bail ne contient aucune prohibition relative à l'introduction du gaz dans les lieux loués, et lorsque l'installation du gaz est exécutée de manière à ne nuire en rien à la solidité de l'immeuble.

« Attendu que le droit de se chauffer et de s'éclairer de quelque façon que ce soit appartient au locataire, pourvu qu'il ne résulte du mode adopté ni danger, ni inconvénient, surtout lorsqu'il n'existe aucune clause contraire dans le bail ;

« Attendu qu'il est établi par les documents de la cause que le gaz organisé par la fille P*** dans les lieux dont elle est locataire a été exécuté dans de bonnes conditions, avec des tuyaux extérieurs, conformément au règlement de police ;

« Par ces motifs ;

« Déboute la veuve B*** de sa demande et la condamne aux dépens de la demande principale et de la demande en garantie. »

22. — Cette jurisprudence large n'a pas été complètement adoptée par la Cour impériale de Paris, qui, sur l'appel, a rendu, le 29 novembre 1862, l'arrêt suivant :

« La Cour, considérant que, dans les divers baux par elle faits, depuis 1830 jusqu'en 1860, des lieux dont il s'agit au procès, la veuve B*** n'a point interdit à ses locataires de modifier l'état desdits lieux ; que les termes de ces baux autorisent à croire, au contraire, qu'elle n'entendait aucunement priver lesdits locataires de la faculté d'opérer, dans le magasin et ses dépendances, les modifications ou innovations que pouvait rendre nécessaires ou utiles le genre de commerce qu'ils y exerçaient ;

« Qu'en effet, la seule interdiction qui soit exprimée dans ces actes, est celle de sous-louer, soit à un marchand de vin, soit à un charbonnier, soit à un boulanger ;

« Que, s'il eût été dans l'intention de la veuve B*** de ne pas permettre l'introduction du gaz dans la boutique, aujourd'hui occupée par la fille P***, elle n'eût pas manqué de stipuler formellement la défense, alors que déjà, à l'époque où furent passés plusieurs desdits baux, notamment de 1850 à 1860, l'usage de ce moyen d'éclairage était généralement répandu dans les magasins de la rue du Caire, où est située sa maison ;

« Que, dans ces circonstances, on doit présumer qu'elle a, sinon expressément, au moins tacitement autorisé les locataires de la boutique à user du gaz, comme en usent la plupart des locataires du même quartier ;

« Considérant, d'ailleurs, qu'il n'est point justifié que les travaux exécutés pour la pose des appareils d'éclairage et de chauffage aient porté atteinte à la solidité de la maison ;

« Adoptant, au surplus, les motifs du jugement autres que celui par lequel les premiers juges admettent que le locataire a le droit de faire pénétrer le gaz dans les lieux à lui loués, même sans le consentement du propriétaire ;

Confirme.

Comme on le voit, la Cour n'a pas voulu se servir des mêmes motifs pour consacrer la jurisprudence du Tribunal civil ; cependant, tout en ne reconnaissant pas le droit absolu du locataire de s'éclairer comme il l'entend, elle n'en consacre pas moins ce droit, en raison de l'adoption générale de l'éclairage par le gaz, du silence du propriétaire à cet égard et de la parfaite exécution des travaux qui ne nuisent en rien à la solidité de l'immeuble loué.

23. — Cette différence évidente dans la jurisprudence, jusqu'alors suivie par la Cour, a modifié sans doute aussi la manière de voir du Tribunal, car, dans une cause identique à celle qui a motivé l'arrêt du

15 janvier 1858, le Tribunal civil de la Seine n'a pas, comme on va le voir, sanctionné les prétentions du propriétaire. Voici le fait :

M. Michel a loué, dès 1857, pour 15 ans, dans une maison, rue Servandoni, divers locaux, et notamment une écurie et une remise avec autorisation formelle de les transformer en ateliers. Jusqu'en 1862, il se contenta d'éclairer ses ateliers à l'huile; mais alors il voulut y introduire le gaz, et fit commencer les travaux nécessaires. Le propriétaire s'empressa de faire constater d'abord, par un expert nommé en référé, la nature de ces travaux, et assigna M. Michel devant le Tribunal civil de la Seine pour voir dire qu'il serait tenu d'enlever les tuyaux déjà posés.

A l'audience, son avocat soutint, avec l'arrêt de 1851, que, lorsque le gaz n'éclaire pas les lieux loués au moment où le locataire en prend possession, et lorsque celui-ci n'a fait aucune réserve dans son bail à ce sujet, il ne peut soumettre le bailleur à subir un mode d'éclairage qui présente des inconvénients pour sa propriété.

M. Michel répondait que, dans l'espèce jugée par l'arrêt de 1851, le bail interdisait au preneur de faire ou apporter dans les lieux loués aucun changement sans l'autorisation préalable du propriétaire; tandis qu'au contraire, il était autorisé, lui, par son bail, à transformer une écurie et une remise en ateliers. Le propriétaire n'a pas pu supposer que ces ateliers ne seraient pas éclairés au gaz, car ce mode d'éclairage n'était pas nouveau dans la maison, puisque les escaliers y sont éclairés au gaz, et qu'un épicier, qui occupe une boutique dépendant de la maison, emploie également le gaz.

Le Tribunal a débouté le propriétaire de sa demande en suppression de tuyaux, et a autorisé le locataire à faire achever l'installation du gaz dans les lieux à lui loués, mais sous la direction de l'expert nommé par le juge des référés. (Tribunal civil de la Seine, 3 mars 1862).

24. — Malgré l'immense développement de l'éclairage au gaz, à Paris, il nous semble, toutefois, que l'on s'y est moins promptement habitué à ce progrès que dans certaines villes de province; nous n'en voulons pour témoin que le jugement suivant rendu par le Tribunal civil de Montpellier le 3 juillet 1840.

Pour en bien faire comprendre toute la portée, nous devons expliquer qu'à cette époque il y avait un an à peine que l'éclairage au gaz avait été introduit dans la ville de Montpellier, et que le litige auquel ce jugement a mis fin s'était élevé à la suite d'une violente explosion de gaz arrivée dans le local occupé par le sieur Fabre et faisant partie de la maison du sieur Cassan, propriétaire et demandeur en ladite cause.

Tribunal civil de Montpellier
3 juillet 1840.

Attendu que la police du sieur Fabre remonte au mois de mars 1839, et qu'à cette époque, il était de notoriété publique que la ville de Montpellier avait traité avec une Compagnie pour éclairer, par le moyen du gaz, les réverbères de la ville, et que déjà cette Compagnie avait fait des travaux apparents pour exécuter son traité ; que ce mode d'éclairage étant introduit dans la ville de Montpellier, et pouvant servir aussi bien à éclairer des établissements publics ou privés que les rues de la ville, Cassan (propriétaire) devait penser que Fabre, qui louait pour établir un café élégant, userait de ce nouveau mode d'éclairage ; qu'en traitant en mars 1839, il aurait dû interdire à Fabre ce mode d'éclairage, si telle était sa volonté, et que, s'il ne l'a pas fait à cette époque, il est à présumer qu'il a donné son consentement à ce que son locataire éclairât son café par le gaz pendant la durée de son bail ;

Attendu que les cafés les plus importants de la ville ont adopté l'éclairage par le gaz ; que le café Fabre ne pourrait adopter un autre mode d'éclairage sans voir diminuer le nombre de ses habitués, et qu'en agissant comme il l'a fait, Fabre a usé de la chose louée en bon père de famille, et conformément à la destination que les parties lui ont donnée (art. 1728 du Code civil), que, dès lors, il y a lieu de déclarer qu'il a eu et aura le droit d'éclairer son café par le gaz.

Attendu, quant aux travaux relatifs à cet éclairage, que les rainures faites aux façades extérieures et aux autres travaux extérieurs ne sont pas de nature à porter préjudice à la solidité de la maison ; que le locataire n'a fait que ce que l'administration municipale a fait exécuter elle-même à un grand nombre de maisons pour l'établissement des conduits des réverbères ;

Attendu, cependant, que les tuyaux intérieurs se trouvant placés sous le pavé de l'entresol, peuvent compromettre la sûreté du sieur Favre lui-même et la solidité de la maison, et qu'il y a lieu d'ordonner que les tuyaux seront, autant que possible, placés à l'extérieur de la maison, et que ceux qui se trouvent à l'entresol, et notamment dans les pièces où sont les billards, seront supprimés et remplacés de manière que le gaz soit conduit à l'intérieur par des tuyaux apparents, entourés d'air ambiant, et que des grilles soient placés au-dessus des endroits où il serain dispensable d'enfoncer les tuyaux dans le plancher pour conduire le gaz aux lustres ;

Par ces motifs, etc.

25. — En résumé, s'il est de droit strict que le locataire ne peut apporter aucun changement à la chose louée sans le consentement formel du propriétaire, il est en quelque sorte reconnu aujourd'hui que l'emploi de l'éclairage au gaz est devenu une nécessité première, une condition indispensable de succès pour les établissements industriels de toute nature ; et comme une expérience de près de quarante années a démontré que les travaux à exécuter pour l'installation du gaz dans une maison ne sont nullement de nature à en compromettre la solidité, attendu qu'ils ne consistent qu'en trous de petits diamètres percés dans les murs, qu'en rainures extérieures pour placer les tuyaux d'arrivée du gaz, et qu'à l'intérieur les sages prescriptions de l'autorité ont fait prendre l'habitude de placer les conduites de distribution du gaz d'une manière apparente, de façon à éviter l'effusion du gaz dans les plafonds, il ressort des derniers jugements que nous avons cités, que l'autorisation du propriétaire ne saurait être aujourd'hui indispensable au locataire qui voudrait introduire le gaz dans les lieux loués, à la charge par lui de prendre toutes les précautions nécessaires et d'observer dans l'installation des conduites les prescriptions actuellement en usage.

26. — Avant de clore ce chapitre, il est une question

complémentaire dont il est bon de dire quelques mots :

La réparation des fuites et des dégradations survenues à des appareils à gaz que le locataire a trouvés tout installés à son entrée en jouissance, et dont il fait usage pour son éclairage, fait-elle partie des réparations locatives que l'usage et la loi mettent à la charge du preneur, ou bien fait-elle partie des obligations imposées au bailleur d'entretenir la chose louée en bon état de service?

Le Tribunal civil de la Seine, par son jugement du 25 mars 1841, a décidé que ces réparations doivent être mises au nombre des réparations locatives qui sont à la charge du locataire.

CHAPITRE II

Compétence

27. — Avant d'énumérer les différends qui peuvent s'élever entre les compagnies de gaz et leurs abonnés, et de discuter les décisions judiciaires auxquels ils ont donné lieu, il importe d'être fixé sur la question de savoir quels tribunaux doivent connaître de ces différends.

28. — Il y a cinq juridictions devant lesquelles les litiges en matière de gaz doivent être portés :
Le Tribunal civil,
Le Tribunal de commerce,
Le Tribunal de police correctionnel,
La Juridiction administrative,
Et le Tribunal de simple police.

29. — Le Tribunal civil connaît :
1° De tous les différends qui peuvent s'élever entre

2*

les propriétaires et les locataires à l'occasion de l'introduction de l'éclairage au gaz dans les lieux loués, ainsi que nous l'avons vu dans le chapitre précédent;

2° De tous les différends qui peuvent s'élever entre les compagnies de gaz et ceux de leurs abonnés qui ne sont pas commerçants.

30. — Le Tribunal de commerce juge toutes les discussions qui se produisent entre les compagnies de gaz et ceux de leurs abonnés qui sont commerçants.

31. — Le Tribunal de police correctionnelle connaît de toutes les tentatives et moyens frauduleux employés par les abonnés pour obtenir du gaz à l'insu de la Compagnie ou pour altérer la régularité de la marche de l'instrument de mesurage, le compteur, de manière que celui-ci n'indique qu'une partie de la consommation faite, ou même ne fonctionne pas du tout; il connaît encore des fraudes exercées par les abonnés à l'heure sur les brûleurs, ·de manière à obtenir un éclairage supérieur à celui pour lequel ils ont traité avec les compagnies.

32. — A la Juridiction administrative appartient le droit de prononcer sur tout litige, entre les compagnies et leurs abonnés, ayant pour objet l'interprétation d'une des clauses du contrat administratif par lequel la municipalité a accordé à la Compagnie le privilége de l'éclairage, ou relatif à une obligation de la compagnie de l'exécution de laquelle la municipalité s'est expressément réservé le contrôle.

33. — Quant au Tribunal de simple police, il ne peut connaître que des contraventions commises par les particuliers ou les compagnies à l'égard des prescriptions des arrêtés municipaux ou préfectoraux qui règlementent les formalités à remplir préalablement à l'emploi du gaz, ainsi que les conditions de cet emploi.

34. — La jurisprudence du Tribunal civil de la Seine ne paraît pas parfaitement fixée en ce qui concerne sa compétence dans les différends qui s'élèvent entre les compagnies de gaz et leurs abonnés commerçants ; il a rendu des jugements par lesquels il reconnaît son incompétence, et d'autres dans lesquels il se déclare compétent, malgré des arrêts contraires rendus par la Cour.

35. — Un cafetier ayant porté plainte devant le Tribunal civil de la Seine contre la Compagnie du gaz, sous le prétexte que le service de l'éclairage n'était point fait régulièrement, et qu'il avait manqué de gaz, le Tribunal rendit le jugement suivant le 19 décembre 1856 :

Attendu que le sieur Sarron se plaint que la Compagnie du gaz ne remplit pas ses obligations ;

Que notamment, dans les soirées du 3 au 8 novembre, le service du gaz a été interrompu, et que depuis il n'a été rétabli qu'imparfaitement ;

Attendu que la Compagnie est une Société commerciale, que Sarron, exploitant un café, est lui-même commerçant ;

Que la convention ayant pour objet l'éclairage du café estaminet de Sarron est évidemment un acte de commerce à l'égard de l'un et de l'autre ;

Attendu que l'article 631 (C. C.) dit que toute convention relative, soit à des actes commerciaux, soit à des engagements et transactions entre négociants, marchands et banquiers, doit être déférée à un tribunal spécial ;

Par ces motifs ;

Se déclare incompétent, etc.

36. — Citons en passant le texte des articles 631 et 632 du Code de commerce pour l'édification de nos lecteurs.

Art. 631. — Les tribunaux de commerce connaîtront :

1° Des contestations relatives aux engagements et transactions entre négociants, marchands et banquiers ;

2° Des contestations entre associés, pour raison d'une Société de commerce ;

3° De celles relatives aux actes de commerce entre toutes personnes.

Art. 632. — La loi répute actes de commerce : — Tout achat de denrées et marchandises pour les revendre, soit en nature, soit après les avoir travaillées et mises en œuvre, ou même pour en louer simplement l'usage ·—.....toutes obligations entre négociants, marchands et banquiers.....

37. — Il résulte évidemment de la lecture de ces articles que le Tribunal civil de la Seine a eu raison, le 19 décembre 1856, de se déclarer incompétent, dès lors, nous ne pouvons nous expliquer comment ;

dans une cause identique, il a pu, le 20 mars 1861, rendre le jugement que l'on va lire :

Attendu qu'il ne suffit pas que les demandeurs et les défendeurs soient commerçants pour établir la compétence du Tribunal de commerce, qu'il est encore nécessaire qu'il s'agisse d'actes faits pour raison de leur commerce ;

Attendu, en fait, que les demandeurs ont contracté avec la Compagnie défenderesse des polices d'abonnement pour l'éclairage au gaz de leurs établissements ; — qu'ils prétendent que le gaz leur ayant manqué pendant plusieurs jours, ils ont droit à des dommages-intérêts ;

Attendu qu'en contractant l'abonnement dont il s'agit, les demandeurs n'ont pas fait un acte de commerce, qu'ils n'achetaient pas le gaz pour le revendre ni pour en louer l'usage; — que, s'il est nécessaire à l'exploitation de leurs industries, il ne s'ensuit pas qu'il soit l'objet d'une spéculation commerciale de la part des demandeurs; — qu'il doit en être de l'abonnement au gaz comme de la location des lieux où s'exploite leur industrie, ou de l'acquisition du matériel destiné à cette exploitation, qui ne peuvent être considérés comme des actes de commerce ;

Se déclare compétent.

38. — Nous avouons ne pas comprendre les motifs exprimés en ce jugement : Tout commerçant qui éclaire ses magasins, bureaux ou ateliers pour les besoins de son commerce, fait par cela même un acte de commerce. S'il n'achète pas du gaz pour le revendre *en nature*, il n'en fait pas moins payer à ses clients la dépense qu'il fait pour son éclairage ; ce qu'il achète à *l'état de gaz*, il l'ajoute *sous forme de frais généraux* au prix de vente de ses marchandises, et c'est le client qui le paie.

Dans un estaminet, l'heure de billard coûte plus cher le soir que pendant le jour à cause de l'éclairage ; il en est de même des cabinets de lecture ; les magasins de nouveautés, de soieries, de modes, d'objets de toute nature répartissent leur éclairage de manière à faire ressortir la beauté, l'éclat des marchandises en étalage ; certains commerçants dont les magasins sont au premier étage n'en ont pas moins au rez-de-chaussée un étalage somptueusement éclairé ; d'autres, bien qu'ils ne vendent point le dimanche, n'en ont pas moins leur étalage éclairé comme les autres jours. L'éclairage est donc pour le commerçant un objet de spéculation, un appât tendu à la convoitise du public dans le but de déterminer des transactions, d'engager les clients, de pousser à la vente.

39. — Le commerçant fait donc évidemment un acte de commerce en achetant du gaz pour l'éclairage des magasins dans lesquels il appelle le public ; et le Tribunal nous paraît avoir fait erreur dans son jugement du 20 mars 1861 en décidant le contraire.

40. — Au reste, ce n'est pas la seule erreur que contienne ce jugement ; le dernier considérant nous paraît encore ne pas être conforme à la jurisprudence établie quand il dit : « Qu'il doit en être de l'abon- « nement au gaz comme de la location des lieux où « s'exploite l'industrie, ou *de l'acquisition du maté-* « *riel destiné à cette exploitation qui ne peuvent être* « *considérés comme des actes de commerce.* »

Sans doute, la Cour impériale de Rouen a rendu, le 28 novembre 1856, un arrêt qui, comme on va le voir, consacre ce principe :

« La Cour,

« Attendu que les tribunaux de commerce sont des tribunaux d'exception ; que leur juridiction, qui comporte un mode rigoureux d'exécution, doit être strictement renfermée dans les limites que la loi lui a assignées ; que, hors de ces limites, on reste sous la juridiction du droit commun, celle des tribunaux ordinaires ;

« Attendu que les contestations que le n° 1 de l'article 631 du Code de commerce attribue à la juridiction commerciale, sont exclusivement celles qui se rapportent à des faits ou engagements que les articles 632 et 633 de ce même Code qualifient d'actes de commerce ; que pour rendre cette juridiction compétente, il ne suffit pas que les engagements dont l'exécution est demandée à un commerçant soient avantageux pour l'exploitation de son industrie, mais qu'il faut nécessairement qu'ils soient l'objet direct de son commerce ;

« Attendu que Douvrandelle est cafetier ; que l'objet direct de son industrie est l'achat et la vente des liquides ; que les travaux d'embellissement qu'il a fait faire par Caille au plafond et aux murailles de son estaminet n'ont pas ce caractère et ne sont que des moyens, des instruments à l'aide desquels le commerce de Douvrandelle devait s'exercer et pouvait devenir plus lucratif, en attirant les consommateurs; que le fait d'avoir commandé des travaux dont le prix lui est demandé ne constitue pas un acte de commerce ; qu'il n'en naissait à sa charge qu'un engagement purement civil, échappant dès lors à la juridiction commerciale ;

« Adoptant, au surplus, les motifs des premiers juges ;

« Met l'application à néant ;

« Ordonne que ce dont est appel sortira effet. »

41. — Mais cet arrêt est le seul qui consacre un pareil principe, et il est en contradiction formelle avec d'autres arrêts rendus par la même Cour pour le même objet et dans d'autres industries, ainsi qu'avec un arrêt de la Cour impériale de Paris du 2 avril 1864, rendu dans une situation identique que voici :

, Il s'agissait, dans l'espèce soumise à la Cour, de la construction d'appareils à gaz, commandés au sieur Bauby par le sieur Roques, dans un établissement de limonadier que celui-ci avait fondé boulevard du Prince-Eugène.

Le Tribunal de commerce de la Seine, saisi de la demande en condamnation du prix de ces travaux, par le sieur Duquesnoy, cessionnaire du sieur Bauby, après avoir reconnu sa compétence par un premier jugement, avait, par un second jugement, prononcé une condamnation par corps contre le sieur Roques.

Celui-ci avait interjeté appel de ces deux jugements et s'appuyait de l'arrêt susdit de la Cour de Rouen :

La Cour,

En ce qui touche la compétence et la contrainte par corps ;

Considérant que les travaux dont s'agit, exécutés sur la demande de Roques, avaient pour objet l'exploitation même du fonds de commerce de limonadier appartenant audit Roques; qu'en conséquence, l'obligation par Roques de payer ces travaux est une obligation commerciale, d'où il suit que le Tribunal de commerce était compétent pour connaître de la demande, et que Roques était contraignable par corps pour le paiement des condamnations réclamées ;

Au fond, adoptant les motifs des premiers juges ;

En ce qui touche les conclusions subsidiaires de l'appelant;

Considérant que les travaux dont il s'agit ont été réglés par l'architecte nommé par le Tribunal de commerce en qualité d'arbitre rapporteur; qu'il n'y a donc lieu d'ordonner, ainsi que l'ap

pelant le demande dans ses conclusions subsidiaires, une nouvelle expertise ;

Sans s'arrêteraux conclusions subsidiaires ;

Confirme.

Un arrêt de la Cour de Bourges, du 15 février 1842,
consacre aussi le même principe en établissant que
les dépenses faites par un cafetier pour les réparations
et l'ornement de son café constituent un acte de commerce attributif de la juridiction consulaire.

42. — Le jugement du Tribunal civil du
20 mars 1861 était donc de tous points en contradiction avec ses décisions antérieures et avec la jurisprudence suivie à ce sujet ; aussi la Cour impériale de
Paris l'a-t-elle compris ainsi, lorsque, sur l'appel
interjeté à propos de ce jugement, elle a rendu, le
7 juin 1861, l'arrêt suivant :

La Cour : — considérant qu'il s'agit de l'exécution d'un contrat formé entre une Société commerciale et plusieurs négociants pour l'éclairage des magasins, boutiques et dépendances,
où ils exercent leur commerce ; — que, par conséquent, aux
termes de l'article 631 du Code de commerce, le Tribunal civil
était incompétent ;

Infirme ; — renvoie les parties devant les juges qui doivent en
connaître.

43. — Malgré cet arrêt de la Cour, parfaitement
conforme aux dispositions de la loi, nous n'en trouvons
pas moins, dans un autre jugement du Tribunal civil
de la Seine, en date du 15 mars 1865, les considérants
suivants, contraires à la jurisprudence de la Cour :

3

Attendu que si la Compagnie du gaz portatif a fait acte de commerce en s'engageant à fournir du gaz aux demandeurs, il n'en est pas de même de ces derniers, puisque le gaz à eux livré n'est pas l'objet direct de leur commerce ;

Attendu qu'il ne suffit pas, pour déterminer la juridiction commerciale, que les deux parties soient commerçantes, mais qu'il faut, de plus, que toutes deux, en contractant, aient fait un acte de commerce, et que cette double condition ne se rencontre pas dans l'espèce actuelle ;

Retient la cause (Voir le jugement *in extenso* chap. 11, 5e espèce).

44. — Toutes les fois que, par suite d'un différend entre un commerçant et une compagnie de gaz, l'affaire a été portée par l'une des deux parties devant un tribunal de commerce, et que l'on a voulu décliner la compétence de ce tribunal, celui-ci a déclaré retenir la cause.

Ainsi, une question d'incompétence ayant été soulevée devant le Tribunal de commerce de Reims, on lit dans le jugement rendu le 23 septembre 1845 :

Attendu que, de la part de la Compagnie, l'obligation de fournir le gaz est un acte commercial qui détermine la compétence du tribunal ;

Se déclare compétent et retient la cause.

(Voir le jugement, chap. 8, n° 141).

45. — Une question d'incompétence, *ratione materiæ*, ayant été soulevée à Tarascon par la Compagnie du gaz que ses abonnés avaient assignée devant le Tribunal de commerce de la localité, en réduction de facture par suite de la mauvaise qualité du gaz éclairage, le Tribunal de commerce de cette ville y répondit ainsi (2 novembre 1863) :

Attendu, pour répondre au chef d'incompétence, qu'il s'agit d'une contestation entre commerçants, et qu'aux termes de l'article 631 du Code de commerce les tribunaux de commerce connaissent de toutes contestations entre commerçants ;

Qu'au surplus, les divers traités intervenus entre la Compagnie et les demandeurs ont été passés à Tarascon, que la marchandise a été livrée à Tarascon et que le paiement doit être effectué au même lieu ;

Qu'ainsi donc, le premier chef d'incompétence soutenue par la Compagnie ne peut en rien infirmer le jugement rendu, etc.

(Voir le jugement *in extenso*, chap. 10, n° 161).

46. — Dans un procès qui s'était élevé entre M. Charrière, fabricant d'instruments de chirurgie à Paris, et la Compagnie de gaz, Dubochet Pauvels et Cᵉ, la compétence du Tribunal de commerce ayant été mise en doute, le Tribunal de commerce se déclara compétent par jugement du 25 février 1845, dont nous extrayons les considérants suivants :

Le Tribunal, — sur sa compétence : —

Attendu que Dubochet, Pauvels et Cie exploitent une usine où ils fabriquent du gaz qu'ils vendent et livrent à la consommation ; que cette exploitation est essentiellement industrielle et toute commerciale ;

Attendu, s'ils sont soumis à certains arrêtés ou conventions émanés des préfectures de police et du département, que ce n'est point une raison pour qu'ils relèvent de l'administration, dont ils ne font point partie à l'égard de leurs contestations avec les tiers, ni pour que ces arrêtés ou conventions ne puissent pas être appréciés par le Tribunal comme documents du procès, ainsi qu'ils le prétendent, dans l'intérêt de la demande ou de la défense;

Par ces motifs, retient la cause, etc. (voir chap. 3, 6e espèce).

47. — Le Tribunal de commerce est encore compétent lorsque le différend s'élève entre une société par actions et la Compagnie du gaz. Voir à ce sujet un jugement du Tribunal de commerce de la Seine du 13 février 1857, chap. 9, 3e espèce.

48. — Le directeur d'un théâtre assigné par la Compagnie du gaz en paiement de gaz consommé, et ce devant le Tribunal de commerce de Brest, voulut décliner la compétence du Tribunal sous prétexte que le théâtre était un établissement municipal; le Tribunal rendit un jugement dont nous extrayons les passages suivants (14 mai 1864) :

Attendu qu'une entreprise pour l'exploitation d'un théâtre est une opération commerciale considérée comme telle par la jurisprudence, et que, conséquemment, toutes les contestations auxquelles elle donne lieu sont de la compétence des tribunaux consulaires ;

Attendu que, suivant conventions verbales faisant suite au marché antérieur, le sieur Roubaud, entrepreneur du théâtre de Brest, s'est entendu avec Stears et Pitty pour l'éclairage de la salle de spectacle avec la condition de payer le gaz au mètre cube ;

Attendu qu'un éclairage ne peut être appelé communal, c'est-à-dire susceptible de rentrer dans la catégorie de ceux mentionnés tout à la fois dans les articles 13 et 14 pour jouir ensuite de la réduction de prix que la ville s'est réservée, qu'autant que le prix de l'éclairage est supporté directement et payé intégralement des deniers de la ville ; qu'à cet effet, il faut qu'il soit porté en dépense au budget et sorte réellement des caisses du receveur municipal ;

Attendu qu'il est appris au tribunal que, dans la réalité du fait, c'est le contraire qui a lieu ; que Roubaud supporte seul le coût du gaz, que c'est son affaire personnelle ; que si la ville, par des motifs qui sont ignorés, exige que le directeur lui fasse connaître mensuellement la consommation du gaz, cela importe peu ; que si même elle fait l'avance de la dépense, il paraît incontestable qu'elle déduit ensuite la somme payée du montant de la subvention au directeur ; et ainsi, la caisse municipale ne contribue absolument que pour la subvention votée annuellement par le conseil municipal, et qu'elle reste complètement étrangère à toutes les éventualités et à toutes les charges incombant à l'entreprise Roubaud, y compris la dépense de l'éclairage qu'il modifie à son gré, puisqu'il traite alternativement avec Stears et Pitty à forfait et au compteur, suivant qu'il le juge convenable à ses intérêts ;

Attendu que Roubaud ne pouvant donc être considéré que comme un commerçant ordinaire ayant traité avec d'autres commerçants, Stears et Pitty, il est évident que ceux-ci sont parfaitement fondés à réclamer de lui le prix de 40 centimes, suivant le tarif des particuliers, et qu'en l'absence de conditions différentes, préalablement consenties, il est sans titre et qualité pour invoquer d'autres prix et conditions ;

Par ces motifs, le Tribunal se déclare compétent et retient l'affaire ;

(Voir le jugement *in extenso*, chap. 9, 2e espèce).

La compétence du Tribunal de commerce pour les différends qui s'élèvent entre les consommateurs commerçants et les compagnies de gaz est donc bien nettement établie.

49. — Mais s'il s'élève entre compagnies e[...]nés une difficulté qui entraîne une interprétation des clauses et conditions de la police, alors, la police ayant été approuvée par le maire, c'est à-dire par l'autorité administrative, le Tribunal de commerce doit se déclarer incompétent; c'est ce qui résulte du jugement suivant :

Tribunal de commerce de Rouen.
16 novembre 1846.

Attendu qu'un traité a été passé entre la ville de Rouen et les Compagnies d'éclairage au gaz, en conformité du cahier des charges pour l'éclairage public et particulier ; que ce traité a été approuvé par le conseil municipal, par le préfet et par ordonnance royale ;

Qu'il est dit :

Que les Compagnies seront tenues de fournir le gaz, soit à l'heure, soit au compteur, au choix du consommateur;

Que l'éclairage extraordinaire sera payé au même prix que l'éclairage ordinaire ;

Que l'éclairage particulier, à l'heure, sera payé 4 c. 275, pour les becs ordinaires, et de 4 c. 50 pour les becs à blanc ;

Attendu que l'article 40 de ce traité dispose que les polices de la Compagnie concessionnaire seront soumises à l'approbation de M. le maire;

Attendu que cette approbation a eu lieu;

Attendu qu'en exécution de ce traité et de la police, la Compagnie demande paiement au sieur Dieulle de 84 fr. 75 pour l'éclairage, pendant le mois d'octobre, jusqu'à dix heures du soir, de quinze becs ordinaires, à 5 c. 65 par bec et par mois, et de 50 cent. pour l'entretien de la porte et du robinet intérieur ;

Attendu que le sieur D*** soutient que, n'ayant pas signé les polices, elles ne sont pas obligatoires pour lui ;

Que ces polices sont rédigées dans des termes diamétralement contraires aux stipulations du traité;

Qu'il ne peut être question de prix moyen calculé au mois pour toute l'année, là où la faculté est réservée au consommateur de se faire éclairer à l'heure;

Qu'en admettant même ce système, il produit un tableau pour l'année en moyenne, prenant pour point de départ le coucher du soleil, d'où il résulte une différence en moins sur le prix de la police : pour les becs ordinaires, de 56 cent. jusqu'à dix heures, de 10 c. 6 jusqu'à 11 heures, de 2 c. 34 jusqu'à minuit, et, sur les becs à blanc, de 89 c. 70, 49 c. 40 et 57 c. 59 pour les mêmes heures;

Qu'il ne peut payer 50 cent. par mois pour l'entretien de la porte et du robinet, dont tout ouvrier se chargerait pour 10 cent.;

Que les polices fixent à 5 cent. l'éclairage extraordinaire, tandis que le traité le porte au prix de l'éclairage ordinaire;

Enfin, que les polices renferment des clauses de pénalités auxquelles il ne saurait se soumettre;

Attendu que la Compagnie prétend se retrancher dans son droit, derrière l'approbation, par le maire, des polices qui lui ont été soumises;

Attendu qu'il est défendu aux tribunaux de prononcer sur toute contestation résultant d'actes administratifs;

Attendu que l'approbation des polices par le maire est un acte administratif;

Que le Tribunal ne peut donc se livrer à l'examen du traité et des polices pour apprécier l'harmonie qui doit exister entre ces documents;

Le Tribunal, par ces motifs,

Surseoit d'office à statuer sur le litige, et renvoie les parties à se pourvoir devant qui de droit.

Dépens réservés.

50. — Quant à la compétence des tribunaux correctionnels en matière de fraudes commises par les

abonnés, nous n'avons point trouvé qu'elle ait jamais
été déclinée.

51. — Les tribunaux de simple police ne peuvent
connaître, avons-nous dit, que des infractions aux
règlements municipaux ou préfectoraux.

Le Tribunal de simple police de Paris ayant, par
jugement du 3 septembre 1851, infligé une amende
à l'une des compagnies de gaz pour n'avoir pas fait
jouir l'un de ses abonnés de la réduction de prix stipulée au contrat, la Cour de cassation, par arrêt du
24 janvier 1852, cassa le susdit jugement, parce que :

La stipulation qui faisait l'objet du litige ne rentrait pas dans
l'exercice du pouvoir réglementaire de police confié, par les lois
des 16-24 août 1770, et 19-22 juillet 1791, à l'autorité municipale, et par l'arrêté des consuls du 12 messidor an 8, au préfet
de police de Paris.

(Voir la relation de cette affaire, chap. 9, 1re espèce).

Les tribunaux de simple police sont donc complètement incompétents à connaître des litiges qui sur-
gissent entre les compagnies et leurs abonnés commerçants ou non, à moins qu'il ne s'agisse de l'inobservance de quelque règlement d'ordre ou de sécurité
publique, inobservance dont l'une rejette sur l'autre
la responsabilité.

CHAPITRE III

52. — Après avoir constaté l'état actuel de la jurisprudence sur ces deux points préliminaires :

1° Le droit d'introduire l'éclairage au gaz dans les locaux que l'on habite ;

2° La compétence du Tribunal qui doit connaître du différend, en cas de contestation ;

Nous arrivons à l'acte d'engagement que tout consommateur nouveau passe avec une compagnie, lorsqu'il veut adopter l'éclairage par le gaz, acte que l'on a pris l'habitude de nommer : *Police d'abonnement.*

53. — L'article premier de la police adoptée par la Compagnie Parisienne et sanctionnée par la préfecture de la Seine, est ainsi conçu :

Art. 1ᵉʳ — La Compagnie fournit le gaz, à Paris et dans toutes les localités où il existe des conduites, à toute personne qui aura contracté un abonnement de trois mois au moins, et qui se sera, d'ailleurs, conformée aux dispositions des règlements concernant

3*

*la pose des appareils, ainsi qu'aux stipulations de la
présente police.*

*Toutefois, la Compagnie ne délivrera le gaz que
lorsque l'abonné aura justifié de l'autorisation de la
préfecture de la Seine de faire usage des conduites
et appareils intérieurs.*

54. — Le minimum de la durée de l'abonnement
n'est pas le même dans toutes les villes éclairées au
gaz. Certaines compagnies imposent aux consommateurs l'obligation de souscrire un engagement pour
une durée d'une, deux ou trois années et même davantage.

Les conditions de la police étant approuvées par
l'autorité locale, les consommateurs doivent se soumettre aux exigences de conditions qui font directement ou indirectement partie des obligations imposées
à l'entreprise par l'acte de concession du privilége.

55. — Toutes les municipalités n'ont pas pris des
arrêtés réglementant les formalités à observer pour
l'installation du gaz, à l'instar de la ville de Paris. En
l'absence des prescriptions de l'autorité, l'on devra se
conformer aux usages adoptés dans l'industrie du gaz,
c'est-à-dire n'introduire le gaz dans les appareils nou-
vellement installés qu'après s'être assuré qu'ils ne
renferment pas de fuites, ou qu'après avoir sollicité de
la Compagnie une visite des travaux effectués, alors
qu'elle n'a pas été chargée elle-même de l'installation
des appareils.

56. — L'article 1er, ci-dessus reproduit, a soulevé diverses questions que nous allons examiner dans l'ordre suivant :

1° En l'absence d'un *minimum* de temps fixé par la police, quelle doit être la durée de l'engagement à contracter par l'abonné?

2° La Compagnie est-elle obligée de livrer le gaz à toute personne qui la paie régulièrement?

3° Une Compagnie peut-elle refuser de livrer le gaz à un abonné, sous prétexte que le prédécesseur de celui-ci lui devait des sommes arriérées?

4° La Compagnie est-elle fondée à refuser la livraison du gaz à un entrepreneur d'éclairage qui fait métier de le revendre?

5e L'abonnement contracté par un abonné est-il personnel, et l'abonné ne peut-il brancher sur son compteur un abonné nouveau sans l'intervention de la Compagnie?

6° Une personne qui possède chez elle une petite usine dans laquelle elle fabrique le gaz dont elle a besoin pour son éclairage, peut-elle contraindre la Compagnie à lui fournir, par contrat, le gaz dont elle peut avoir accidentellement besoin?

7° L'engagement contracté par les membres d'une société au nom de cette société est-il valable?

8° En cas de faillite de l'abonné, le syndic de la faillite ne peut-il exiger la continuation de la police sans solder, au préalable, l'arriéré dû par le failli pour son éclairage?

9° A qui incombe la responsabilité des dégâts par

suite d'explosion, lorsque le gaz a été livré par la Compagnie avant que l'autorisation d'éclairer ait été donnée par l'autorité.

10° Qui doit être responsable de l'infraction commise par l'ouverture du robinet extérieur pour livrer le gaz à l'abonné avant l'autorisation d'allumer ?

57. — 1re espèce. Il a été jugé que les particuliers peuvent se prévaloir des conditions qui ont été imposées en leur faveur par l'autorité à une compagnie concessionnaire de l'éclairage d'une ville par le gaz, et qu'en conséquence, si l'autorité n'a pas fixé dans le cahier des charges un *minimum* de durée à l'abonnement des particuliers pour l'éclairage de leurs maisons, la Compagnie n'a pas le droit d'imposer un *minimum* arbitraire. Les particuliers peuvent prendre un abonnement de telle durée qu'ils veulent, pourvu qu'ils ne restreignent pas cette durée à des limites qui ne seraient ni justes ni raisonnables.

Cour impériale de Rouen
15 mai 1846.

La Cour :

Attendu que la Société Pauvels, Visinet et Cie, formée dans le but de fournir à la ville de Rouen et ses habitants du gaz d'éclairage, n'a pu s'établir et se perpétuer qu'avec l'autorisation du pouvoir municipal, qui, en concédant un privilége à cette Compagnie, avait le droit et a pris le soin, dans le cahier des charges du 28 mai 1828, de stipuler, dans l'intérêt de tous, les conditions auxquelles il accordait ce privilége; — attendu qu'il résulte de la nature même de la concession, comme des articles 20 et 21 de l'ensemble du cahier des charges que l'éclairage au gaz est devenu une sorte de service public dont la Compagnie ne peut s'affranchir à l'égard d'aucun consommateur, pourvu qu'il se conforme au règlement municipal ;

Attendu que si ce règlement, en imposant à la Compagnie l'obligation de fournir ce gaz à tous les habitants qui en demanderaient, a en même temps fixé le prix de ce gaz et indiqué le mode de paiement, il n'a rien prévu, rien statué sur la durée de l'engagement entre la Compagnie et les consommateurs ; — attendu que Marinier Lamy, en demandant le gaz pour six mois, du 1er janvier au 30 juin 1846, moyennant 6 centimes par bec et par heure, et en payant chaque mois d'avance, a fait porter ses offres sur une période qui, en compensant les longs jours par les jours courts, laisse au prix du gaz sa valeur moyenne, que Marinier Lamy s'est donc conformé à toutes les obligations qui étaient prescrites par le règlement municipal, et qu'ainsi ses offres auraient dû être acceptées ; — qu'à tort la Compagnie, après s'être montrée plus exigeante encore, maintient cependant la prétention d'imposer à Marinier Lamy un abonnement d'une année ; qu'en effet, si, le plus souvent, la Société d'éclairage a obtenu des abonnements de six et deux ans, ou d'un an, il est constant au procès qu'en diverses circonstances, le gaz a été fourni au mois, et ce, sans abonnement ; qu'ainsi, aucun usage constant n'est établi, relativement à la durée des engagements ; — attendu que si, à l'époque du règlement de 1838, l'abonnement fût devenu un usage adopté par le consentement de tous les consommateurs, l'autorité municipale n'eût pas manqué, dans sa prévoyance, de le consacrer et d'en régir les conditions et la durée, dans l'intérêt de tous ; que son silence à cet égard prouve donc que si, habituellement, il y a eu des abonnements, ils ne sont pas même reconnus, et encore moins obligatoires, par le règlement de 1838, et qu'ainsi il dérivera seulement du consentement libre et variable des consommateurs, auxquels le cahier des charges laisse la facilité de restreindre la durée de leurs engagements à moins d'une année, pourvu que cette durée ne descende pas jusqu'à des limites qui ne seraient ni justes ni raisonnables. Condamne Pauvels, Visinet et Cie, à fournir à Marinier

Lamy, dans vingt-quatre heures à partir de ce jour, si fait n'a été, le gaz nécessaire à l'alimentation des sept becs de son magasin, conformément aux conditions du cahier des charges, aux offres faites et aux obligations prises par l'intéressé, etc.

58. — 2ᵉ espèce. — La Compagnie qui, seule, exploite l'éclairage au gaz dans une ville, ne peut refuser de fournir ce gaz au consommateur qui en paie exactement le prix. — En conséquence, un pareil refus rend la Compagnie passible de dommages-intérêts, surtout lorsqu'il a lieu à l'égard d'un établissement pour lequel l'éclairage au gaz est de première nécessité.

Tribunal de Commerce de Marseille
5 janvier 1842.

Attendu que l'éclairage au gaz est devenu aujourd'hui un objet de première nécessité, surtout pour les établissements de la nature de celui qu'exploite le sieur G*** (un café);

Attendu que s'il fallait admettre la prétention de la Compagnie, d'avoir le droit de refuser le gaz ou de l'accorder, suivant sa convenance ou son caprice, il en résulterait qu'étant seule à exploiter à Marseille ce genre d'industrie, ce refus porterait un préjudice notable à ceux qui en seraient l'objet, en ce qu'il ne leur permettrait pas de soutenir la concurrence avec les propriétaires d'établissements semblables qui jouiraient de l'éclairage au gaz.

Attendu que la ville, en accordant à la Compagnie continentale le privilége de sillonner les rues et les quais de Marseille des tuyaux nécessaires pour conduire le gaz chez les divers consommateurs, n'a pu entendre faire cette concession dans l'intérêt seul de la Compagnie; qu'elle a eu nécessairement en vue tant l'intérêt des habitants que celui de la Compagnie;

Que ce serait donc violer la condition sous-entendue dans la permission accordée par la ville et détruire la réciprocité des obligations, de l'essence des contrats bilatéraux, que de donner à la Compagnie un droit de préférence arbitraire dans la distribution du gaz, alors que, comme dans l'espèce, celui à qui elle refuse d'en continuer la fourniture lui en a toujours payé exactement le prix convenu, seule condition qui, si elle n'était pas remplie, pourrait autoriser le refus d'éclairage.

Sans s'arrêter aux exceptions de la Compagnie envers la demande du sieur G***, faisant droit au contraire à cette demande: Ordonne que la Compagnie continuera à fournir l'éclairage au gaz dans les divers cafés exploités par le sieur G***, à la charge par lui d'en payer le prix convenu; à défaut, condamne, en vertu du présent et sans autre, la Compagnie au paiement, à titre de dommages-intérêts, de la somme de trois mille francs; la condamne en outre aux dépens.

59. — 3ᵉ espèce. — Une compagnie de gaz ne peut refuser d'en fournir à une personne qui offre de payer d'avance, sous prétexte que le prédécesseur de cette personne lui devait des sommes arriérées.

Elle ne peut, non plus, être admise à compenser avec cet arriéré le prix d'un compteur par elle fourni au prédécesseur; le compteur payé par le prédécesseur est devenu la propriété de celui-ci, qui a pu le transmettre à son successeur sans que la Compagnie ait aucun droit à y prétendre, ni à exiger que le successeur se pourvoie d'un nouveau compteur ou en verse de rechef le prix entre ses mains.

Tribunal de Commerce de la Seine
30 mai 1847.

Attendu qu'il est établi au procès que la Compagnie a refusé du gaz à Bertrand, nonobstant ses offres de lui payer un mois

d'avance du prix de son abonnement ; — attendu qu'elle a fondé
son refus sur ce qu'il lui était dû des sommes arriérées pour
fournitures de gaz par le prédécesseur de Bertrand dans les lieux
loués par lui ; sur ce qu'elle entendait appliquer au paiement
desdites sommes celle de 75 fr. qu'elle avait reçue dudit prédécesseur pour représenter la valeur d'un compteur fourni par elle;
sur ce qu'il fallait que B*** lui déposât une nouvelle somme de
75 fr. pour le même objet, et se soumît en outre à une rétribution mensuelle de 3 fr. pour l'entretien dudit compteur ;— attendu que les Compagnies de gaz ont un monopole qui soumet
les consommateurs à ne s'adresser exclusivement qu'à elles; qu'il
ne saurait dépendre de leur seule volonté qu'un service devenu
en quelque sorte public soit refusé au consommateur qui les
paie ; — attendu que, dans l'espèce, B*** n'était point le débiteur
de la Compagnie ; — qu'il était en possession des appareils nécessaires à l'effet de sa demande, par suite de la location que lui
en avait faite sa propriétaire ; — que si une contestation relative
à la propriété du compteur était soulevée par la Compagnie, ce
n'était pas une raison pour le priver de gaz, cette contestation
pouvant être réglée ultérieurement ; — attendu que la somme de
75 fr., déposée antérieurement aux mains de la Compagnie défenderesse pour le prix du compteur, avait une affectation spéciale ; — que ledit compteur ayant été abandonné à la dame
veuve Drapeau par le locataire qui avait précédé B***, — la Compagnie ne pouvait rentrer dans sa propriété qu'après restitution
de cette somme ; — que du moment qu'elle gardait les 75 fr.,
elle n'aurait pas dû exiger un nouveau dépôt ; — *Attendu* (1) *que
la Compagnie ne pouvait pas davantage obliger B*** à se soumettre à une rétribution mensuelle de 3 fr. pour l'entretien du
compteur dont il s'agit ; — Que c'est à bon droit qu'il s'est renfermé à cet égard dans sa volonté d'entretenir par lui-même ledit
compteur dans un bon état de fonctionnement, sous la réserve du
droit de surveillance de la Compagnie;* — qu'il suit de ce qui précède que la Compagnie défenderesse a agi d'une manière abusive

(1) Question subsidiaire se rattachant à l'article 3 de la police,
voir chap. 5, 8e espèce.

dans l'espèce à l'égard du demandeur en le privant du gaz, et lui a causé un préjudice dont elle lui doit réparation, et que le Tribunal arbitre à 50 fr.;

Par ces motifs,

Donne acte à B*** de ses offres de payer à la Compagnie un mois d'avance du prix de son abonnement, et à charge de le réaliser, condamne la Compagnie à fournir du gaz au demandeur, la condamne à lui payer la somme de 50 fr. à titre de dommages-intérêts et aux dépens.

60. — 4ᵉ espèce. — Une compagnie concessionnaire de la fourniture du gaz dans une ville est obligée d'en fournir à tous ceux qui se soumettent aux conditions de sa police, et même à ceux qui lui demanderaient du gaz pour le revendre; elle ne saurait être admise à prétendre que, ne devant le gaz qu'aux consommateurs, elle n'est pas tenue vis-à-vis de ceux qui en feraient trafic en le revendant.

12 novembre 1861, jugement du Tribunal de Commerce de la Seine :

Sur la demande en concession de gaz : — Attendu que Clémançon demande à la Compagnie du gaz de lui accorder une concession de gaz, offrant de se soumettre aux prix et conditions qu'elle impose actuellement à ses abonnés; — Attendu que, pour motiver son refus, la Compagnie défenderesse se fonde sur ce que, en vertu de l'article 1ᵉʳ de ses statuts, elle ne devrait de concession qu'aux *consommateurs,* et prétend que le demandeur, qui achète le gaz pour le revendre, et non pour en faire usage lui-même, n'a pas droit à cette qualification.

Mais attendu que l'acte de concession de ladite Compagnie, où se trouvent assignés les droits qui lui sont accordés par l'administration, n'implique nullement une restriction semblable à celle qu'elle voudrait faire prévaloir; — Qu'on ne saurait donner au mot *consommateur* l'acception limitée que lui attribue la Compagnie; — Qu'il s'ensuit qu'il y a lieu de repousser la prétention de la Compagnie et de faire droit à la demande de Clémançon;

Sur la demande en dommages-intérêts : — Attendu qu'il n'est justifié d'aucun dommage appréciable; — Qu'il n'y a pas lieu, en conséquence, de faire droit à ce chef de demande;

« Par ces motifs, — le Tribunal ordonne que, dans les trois jours de la signification du présent arrêt, la Compagnie sera tenue de fournir à Clémançon la concession de gaz dont s'agit, à la charge, par ce dernier, de se soumettre aux prix et conditions contenues dans les polices de la Compagnie ; — Sinon, et faute de ce faire dans ledit délai et icelui passé, condamne, dès à présent, la Compagnie, par les voies de droit, à payer à Clémançon 10 fr. par chaque jour de retard, et ce, pendant un mois, passé lequel délai, il sera fait droit. »

Appel, — Arrêt, cour impériale de Paris, 27 janvier 1862.

« La Cour, — considérant que, par le décret de concession, la *Compagnie* est tenue de fournir le gaz à toute personne qui souscrit un abonnement dans les termes du modèle de police approuvé par l'autorité administrative; — Que cette disposition fondamentale du décret impérial n'aurait pu être modifiée par l'arrêté du préfet de la Seine relatif aux allégations de la Compagnie et des abonnés; — Que l'expression de *consommateurs* employé dans cet arrêté comprend tous ceux qui achètent le gaz soit pour leur usage personnel, soit pour le revendre après lui avoir fait subir une préparation ; — Adoptant au surplus les motifs des premiers juges ; — Confirme, et néanmoins, dit que le délai imparti par les premiers juges, courra du jour de la signification du présent arrêt. »

61. — 5ᵉ espèce. — L'abonnement contracté par un consommateur ne peut être qu'un abonnement personnel; il ne peut brancher sur son compteur aucun tuyau qui conduirait le gaz chez un de ses locataires, et ce, sans le consentement de la Compagnie ; on comprend que s'il en était autrement, la Compagnie ne pourrait pas se rendre compte des fraudes et soustractions de gaz auxquelles les consommateurs pourraient se livrer ; le consommateur non déclaré pourrait en effet brûler le gaz dans un arrière corps de logis, et cela, en l'y amenant par une prise clandestine sans que la Compagnie, qui ne peut avoir d'accès que chez ses abonnés, puisse avoir les moyens de découvrir la fraude dont elle est victime.

Tribunal de Commerce de Rouen
21 octobre 1863.

Attendu que Cherfils a fait établir, sur un tuyau de sortie du compteur de son appareil à gaz, un embranchement au moyen duquel il distribue le gaz qui lui est fourni par la Compagnie dans une propriété séparée de son habitation qu'il a louée à un sieur Tasserie ;

Que trouvant dans ces faits une violation des principes qui régissent les Compagnies d'éclairage, le directeur de la susdite Compagnie demande :

1° Que les appareils servant à conduire le gaz au domicile de Tasserie soient supprimés, et que Cherfils puisse être lui-même privé du gaz par la rupture de son propre embranchement, s'il n'exécute, dans les vingt-quatre heures, le jugement à intervenir ;

2° Qu'en réparation du préjudice causé, Cherfils soit condamné à 100 fr. de dommages-intérêts.

Sur le premier chef :

Attendu qu'en l'absence de tout contrat particulier, les parties invoquent, comme devant faire loi dans leurs rapports, les diverses stipulations de la police générale approuvée par l'administration, et les conditions d'un traité conclu le 24 décembre 1858, entre la ville de Rouen et les Compagnies d'éclairage ;

Attendu que, des termes de la police et du traité sus-mentionnés, de l'esprit qui a présidé à leur rédaction, de la déclaration que l'abonnement est personnel et que les abonnés auront la libre disposition du gaz qui aura passé par leur compteur pour le distribuer et le consommer comme ils l'entendront bien, soit à l'intérieur, soit à l'extérieur de leur domicile, il résulte :

Que la Compagnie ne saurait être contrainte, à raison des charges qui lui sont imposées par ses traités généraux, à fournir à l'abonné le gaz que celui-ci voudrait distribuer à ses voisins, au delà des corps de logis et dépendances du domicile où se trouve le compteur de la Compagnie ;

Qu'il faut donc reconnaître qu'en conduisant le gaz de la Compagnie, de la propriété où il le reçoit dans une autre propriété distincte et séparée, en le délivrant ainsi pour l'éclairage de Tasserie, son locataire, malgré les défenses de la Compagnie d'éclairage, Cherfils commet un abus que la Compagnie est en droit de faire cesser ;

Sur les dommages et intérêts ;

Attendu qu'il n'est justifié d'aucun préjudice causé ;

Par ces motifs :

Le Tribunal condamne Cherfils à supprimer l'embranchement particulier au moyen duquel il envoie, chez le sieur Tasserie, une certaine quantité du gaz qui lui est fournie par la Compagnie ;

Dit qu'à défaut d'exécution par Cherfils, dans la huitaine du présent jugement, le gaz lui sera supprimé par la rupture de son propre embranchement ;

Condamne Cherfils aux dépens ;

Rejette, comme mal fondé, le surplus des conclusions.

62. — 6ᵉ espèce. — Celui qui fabrique son gaz lui-même ne peut contraindre la Compagnie à recevoir son abonnement, et à lui livrer du gaz pour ses besoins éventuels.

M. Charrière possède une petite usine à gaz qui

produit le gaz nécessaire à son éclairage; crainte d'accident, il veut passer un abonnement de 30 becs avec la Compagnie ; celle-ci refuse ; procès devant le Tribunal de Commerce, dont la Compagnie décline la compétence.

Tribunal de Commerce de la Seine
25 février 1845.

Le Tribunal,

Sur sa compétence :

Attendu que Dubrochet, Pauwels et Cie exploitent une usine où ils fabriquent du gaz qu'ils vendent et livrent à la consommation ; que cette exploitation est essentiellement industrielle et toute commerciale ;

Attendu, s'ils sont soumis à certains arrêtés où conventions émanés des préfectures de police et du département, que ce n'est point une raison pour qu'ils relèvent de l'administration, dont ils ne font point partie, à l'égard de leurs contestations avec les tiers, ou pour que ces arrêtés ou conventions ne puissent pas être appréciés par le Tribunal, comme documents du procès, ainsi qu'ils le prétendent, dans l'intérêt de la demande ou de la défense ;

Par ces motifs, retient la cause.

Au fond :

Attendu que Charrière demande que la Compagnie soit tenue de lui fournir et tenir à sa disposition une quantité de gaz suffisante pour l'alimentation de cinquante becs à son usage, ce qu'elle refuse ;

Attendu que les Compagnies de gaz ont un privilége de fait, qui découle de l'autorisation que leur accorde l'administration préfectorale d'exploiter certaines parties de la voie publique, pour l'établissement de leurs tuyaux de conduite ;

Attendu que ce privilége constitue pour les Compagnies, dans leurs circonscriptions respectives, le monopole de l'éclairage au gaz ; que nul ne peut s'embrancher que sur elles pour avoir du gaz ; qu'il s'ensuit qu'on doit assimiler le service desdites Compagnies à un service public, et qu'on ne peut leur reconnaître le droit de refuser du gaz à tout consommateur qui se maintient, vis-à-vis d'elles, dans les conditions d'usage ;

Mais, attendu que Charrière possède une autorisation de faire du gaz pour sa consommation ;

Qu'il en fabrique chez lui pour la consommation de cent becs ; que sa prétention étant seulement de se faire fournir par la Compagnie, à l'aide d'un compteur, à sa volonté, la quantité de gaz dont il peut avoir besoin, en cas d'insuffisance ou de chômage de son usine, sa position est exceptionnelle ;

Attendu qu'étant privilégié lui-même, le monopole de la Compagnie n'existe pas de fait à son égard ;

Qu'il est à l'état de concurrence et de rivalité envers ladite Compagnie, ne fût-ce que pour sa propre consommation, qui est considérable;

Qu'on ne saurait équitablement obliger la Compagnie à donner des facilités à une exploitation contraire à ses intérêts;

Attendu qu'il n'est pas davantage admissible que la Compagnie puisse être soumise à tenir continuellement à sa disposition le gaz nécessaire à l'alimentation de cinquante becs, dont il ne se servirait qu'à sa convenance;

Qu'il pourrait s'établir une confusion, non-seulement dans les produits des deux usines, mais encore dans la responsabilité des deux entreprises ;

Que la surveillance de la Compagnie pourrait être augmentée outre mesure; que de tout ce qui précède, il résulte que la Compagnie a des raisons légitimes de refuser du gaz à Charrière;

Par ces motifs :

Déclare Charrière non recevable en sa demande;

Autorise la compagnie à couper tout branchement qui pourrait exister sur ses tuyaux de conduite pour le service du sieur Charrière, et le condamne aux dépens.

63. — 7ᵉ espèce. — Un cercle autorisé, même par l'autorité administrative, ne forme pas un corps moral qui puisse agir en justice par l'intermédiaire de ses administrateurs;

Mais les membres de cette réunion ont individuellement qualité pour poursuivre l'accomplissement des obligations contractées envers le cercle et pour en obtenir l'exécution, même intégrale, lorsque l'obligation est indivisible ; ils peuvent donc contracter une police d'abonnement pour l'éclairage du cercle et en poursuivre l'exécution.

Jugement du Tribunal de Commerce de Marseille, du 10 mai 1844.

Attendu que, par des accords verbaux intervenus le 12 mai 1833, entre la Compagnie et les sieurs Mottet, Auphant et Giraud, agissant comme délégués et mandataires de la réunion qui, sous le nom de Cercle philharmonique, occupe le local situé en cette ville, rue de Noailles, 22, ladite Compagnie s'est obligée, moyennant le prix convenu, à fournir les appareils et le gaz nécessaires à l'éclairage de ce local ;

Que l'obligation prise à ce sujet par les sieurs Mottet, Auphant et Giraud, comme mandataires, a été approuvée par les mandants, membres composant la Société philharmonique;

Que ce contrat est ainsi devenu parfait et obligatoire pour la Compagnie comme pour les membres de la réunion, au nom de laquelle les sieurs Mottet, Auphant et Giraud avaient agi ;

Qu'en effet, ce contrat a été reconnu et exécuté comme tel, de part et d'autre jusqu'à ce jour : de la part de la Compagnie, par la pose des appareils et la fourniture du gaz, et par les membres de la réunion, par le paiement du prix convenu ;

Que si, après le 12 mai 1838, des difficultés se sont soulevées entre les parties sur l'exécution des obligations et le prix à payer, un jugement arbitral, en date du 12 juin 1839, les a terminées;

Attendu qu'en se soumettant à ce tribunal la Compagnie a reconnu, d'une manière plus formelle encore, la validité du contrat qui la liait aux membres de la Société philharmonique, en acceptant, dans les débats, le président de la Société comme représentant les membres, tous intéressés au maintien du contrat;

Attendu que les sieurs Forlat, Roubaud et Breunet, demandeurs actuels, font partie de cette réunion;

Que si, en la qualité de président, de secrétaire et de trésorier, prise par eux, la demande qu'ils ont formée n'est pas recevable, attendu que la Société ne forme pas un corps moral, qui puisse agir activement et passivement en justice, par l'intermédiaire de leurs administrateurs, l'action leur compète comme membres d'une réunion approuvée par l'autorité administrative agissent personnellement et individuellement;

Attendu que l'obligation contractée par la Compagnie du gaz a pour objet une fourniture qui, par sa nature comme par le rapport sous lequel elle a été considérée dans les accords intervenus, n'est pas susceptible d'exécution partielle; d'où il suit qu'aux termes et suivant l'esprit des articles 1217, 1218 et 1224 Code civil (1), cette obligation est indivisible, et que chacun de ceux envers lesquels elle a été contractée a le droit d'en demander l'exécution entière;

Par ces motifs, ayant tel égard que de raison aux fins prises par les demandeurs, sans s'arrêter à celles de la Compagnie pour les faire déclarer sans action, ni qualité, ordonne, etc.

(1) Art. 1217. — L'obligation est divisible ou indivisible, selon qu'elle a pour objet ou une chose qui, dans sa livraison, ou un fait qui, dans l'exécution, est ou n'est pas susceptible de division, soit matérielle, soit intellectuelle.

Art. 1218. — L'obligation est indivisible, quoique la chose ou le fait qui en est l'objet soit divisible par sa nature, si le rapport sous lequel elle est considérée dans l'obligation, ne la rend pas susceptible d'exécution partielle.

Art. 1224. — Chaque héritier ou créancier peut exiger, en totalité, l'exécution de l'obligation individuelle..... etc.

64. — 8ᵉ espèce. — Le syndic de la faillite d'un abonné peut réclamer de la Compagnie du gaz l'exécution de la police sans solder l'arriéré dû par le failli, ce qui constituerait pour la Compagnie un véritable privilége qu'elle n'a pas, la créance devant rentrer dans la catégorie de celles des créanciers ordinaires du failli.

Le sieur C... était débiteur envers la Conpagnie D. P. et Cᵉ, pour fournitures d'éclairage au gaz. Cette Compagnie, usant du droit stipulé avec ses abonnés, avait coupé le branchement qui alimentait les établissements du sieur C..., lorsque celui-ci fut déclaré en faillite.

Le syndic de la faillite, autorisé à continuer l'exploitation du commerce du sieur C..., réclamait de la Compagnie le rétablissement du branchement, offrant de payer chaque mois, et d'avance, le prix de l'abonnement.

La Compagnie n'y consentit qu'à la condition d'être payée des fournitures arriérées, montant à 582 fr. 49. Le syndic paya, comme contraint et forcé, et assigna la Compagnie en restitution de la somme qu'il avait payée.

Tribunal de Commerce de la Seine
27 mai 1843.

Attendu que les Compagnies d'éclairage au gaz ont un privilége de fait résultant de la permission que leur accorde l'autorité d'exploiter certaine partie de la voie publique pour la pose de leurs tuyaux de conduite ; — que ce privilége constitue en leurs mains un monopole ; — qu'elles font une sorte de service

4

public, et dès lors, ne peuvent arbitrairement refuser du gaz au consommateur loyal qui le paie; — Attendu que le syndic représentant les intérêts de la faillite C*** rentrait dans cette condition à l'égard de la Compagnie D. P. et Cie, et ne devait pas être considérée comme C*** lui-même; — Attendu que la conduite de la Compagnie aurait pour conséquence, si elle était approuvée, de lui assurer le paiement intégral d'une créance non privilégiée, ce qui n'est pas admissible; — Attendu, bien qu'elle ait protesté contre les réserves du syndic, qu'il ne s'ensuit pas qu'elle puisse retenir ce qu'elle a indûment perçu; — Que toutefois, il convient de déduire de la demande 99 fr. 05 cent., pour le mois courant payable d'avance, lequel doit rester à la charge de la faillite, ce qui réduit la somme restituable à 582 fr. 49 c., dividendes déduits;

Par ces motifs, condamne les défendeurs par les voies de droit, et même par corps, à payer la somme de 582 fr. 50 cent., avec dépens.

65. — 9e espèce. — La Compagnie est responsable des accidents causés par l'imperfection des appareils, lorsqu'elle a fourni du gaz avant la visite de ces appareils, et sans l'autorisation préalable de l'autorité municipale, lorsque, dans la localité qu'elle éclaire, il a été rendu, par cette autorité, des arrêtés réglant les précautions à prendre avant la livraison du gaz.

Le Tribunal de Commerce de la Seine avait prononcé le jugement suivant :

Attendu qu'il est établi en fait que le 2 avril 1843 une explosion causée par le gaz a eu lieu dans l'établissement commercial de Milois; qu'il résulte des débats et du rapport de l'arbitre que cette explosion est la conséquence d'une fuite de gaz par une fissure existant dans les appareils des becs; qu'il s'agit dès lors de rechercher les obligations respectives des parties pour décider à quelle négligence la cause de l'événement doit être attribuée;

Attendu qu'aux termes de l'article 2 d'une ordonnance de police du 31 mai 1842, les appareils d'éclairage doivent être visités dans tous leurs détails par les agents de l'administration ; qu'aux termes de l'article 5, l'autorisation d'éclairer n'est donnée qu'après cette visite, et que, suivant l'article 8, les Compagnies doivent faire, à la préfecture de police, la déc'aration de toutes les demandes d'éclairage au fur et à mesure qu'elles leur sont adressées, et ne doivent fournir le gaz que sur la présentation qui leur sera faite de l'autorisation prescrite par l'article 5 ;

Attendu que la stricte exécution de cette ordonnance, sur laquelle repose la sécurité publique, est dans les obligations des Compagnies ; qu'elles connaissent mieux que personne l'impérieuse nécessité de cette stricte exécution, et les conséquences de l'infraction à l'ordonnance dont il s'agit ; attendu qu'il est établi que la Compagnie a fourni et livré à Milois du gaz sans l'autorisation prescrite par l'article 8 de l'ordonnance du 31 mai 1842, alors que les appareils n'avaient point été visités par les agents de l'administration; que ces appareils étaient défectueux au moment où le gaz a été livré; qu'ainsi, le sinistre est arrivé par la négligence de la Compagnie, et qu'aux termes des articles 1383 et 1384 du Code civil (1), elle doit la réparation du dommage que ce sinistre a causé.

Appel. — Cour de Paris, 23 avril 1843.

La Cour adoptant les motifs des premiers juges, confirme.

(1) Art. 1383. — Chacun est responsable du dommage qu'il a causé, non-seulement par son fait, mais encore par sa négligence ou par son imprudence.

Art. 1384. — On est responsable non-seulement du dommage que l'on cause par son propre fait, mais encore de celui qui est causé par le fait des personnes dont on doit répondre, ou des choses que l'on a sous sa garde..... Les maîtres et commettants sont responsables du dommage causé par leurs domestiques et préposés, dans les fonctions auxquelles ils les ont employés....
etc., etc.

66. — 10ᵉ espèce. — L'inexécution des prescriptions d'un arrêté municipal ou préfectoral concernant les conduites et appareils d'éclairage et de chauffage par le gaz, ne peut être attribuée qu'au propriétaire ou locataire de la conduite principale (la Compagnie ou l'abonné), et c'est à eux seuls qu'incombe le devoir de remplir les obligations qu'il énumère, et, par suite, la responsabilité pénale des infractions à ses dispositions.

Donc, l'appareilleur à gaz ne peut être rendu responsable de l'infraction commise par l'ouverture du robinet de prise extérieure du gaz, après que ce robinet avait été fermé par la Compagnie pour cause de fuite dans les appareils.

La Compagnie ayant fermé le robinet extérieur du gaz chez M. X..., son abonné, dont les appareils n'étaient point étanches, et ce, conformément à l'arrêté du 18 février 1862, M. Lecoq, appareilleur, fut chargé de réparer la fuite.

Le robinet extérieur fut rouvert avant l'autorisation de la préfecture ; procès-verbal fut dressé, et le 4 avril 1866, le Tribunal de simple police de Paris condamna l'appareilleur à 5 francs, pour contravention aux prescriptions du susdit arrêté.

M. Lecoq se pourvut en cassation contre ce jugement ; la Cour de cassation rendit le 27 juillet 1866, l'arrêt que l'on va lire :

Sur le moyen tiré d'une fausse application des articles 1, 2, 5 et 15 de l'arrêté du préfet de la Seine du 18 janvier 1862, concernant les conduites et appareils d'éclairage et de chauffage par le gaz dans l'intérieur des bâtiments;

Vu lesdits articles et l'article 471, parag. 15 du Code pénal;

Attendu que l'article 1er, en imposant à toute personne qui voudra placer chez elle, dans Paris, des conduites de distribution, des compteurs, brûleurs et autres appareils de consommation du gaz, faire usage d'appareils établis par d'autres personnes, les déplacer ou réparer, etc., l'obligation d'en faire préalablement la déclaration à la préfecture de la Seine, veut que cette déclaration soit signée du propriétaire ou du locataire de la conduite principale, et que ce propriétaire ou locataire demeure seul responsable vis-à-vis de l'administration municipale;

Que l'article 2 décide qu'aucun appareil ne pourra être mis en service, sans autorisation préalable du préfet de la Seine ou de son délégué;

Que l'article 5 porte que le robinet extérieur sera enfermé dans un coffre dont il indique la disposition, et dont la porte sera percée d'un orifice qui permettra de manœuvrer le robinet de l'extérieur; et qu'il détermine les cas où l'abonné ou consommateur pourra ouvrir ou fermer ce robinet, au moyen d'une clef qui lui sera remise à cet effet;

Qu'enfin, l'article 15 veut que la recherche des fuites ait lieu par le procédé que l'abonné aura choisi parmi ceux qui seront autorisés, et que, dans le cas où il en serait constaté, les appareils ne soient remis en service qu'après qu'ils auront été convenablement réparés;

Attendu que de ces diverses dispositions, il résulte que l'arrêté du 18 février 1862 n'a eu en vue, dans son ensemble, que le propriétaire ou locataire de la conduite principale; que c'est à ce propriétaire ou locataire qu'il a entendu imposer les obligations qu'il énumère; et qu'il n'a voulu faire peser que sur lui, et nullement sur les entrepreneurs de travaux pour son compte, la responsabilité des infractions qui seraient commises à l'une ou à plusieurs de ces dispositions;

D'où il suit que le jugement attaqué, en condamnant Lecoq, appareilleur à gaz, à 5 fr. d'amende, en vertu des articles ci-des-

4*

dessus invoqués et de l'article 471, parag. 15 du Code pénal, à raison de l'ouverture du robinet de prise extérieure du gaz, après que ce robinet avait été fermé par la Compagnie parisienne pour cause de fuite intérieure, a fait une fausse application de ces articles;

Par ces motifs :

La Cour casse et annule le jugement rendu, le 4 avril 1866, par le Tribunal de simple police de Paris, etc., et pour être statué de nouveau, renvoie devant le Tribunal de simple police du canton de Neuilly-sur-Seine.

Le tribunal de simple police de Neuilly, saisi de l'affaire par l'arrêt qui précède, a, par jugement du 6 octobre 1866, déchargé l'appareilleur de la condamnation prononcée contre lui.

67. — La question suivante, se rattachant à l'exécution de l'une des prescriptions de l'arrêté préfectoral du 18 février 1862, nous a paru devoir trouver sa place ici.

Cet arrêté, qui est relatif à la surveillance générale de l'éclairage au gaz dans Paris, contient, dans son article 17, la disposition suivante :

Les directeurs de théâtre et *autres établissements publics,* faisant usage de compteurs de cent becs et plus, seront tenus de faire mettre le gaz en charge, une heure au moins avant l'allumage, pour s'assurer, au moyen des indicateurs permanents, que la canalisation est en bon état. Si des fuites étaient révélées, elles seraient aussitôt recherchées et étanchées.

L'exécution de cette mesure de précaution sera constatée chaque jour sur un registre, qui devra être présenté à toute réquisition des contrôleurs de l'éclairage privé.

MM. Parissot et Cᵉ, propriétaires et gérants de l'établissement de la Belle-Jardinière, ont refusé de se conformer à ces prescriptions d'intérêt général, et un procès-verbal régulier a constaté dans leur maison l'absence du registre spécial indiqué ci-dessus, qui doit exister dans tous les établissements publics, employant cent becs de gaz et plus.

En suite de ce procès-verbal, MM. Parissot et Cᵉ, qui ont plus de deux mille becs de gaz répartis dans toutes les parties de leur maison de confection, ont été cités au Tribunal de simple police pour contravention à l'art. 17 de l'arrêté.

Mᵉ Gustave Chaudez, leur avocat, a soutenu que la Belle-Jardinière n'était point *un établissement public*, et il a demandé que ses clients fussent renvoyés des fins de la contravention.

Conformément à ces conclusions, le Tribunal de simple police de la Seine a, par son jugement du 30 décembre 1864, décidé que la Belle-Jardinière n'était point un établissement public, et que l'article 17 de l'arrêté préfectoral susdit ne lui est point applicable.

68. — Lorsqu'une compagnie a été condamnée à effectuer la livraison du gaz à un abonné dans un délai déterminé, et faute par elle de ce faire, à payer une indemnité par chaque jour de retard, et que le jugement est exécutoire nonobstant appel par provision et sans caution, l'indemnité court à partir du délai accordé par le jugement, bien qu'appel en ait été interjeté.

A la suite d'un procès intenté à propos d'un robinet d'ordonnance, procès que nos lecteurs trouveront au chapitre IV, n° 82, une des anciennes compagnies de gaz avait été condamnée, par un jugement du Tribunal de Commerce de Paris, du 4 décembre 1844, à livrer le gaz au sieur P..., dans un délai de huitaine du jour du jugement, sinon et faute par elle de ce faire, à lui payer 5 francs par chaque jour de retard ; de plus, le jugement devait, en cas d'appel, être exécuté par provision pour le principal et les intérêts, sans qu'il fût besoin de fournir caution.

Sur l'appel, le jugement fut confirmé par arrêt de la Cour du 5 mars 1846.

Quinze mois s'étaient ainsi écoulés entre le jugement et l'arrêt, et pendant ce temps la Compagnie n'avait point livré le gaz. Commandement lui ayant été signifié, le 10 avril suivant, elle fit une offre réelle de 251 fr. seulement, se basant sur ce que l'indemnité n'était due qu'à partir de l'arrêt confirmatif, et non à dater de la huitaine du jugement du Tribunal de Commerce.

Assignation est donnée à la Compagnie, et le Tribunal de première instance de la Seine rendit, le 26 janvier 1847, le jugement suivant :

Attendu que, par jugement rendu contradictoirement par le Tribunal de commerce de la Seine, le 4 décembre 1844, la Compagnie a été condamnée à livrer au sieur P*** le gaz par lui réclamé, dans le délai de huitaine à partir du jugement ;

Attendu que pour assurer l'exécution dudit jugement, il a été ajouté, comme sanction pénale, une condamnation solidaire à

5 fr. par chaque jour de retard, à partir de l'expiration du délai de huitaine, faute d'exécution ;

Attendu, de plus, qu'il a été dit que le jugement serait, en cas d'appel, exécuté par provision pour le principal et les intérêts, sans caution de la part du demandeur ;

Attendu qu'il est évident que, par le mot *principal*, les magistrats consulaires ont nécessairement entendu l'obligation de fournir le gaz et la sanction pénale qui en forme le complément ;

Attendu que par arrêt du 5 mars dernier, la décision des premiers juges a été confirmée dans son entier ;

Attendu que sieur le P*** justifie notamment par des actes extrajudiciaires en date des 27 et 31 décembre 1844, 3 février 1845, que la Compagnie a été mise en demeure de se conformer aux prescriptions du jugement sus daté ; qu'elle n'y a répondu qu'en élevant des difficultés et imposant des conditions que le sieur P*** n'était pas tenu de subir ;

Attendu que dans un tel état de choses, et s'agissant, non pas de dommages-intérêts ordinaires, mais d'une condamnation prononcée comme sanction pénale, d'une décision exécutoire par provision et confirmée sur appel, on ne peut prétendre que le point de départ est évidemment l'expiration de la huitaine à partir de l'arrêt confirmatif ; qu'une semblable interprétation serait en contradiction avec la volonté manifestée par la mesure d'exécution provisoire sus énoncée par les premiers juges et confirmée sur appel, qu'elle rendrait cette mesure illusoire ;

Attendu que les défendeurs ont à s'imputer de ne s'être pas pourvus devant la Cour pour obtenir des défenses, s'ils croyaient y avoir droit ;

Attendu que de ce qui précède, il résulte que l'offre faite par les défendeurs d'une somme de 251 fr. seulement est insuffisante et qu'il n'y a pas lieu de s'y arrêter ;

Par tous ces motifs, déclare nulles et insuffisantes les offres réelles faites par la Compagnie audit sieur P***, suivant procès-verbal en date du 20 avril dernier, déclare nulle également la consignation qui a été faite ;

En conséquence, condamne les défendeurs à payer au sieur

P*** la somme de 2,475 fr. formant le montant de ce qui lui est dû, faute par les défendeurs d'avoir satisfait aux prescriptions du jugement sus daté, plus les intérêts de ladite somme, à partir du jour de la demande; et les condamne aux dépens.

Appel de ce jugement ayant été interjeté, la Cour royale de Paris rendit l'arrêt suivant, le 17 août 1848 :

La Cour, faisant droit sur l'appel interjeté par la Compagnie du jugement rendu par le Tribunal civil de la Seine, le 26 janvier 1847, aucun moyen de nullité ni de fin de non recevoir n'ayant été plaidé contre ledit appel, adoptant les motifs des premiers juges, met l'appellation à néant ; ordonne que dont est appel sortira son plein et entier effet; condamne la Compagnie appelante à l'amende et aux dépens de la cause d'appel.

CHAPITRE IV

69. — L'article 2 de la police de la Compagnie Parisienne est rédigé en ces termes :

La Compagnie conduit le gaz devant la demeure du consommateur, qui en prend livraison au moyen d'un branchement sur la conduite principale. Cet embranchement, les travaux et fournitures relatifs à l'appareil intérieur et extérieur, sont à la charge de l'abonné.

Les appareils intérieurs seront construits par des entrepreneurs choisis par l'abonné; dans aucun cas, la Compagnie ne pourra être rendue responsable-de ces appareils, dont la conservation et l'entretien sont à la charge de l'abonné.

Le tuyau d'embranchement sera posé et entretenu par la Compagnie, aux frais de l'abonné.

L'abonné, au moment de la signature de la police, est tenu de verser le montant estimatif de la valeur du branchement. Il pourra en faire régler la dépense, par architecte, dans la forme ordinaire et dans un délai de trois mois, à partir de l'achèvement des travaux. Passé ce délai, la somme restera acquise à la Compagnie.

L'entretien du branchement comprend en outre de tous les travaux nécessités par la réparation des fuites et des avaries, le remplacement, en cas de besoin, et les modifications de toute nature résultant des travaux de la voie qui nécessiteront des changements ou des réparations aux conduites et aux branchements. La Compagnie sera chargée de cet entretien moyennant 0 fr. 10 c. par mois.

Le robinet extérieur, destiné à mettre le gaz en communication avec les appareils intérieurs, sera également fourni et posé par la Compagnie aux frais de l'abonné. La Compagnie restera chargée de l'entretien et du remplacement, en cas de besoin, dudit robinet et de sa porte moyennant 0 fr. 50 c. par mois.

Le graissage du robinet aura lieu une fois par mois au moins.

La Compagnie aura seule en sa possession la clé de la porte recouvrant ce robinet.

A l'expiration de l'abonnement, le tuyau extérieur d'embranchement sera coupé aux frais de la Compagnie.

70. — Il arrive souvent, surtout dans les petites villes, que la Compagnie s'est réservé, par son contrat de concession, la fourniture et l'installation des appareils nécessaires à l'éclairage des abonnés, réserve justifiée par le peu d'importance de l'entreprise, qui n'offre pas un travail assez rémunérateur pour un appareilleur intelligent, et surtout par des motifs de sécurité, l'exécution des travaux par l'usine offrant naturellement une garantie de leur parfait conditionnement.

71. — Parfois aussi, et c'est ce qui arrive le plus généralement, la Compagnie du gaz fait choix dans la ville qu'elle exploite, d'un ou de plusieurs appareilleurs expérimentés, consciencieux, habiles, dans lesquels elle peut avoir confiance pour la parfaite exécution des travaux d'installation de gaz au domicile des abonnés; elle leur confère le titre *d'appareilleurs agréés par la Compagnie*, et dans les polices d'abonnement elle stipule que les travaux d'installation chez les consommateurs seront exécutés par eux. C'est évidemment là une mesure de sécurité dont l'abonné est le premier à profiter, car le gaz qui pourrait se répandre chez lui par les fuites par suite de la malfaçon du travail, est toujours une perte pour lui, quand il n'est pas une cause de sinistre et d'explosion.

72. — Le tuyau d'embranchement destiné à mettre la conduite principale de la rue en communication avec le local à éclairer, ne peut jamais être installé que par la Compagnie elle-même; car, pour procéder à cette installation, il faut ouvrir la conduite principale, autrement dit, y pratiquer une prise; or, cette conduite est la propriété exclusive de la Compagnie;

5

de plus, une prise mal faite peut donner naissance à des fuites; en outre, les fuites qui pourraient se déclarer sur le branchement de la conduite principale au compteur de l'abonné, constituent la Compagnie seule en perte.

73. — Il résulte donc de ces circonstances que non-seulement la Compagnie a seule le droit d'effectuer le branchement, mais encore qu'elle a seule le droit de l'entretenir, quand bien même ce branchement aurait été exécuté aux frais de l'abonné, et serait dès lors la propriété de celui-ci. Il va sans dire que cet entretien reste aux frais de l'abonné, car il n'y a de frais d'entretien à faire que parce que l'abonné a demandé, pour son éclairage, l'établissement du branchement.

74. — Cet article 2, de la police, a donné lieu à plusieurs discussions que nous allons énumérer :

1º On a contesté à la Compagnie le droit d'exiger que les travaux d'installation du gaz chez l'abonné fussent exécutés par des appareilleurs agréés par elle;

2º On s'est demandé à qui, de la Compagnie ou de l'abonné, incombe l'obligation de réparer les avaries causées au branchement extérieur par les travaux de nivellement du sol opérés par la ville ;

3º Une Compagnie ayant été condamnée à fournir le gaz à un abonné, celui-ci peut-il faire d'office exécuter le branchement, si la Compagnie ne le fait pas elle-même, sous prétexte d'appel du jugement qui la frappe?

4° La Compagnie peut-elle valablement stipuler dans les polices d'abonnement qu'elle se réserve le droit exclusif de fournir et de poser les robinets d'ordonnance?

5° La clause qui stipule que l'entretien des robinets d'ordonnance sera effectué par la Compagnie, oblige-t-elle celle-ci à opérer tous les mois le graissage desdits robinets lorsque cette obligation ne se trouve pas inscrite dans la police?

75. — Ire Espèce. — Deux arrêts établissent d'une manière positive qu'une Compagnie d'éclairage peut obliger ses abonnés à employer, pour exécuter les branchements relatifs à l'éclairage, un appareilleur de son choix. Ces arrêts ont été rendus dans deux situations différentes :

Dans le premier cas, le contrat portant concession par la ville à la Compagnie du privilège d'éclairage, stipule formellement, pour les particuliers qui voudraient adopter l'éclairage par le gaz, l'obligation de n'employer, pour l'établissement des appareils, que les entrepreneurs et fournisseurs agréés par la Compagnie, et ce, selon les prix portés à un tarif approuvé par le Maire.

Dans le second cas, le contrat d'éclairage est com-

plètement muet à cet égard, et la stipulation qui nous
occupe ne se trouve inscrite que dans la police d'abonnement dressée par la Compagnie.

Voici le premier cas :

Le sieur C... de Lyon, ayant, contrairement aux
stipulations du traité passé entre la ville et la Compagnie du gaz, fait poser, par des ouvriers étrangers à
la Compagnie, son embranchement sur la conduite
du gaz passant devant sa maison, la Compagnie crut
devoir lui refuser de lui fournir du gaz.

Actionnée devant le Tribunal de commerce par le
sieur C..., la Compagnie excipa d'une clause du traité
ainsi conçue : « L'appareil nécessaire à l'éclairage de
« chaque abonné sera embranché à ses frais sur la
« conduite passant devant son établissement. Il ne
« pourra faire exécuter son branchement que par les
« entrepreneurs et fournisseurs agréés de la Compa-
« gnie, et selon les prix portés dans un tarif approuvé
« par M. le maire... »

Jugement du Tribunal de commerce de Lyon, du
30 décembre 1842, qui accueille la demande du sieur
C... par les motifs suivants :

Considérant que la Compagnie motive son refus sur le traité
même consenti avec la ville, qu'elle soutient lui conférer le droit
d'exécuter les embranchements tant extérieurs qu'intérieurs ;

Considérant qu'il résulte de ce traité que, par l'article 5 sur
l'éclairage public, la ville s'est réservé le droit de faire exécuter
à ses frais les travaux d'établissement intérieur, conduits et fournitures dans les édifices publics et communaux ; que, dans l'ar-

ticle 31 de l'éclairage des particuliers, il est dit que l'appareil nécessaire à l'éclairage de chaque abonné sera embranché à ses frais
sur le conduit passant devant son établissement; qu'il ne pourra
faire exécuter les embranchements que par les entrepreneurs
agréés de la Compagnie, et selon les prix portés au tarif approuvé
par M. le maire de la ville de Lyon, lequel tarif sera soumis tous
les trois ans à la révision de ce magistrat;

Considérant que la ville a bien pu stipuler dans son traité que
les embranchements extérieurs seraient faits par la Compagnie
ou par ses employés, attendu qu'il s'agissait encore d'un par-
cours sur la voie publique; qu'elle en avait le droit comme représentant l'intérêt général, tant sous le rapport de l'éclairage
que sous celui de la police et de la salubrité publique;

Considérant, en ce qui concerne les embranchements intérieurs, que la combinaison des articles cités laisse apercevoir
qu'elle n'a point entendu lier les particuliers par le tarif consenti, lequel ne peut s'entendre que des embranchements extérieurs;

Considérant que s'il en était autrement, les particuliers, forcés
de se servir des plombiers de la Compagnie, seraient assujettis
à un impôt vexatoire, alors qu'il est constant que le même travail est exécuté à un prix bien inférieur par la concurrence, impôt d'autant moins facile à supporter qu'il résulte des travaux
payés par l'abonné et exécutés à son domicile;

Considérant que si la Compagnie est obligée de fournir le gaz,
alors même qu'elle n'exécuterait pas les embranchements intérieurs, ce devoir ne la prive pas du droit incontestable et inhérent à la nature de son industrie, de faire visiter et inspecter le
bon état des travaux, soit à l'époque où l'abonnement est contracté, soit à l'effet de vérifier plus tard l'état de conservation;
que la fourniture des becs ne lui est point contestée; que dès
lors il y a lieu, faisant droit à la demande de C***, de lui adjuger
ses conclusions;

Par ces motifs, jugeant en premier ressort, dit et prononce
que la Compagnie du gaz de Perrache est condamnée à fournir à
C*** le gaz au prix par l'abonnement, alors que les embranche-

ments et les conduits intérieurs ne seraient point exécutés par le plombier de la Compagnie du gaz, etc.

Sur l'appel, interjeté par la Compagnie du gaz, la Cour royale de Lyon rendit, le 4 mai 1843, l'arrêt suivant :

La Cour : — Attendu que l'article 5 relatif aux travaux d'éclairage pour les bâtiments publics, exprime nettement que ces travaux seront confectionnés par la Compagnie pour tout ce qui sera fait sur la voie publique, et par des ouvriers libres pour les appareils placés à l'intérieur ;

Attendu que l'article 31, relatif aux particuliers, ne fait plus cette distinction, et stipule au contraire que tout l'appareil sera posé par des ouvriers agréés par la Compagnie ;

Attendu que le rapprochement de ces deux articles ne laisse aucun doute sur la pensée qui a présidé à leur rédaction ; dans les maisons particulières, l'emploi des ouvriers de la Compagnie est obligatoire ; dans les bâtiments publics, au contraire, cet emploi n'est que facultatif ;

Attendu que des raisons de bonne police et de sûreté publique motivent cette différence, la prudence ne voulant pas, en effet, qu'on puisse livrer à l'inexpérience ou à la parcimonie des particuliers ou des ouvriers qu'ils pourraient employer, des travaux qui, par leur imperfection, entraîneraient les plus fatales conséquences ;

Attendu, dès lors, qu'il n'y a pas un monopole contraire au droit dans cette clause du traité, mais une garantie des intérêts particuliers qu'il a été du devoir du maire de stipuler ;

Attendu que si tous les citoyens ont le droit de forcer la Compagnie de l'éclairage à leur fournir la quantité de gaz qui peut leur être nécessaire, ce n'est qu'à la charge de se soumettre aux conditions imposées dans l'intérêt général ;

Par ces motifs, dit qu'il a été mal jugé ; émendant, prononce que la Compagnie du gaz est purement et simplement renvoyée d'instance, etc.

76. — Voici maintenant le second cas qui vient confirmer la jurisprudence établie par l'arrêt de la Cour de Lyon que nous venons de reproduire, arrêt que quelques jurisconsultes avaient regardé comme sans précédent, et comme susceptible de devoir être modifié par la suite, le principe qu'il consacre ne leur ayant pas probablement paru de nature à servir de règle invariable pour la solution des questions semblables qui pourraient être, dans l'avenir, déférées aux tribunaux.

Il existe à Chalon-sur-Saône et à Mâcon une Compagnie d'éclairage au gaz. Dans les actes de concession et autorisation administratives, il n'a rien été stipulé sur les conditions auxquelles le gaz devrait être livré aux consommateurs ; il n'existe non plus aucun règlement émanant de l'autorité administrative ou municipale; la Compagnie est donc maîtresse des clauses de sa police.

A l'art. 2 on lit : « L'abonné ne peut faire exécuter « les branchements, travaux et fournitures relatifs à « son éclairage que par l'entrepreneur agréé par la « Compagnie. »

Un individu de Chalon, nommé Curot, voulant s'éclairer au gaz, s'adresse à un appareilleur non agréé par la Compagnie, qui exécute, sans prévenir celle-ci, les branchements extérieurs et intérieurs; cela fait, il demande le gaz. On lui répond qu'il aura le gaz à la condition de signer la police ordinaire et de faire exécuter, suivant l'art. 2, les branchements au moins extérieurs, par le plombier de la Compagnie.

Curot refusa; la Compagnie fit couper le branchement extérieur; Curot l'assigna à rétablir le branchement et à lui fournir le gaz, offrant de se conformer
aux autres conditions de la police.

Jugement du Tribunal de commerce de Chalon-sur-
Saône, du 23 mai 1859, qui l'ordonne ainsi, en se
fondant surtout sur ce que la Compagnie jouit d'un
véritable monopole, et qu'elle est tenue à livrer le gaz
à ceux qui le lui demandent.

Ce jugement qui, pour faire échapper le consommateur aux exigences de la Compagnie, mettait celle-ci
en dehors du droit commun, d'après lequel nul n'est
tenu de livrer sa chose qu'aux conditions librement
débattues et arrêtées, a été déféré à la Cour impériale
de Dijon.

Cour impériale de Dijon.
20 décembre 1839.

Considérant que dans le traité intervenu entre la ville de Châlon-sur-Saône et la Compagnie du gaz établie dans la même ville,
il n'existe aucune clause qui contraigne ladite Compagnie à délivrer le gaz aux habitants, en laissant à chaque partie pre-
nante la faculté de faire procéder elle-même aux travaux d'appropriation de la conduite principale du gaz aux besoins de sa
consommation intérieure, d'où il suit qu'en l'absence d'une telle
réserve, la Compagnie restait libre de stipuler, comme conditions de sa police, telles clauses qu'elle jugeait convenables, et
notamment de faire exécuter ces travaux par des ouvriers de son
choix, et sous sa direction, ce à quoi Curot n'a point voulu ob-
tempérer;

Considérant qu'il y a d'autant plus lieu de maintenir ce principe de liberté commerciale appliqué à un établissement de

cette nature, qu'il s'agit, dans les travaux d'appropriation du gaz aux besoins intérieurs des habitations, d'une question d'intérêt général qui peut engager la responsabilité de la Compagnie et compromettre, par le danger imminent des incendies et des explosions, la sûreté publique; — qu'ainsi, les condamnations prononcées par les premiers juges contre la Compagnie du gaz, au profit de Curot, manquent de base;

Par ces motifs :

La Cour, ayant égard à l'appellation interjetée par la Compagnie d'éclairage au gaz des villes de Châlon-sur-Saône et Mâcon, du jugement rendu entre les parties du Tribunal de commerce de Châlon-sur-Saône, le 23 mai 1859, et y faisant droit, met icelle et ce dont est appel à *néant*;

Réformant, et par un nouveau jugement;

Dit que la Compagnie a eu le droit de refuser la délivrance du gaz à l'intimé, et de faire cesser toute communication entre les appareils de Curot et la conduite principale de la Compagnie, faute par lui d'avoir accepté les conditions de ladite Compagnie, notamment celle mentionnée en l'article 2 des polices d'abonnement de la Compagnie relative à la pose des embranchements particuliers;

En conséquence, la renvoie des demandes, fins et conclusions de Curot;

Donne acte à la Compagnie des offres qu'elle renouvelle; qu'elle est et a toujours été prête à délivrer le gaz à Curot, aussitôt que celui-ci accepterait lesdites conditions;

Décharge la Compagnie des condamnations prononcées contre elle, lesquelles sont mises à néant, ainsi que tout ce qui s'en est suivi;

Condamne l'intimé aux dépens des causes principale et d'appel.

77. — Citons encore un jugement conforme à cette jurisprudence, jugement que nous avons publié dans notre journal le *Gaz*, le 15 janvier 1860, sans qu'il nous ait été possible de découvrir, depuis, la date de ce jugement et le nom du Tribunal qui l'a rendu.

Il ne s'agit pas dans l'espèce d'une action directe du consommateur contre la Compagnie, l'action est introduite par un appareilleur X..., qui prétend contraindre la Compagnie à le recevoir comme *appareilleur agréé*, et l'abonné H... n'intervient que par complaisance et pour aider l'appareilleur dans ses prétentions; la Compagnie repousse les prétentions de X., et le véritable appareilleur agréé, V..., intervient au procès pour défendre les droits qu'il tient de la Compagnie.

Le jugement du Tribunal est ainsi conçu :

Le Tribunal;

Considérant que le traité administratif intervenu entre la ville de A... et la Compagnie de l'éclairage par le gaz, pour régler les conditions de l'éclairage public et privé, oblige la Compagnie, par son article 31, à faire faire le branchement des appareils destinés à des particuliers par des entrepreneurs agréés par elle;

Que si le texte de cet article donnait matière à interprétation, c'est contradictoirement avec la ville et devant la juridiction administrative que la question devrait s'engager; mais que cette disposition a toujours été comprise, interprétée et exécutée en ce sens que les branchements, tant intérieurs qu'extérieurs, doivent être faits par les agents de la Compagnie; en sorte que la seule question à résoudre est de savoir si l'obligation imposée à la Compagnie constitue un monopole contraire à la liberté de l'industrie et aux principes généraux du droit;

Considérant que le droit exclusif de fournir le gaz à l'éclairage public et particulier a été concédé à la Compagnie, et que la légalité de ce privilége n'est point contestée;

Que, cependant, s'il existe un monopole, c'est dans le droit conféré à titre exclusif qu'il doit résider, et non dans les conditions ou dispositions accessoires du traité;

Considérant, en effet, que s'il a paru juste, pour faire disparaître les inconvénients du défaut de concurrence, d'obliger la Compagnie à ne refuser le gaz à personne, et à le livrer toujours au prix du tarif, il était juste également d'accorder à la Compagnie le droit exclusif de faire les branchements intérieurs comme moyen de prévenir les fraudes et de rendre sa responsabilité moins onéreuse;

Qu'ainsi, ses devoirs et ses droits sont devenus corrélatifs, les uns étant la conséquence nécessaire des autres;

Considérant qu'en autorisant la Compagnie, ou même en lui imposant l'obligation d'embrancher les appareils dans le domicile des particuliers, exclusivement à tout autre, l'administration s'est encore proposé un but de sécurité publique, cette mesure étant la plus convenable pour diminuer le danger d'exploitation et d'incendie, et que, sous ce second point de vue, comme sous le premier, elle n'a pas dépassé les limites des attributions municipales, et n'a point établi un monopole contraire au droit;

Considérant que si l'article 31 permet à la Compagnie d'agréer et d'employer plusieurs entrepreneurs, il ne lui fait pas un devoir d'accepter tous ceux qui prétendent remplir les conditions nécessaires pour être admis;

Considérant que la prétention émise par X*** de se faire agréer par décision judiciaire, c'est-à-dire par contrainte, sous prétexte qu'il remplit des conditions suffisantes d'habileté, de moralité et de solvabilité, serait contraire à la faculté de choisir qui est laissée à la Compagnie comme conséquence de sa propre responsabilité;

Que, d'ailleurs, cette prétention ne serait autre chose que la mise en pratique du droit au travail;

Considérant que H*** est intervenu dans l'instance bien moins pour satisfaire à un intérêt personnel que pour aider X*** dans sa prétention;

Que la Compagnie lui ayant offert de lui donner définitivement l'éclairage dont il jouit déjà provisoirement, sans autre condition que celle de contracter, comme tous les autres abonnés, une police d'éclairage, il est pleinement désintéressé ;

Considérant que V***, en sa qualité d'entrepreneur agréé par la Compagnie, a eu intérêt à intervenir pour défendre son droit attaqué ;

Par ces motifs,

Jugeant en premier ressort, et statuant tant sur les interventions que sur la demande principale, déboute H*** de ses conclusions, et le condamne aux dépens faits sur son intervention ;

Renvoie la Compagnie du gaz de la demande de X*** ;

Condamne ce dernier aux dépens envers la Compagnie et envers V*** ;

Donne surabondamment acte à H*** de la déclaration faite par la Compagnie qu'elle est prête à lui donner définitivement le gaz dans ses appareils actuels, dès qu'il aura signé une police d'abonnement dans les conditions ordinaires.

78. — En regard de ces jugements, nous devons en mettre un du Tribunal de commerce de la Seine, qui se trouve en opposition directe avec le principe consacré par les jugements précités. Voici en quelle occasion ce jugement a été rendu.

Bérard veut s'éclairer au gaz, il s'entend pour les travaux avec Moulin, appareilleur ; l'installation terminée, il demande du gaz à la Compagnie ; celle-ci refuse, sous prétexte que Moulin n'est pas un appareilleur agréé par elle ; mais Moulin s'est engagé à éclairer Bérard dans un délai déterminé. — Bérard assigne donc Moulin à lui livrer le gaz. — Moulin appelle la Compagnie en garantie.

Jugement du Tribunal de commerce de la Seine, du 28 mai 1845.

Condamne Moulin à faire livrer le gaz à Bérard dans les trois jours de la signification du jugement, sous peine de 5 fr. par jour de retard, et en 5o fr. de dommages-intérêts pour le préjudice passé ;

Et, statuant sur la demande en garantie :

Attendu que l'autorisation d'éclairer au gaz une circonscription déterminée a été accordée par l'autorité à la Compagnie, par un arrêté du préfet de la Seine en date du 18 septembre 1843, à la charge, par cette dernière, de conduire le gaz dans toutes les rues du périmètre à elle concédé, où un certain nombre d'abonnements d'éclairage lui seraient demandés, et de se conformer à tous les règlements d'administration et de police faits et à faire ;

Attendu que l'établissement de Bérard est situé dans le périmètre concédé à la Compagnie, et que ce dernier justifie, par l'autorisation du préfet de police, en date du 2 novembre dernier, s'être conformé aux règlements de police existants ; qu'en conséquence, la Compagnie n'a aucun motif pour refuser le gaz réclamé ;

Condamne la Compagnie à garantir Moulin des condamnations contre lui prononcées, et en 5oo fr. de dommages-intérêts, pour le cas où Moulin serait obligé d'enlever l'appareil posé chez Bérard ;

Condamne la Compagnie aux dépens.

Certes, il est incontestable que ce jugement est contraire au principe plus haut consacré, mais cela ne doit nuire en rien à la jurisprudence établie par les jugements précités ; car il ne faut pas perdre de vue que ce dernier jugement a été rendu à Paris, et que, dans la capitale le grand nombre d'appareilleurs capables, et les prescriptions rigoureuses de l'autorité à l'égard des installations de gaz, rendent inutiles la précaution prise par les usines de province, de n'accepter que les installations faites par des entrepreneurs agréés.

79. — 2ᵉ Espèce.

Une compagnie d'éclairage par le gaz, ayant seule le droit d'établir sous la voie publique des tuyaux pour la conduite du gaz, ne peut refuser à ses abonnés de réparer à ses frais les tuyaux de branchements détruits par les travaux d'abaissement d'une rue, sur le motif que leur destruction serait le résultat d'une force majeure, et que, dans l'abonnement, les frais d'établissement et d'entretien de ces branchements auraient été mis à la charge des abonnés.

Et lorsque, par suite de semblables travaux et d'un défaut de surveillance, les abonnés ont été privés de gaz, la Compagnie doit être condamnée envers eux à des dommages intérêts.

Tribunal de commerce de la Seine.
16 septembre 1852.

D. et V. — C. Manby, Marguerite et Cⁱᵉ.

En ce qui touche la demande en rétablissement de tuyaux pour le gaz ;

Attendu que, des pièces produites et des renseignements recueillis, il ressort que les défendeurs ont pris envers les demandeurs l'engagement de leur faire parvenir régulièrement le gaz pour les besoins de leur établissement ;

Attendu que la seule condition imposée à D*** et V*** a été

que le branchement à ce destiné serait établi et entretenu à leurs frais ;

Attendu que ces travaux ont été obligatoirement exécutés par les défendeurs, à qui est concédé par la ville de Paris le droit exclusif d'établir, sous la voie publique, des tuyaux pour la conduite du gaz destiné à l'éclairage, d'où il suit pour eux l'obligation de les maintenir en bon état de service, sauf le cas de force majeure, qui n'est pas établi dans l'espèce ;

Attendu que l'entretien mis à la charge des demandeurs ne peut s'entendre que de l'usure de ces tuyaux par le temps, en raison de leur service ordinaire ;

Attendu qu'il est acquis aux débats que les conduits dont s'agit n'étaient point usés, mais ont été détruits par suite du baissement de la rue ;

Attendu que Manby, Marguerite et Cie étaient d'autant plus à même d'empêcher cette destruction, que ce baissement se fait avec leur concours par suite du droit que s'est réservé la ville de Paris, lors de la concession du privilége qui leur a été accordé, de faire déplacer et même enlever, sans aucune indemnité, les tuyaux posés par la Compagnie, toutes les fois qu'elle jugera que l'intérêt public l'exige ;

Attendu que les défendeurs ne peuvent s'en prendre qu'à leur défaut de surveillance ;

Attendu, en conséquence, que le rétablissement des tuyaux dont s'agit doit rester à la charge de la Compagnie, et que son offre de faire le travail à charge de paiement n'est point acceptable ;

En ce qui touche les dommages-intérêts ;

Attendu que la privation de lumière a causé à D*** et V*** un préjudice dont il leur est dû réparation, et que le Tribunal, d'après les éléments qu'il possède, fixe à 50 fr. ;

Par ces motifs, — déclare les offres de la Compagnie insuffisantes ;

— Dit que dans le délai de trois jours, de ce jour, la Compagnie sera tenue de rétablir, à ses frais, des tuyaux semblables à ceux qui existaient, et qui sont nécessaires pour fournir aux demandeurs le gaz conformément à leur abonnement, sinon et faute de ce faire dans ledit délai, et icelui passé, la condamne, dès à présent, par les voies de droit et par corps, à payer à D*** et à V***, 20 fr. par chaque jour de retard, jusqu'à concurrence de la somme de 300 fr., au delà de laquelle il sera fait droit ; — Condamne en outre les défendeurs à payer 50 fr. à titre de dommages-intérêts, et aux dépens.

80. — 3ᵉ Espèce. — Un branchement peut-il être exécuté d'office ?

Par jugement du 12 novembre 1861, la Compagnie Parisienne avait été condamnée à livrer le gaz à M. Clémançon, entrepreneur d'éclairage. Ayant interjeté appel de ce jugement, la Compagnie ne crut pas devoir, avant l'arrêt de la Cour, pratiquer le branchement nécessaire à l'éclairage du grand établissement pour lequel M. Clémançon demandait le gaz.

Souffrant de ce retard, celui-ci introduisit un référé pour être autorisé à exécuter lui-même le branchement; le juge des référés, par décision du 16 décembre 1861, déclara que le jugement invoqué du 12 novembre précédent, ne contenant pas l'autorisation d'exécuter le branchement d'office, il ne pouvait pas, lui, ajouter aux dispositions dudit jugement, en prononçant une condamnation qui n'avait pas été demandée devant le Tribunal; en conséquence, il refusa l'autorisation demandée.

La décision du juge des référés ne résout pas la question d'une manière complète, car elle laisse à supposer que si l'exécution d'office avait été demandée au Tribunal, elle aurait bien pu être accordée par celui-ci.

81. — 4° Espèce.

La Compagnie qui a stipulé dans ses polices d'abonnement qu'elle se réserve le droit exclusif de fournir et de poser les robinets extérieurs, dits robinets d'ordonnance, peut-elle s'autoriser de ce que ce robinet n'a pas été fourni par elle pour refuser de livrer le gaz à l'abonné?

Pour bien élucider la question, nous devons expliquer que le robinet d'ordonnance est le robinet placé à l'extérieur du domicile de l'abonné, et que celui-ci ne peut ouvrir sans l'action préalable de la Compagnie qui doit seule en posséder la clef principale.

Cela posé, la question qui nous occupe a reçu deux solutions contraires : la première, négative, et la seconde, affirmative.

82. — Voici le différend qui motiva la première solution :

Un sieur P... voulut s'éclairer au gaz ; au lieu de s'adresser directement à la Compagnie, il fit marché avec un appareilleur, qui s'engagea à exécuter les travaux nécessaires, sauf le branchement extérieur, et à livrer le gaz à une époque déterminée.

L'appareilleur exécuta toute l'installation intérieure, et plaça même le robinet d'ordonnance ; les travaux terminés et acceptés par l'autorité, l'appareilleur demanda le gaz à la Compagnie, la priant de faire le branchement nécessaire.

La Compagnie demanda : 1° que le sieur P... souscrivît une police d'abonnement; 2° que le robinet d'ordonnance fût enlevé, et qu'elle en plaçât un elle-même ; 3º qu'on lui représentât l'autorisation de la préfecture.

La première et la troisième conditions étaient faciles à remplir, mais le sieur P... se refusa à exécuter la deuxième, prétendant que son robinet était exactement du même modèle que celui de la Compagnie.

En conséquence de ce refus, la Compagnie ne livra point le gaz ; de là procès.

Le Tribunal de commerce de la Seine rendit, le 4 décembre 1844, le jugement suivant :

Attendu que le privilége de la Cie D***, pour l'éclairage au gaz, entraîne nécessairement après lui l'obligation, pour la Compagnie, de fournir le gaz à ceux qui ont reçu de l'autorité compétente l'autorisation nécessaire pour qu'il en soit délivré dans les limites de sa concession ; — Attendu que P*** justifie de l'autorisation du préfet de police exigée par les ordonnances ; — qu'il justifie également que la même autorité, qui seule a qualité pour admettre ou rejeter les appareils, a reconnu que ceux exécutés par lui, soit comme conduits, robinets ou tous autres organes, étaient dans les conditions voulues ; qu'en conséquence, la Compagnie n'a aucun motif pour refuser le gaz réclamé ; — Attendu que P*** a offert spontanément au délibéré de signer une police d'un an, etc. ; — Par ces motifs, donne acte au sieur P*** de l'offre qu'il fait de signer une police d'abonnement d'une année, et sous le mérite desdites offres, et à la charge par lui de les réaliser ;

Condamne l'appareilleur et la Compagnie à livrer au sieur P*** le gaz par lui réclamé, dans le délai de huitaine à partir de ce jour, sinon, et faute par eux de ce faire, les condamne solidairement à payer, audit sieur P***, 5 fr. par chaque jour de retard ; à satisfaire à ce que dessus, ils seront contraints par les voies de droit ; et, vu les circonstances de la cause, condamne les

Compagnie aux dépens de ce chef, dit qu'il n'y a lieu de faire droit à la demande en garantie de l'appareilleur, le condamne aux dépens de ce chef; — ordonne que ledit jugement sera exécuté selon sa forme et teneur, et, en cas d'appel, par provision pour le principal et les intérêts seulement, sans qu'il soit besoin par le demandeur de donner caution.

Sur l'appel, la Cour royale de Paris rendit, le 5 mars 1846, un arrêt confirmatif sur tous les points.

83. — Voici maintenant la solution affirmative; nous la trouvons dans un jugement du Tribunal de commerce de la Seine (26 mars 1862).

Attendu que la demande de M*** (appareilleur) est basée sur ce fait que la Compagnie du gaz se réserverait le droit exclusif de fournir les robinets dits d'ordonnance; que, d'après le demandeur, cette prétention serait contraire aux droits résultant, pour la Compagnie, de la concession qui lui a été faite par le traité de 1855;

Attendu qu'à l'égard des robinets dits d'ordonnance, les statuts et les cahiers des charges restent muets en ce qui les concerne, mais que dans la police intervenue entre elle et les abonnés, la Compagnie se réserve expressément, dans l'article 2, la fourniture et la pose des robinets extérieurs destinés à la communication avec les robinets intérieurs;

Que la raison de sécurité publique suffit pour justifier la prétention de la Compagnie;

Par ces motifs, déclare M*** non recevable.

84. — Évidemment, ces deux jugements se contredisent l'un l'autre, mais la contradiction ne proviendrait-elle pas de ce que dans le premier cas, l'installation des appareils avait été faite avant que la police n'eût été souscrite par le consommateur, tandis que dans le second, ce n'est pas l'abonné qui attaque, c'est l'appareilleur, qui prétend contester à la Compagnie un droit qu'elle tient de la police souscrite par son abonné?

Nous sommes persuadé que cette différence dans les jugements précités, tient uniquement aux différences qui existent dans les circonstances des causes soumises au tribunal, et que si, dans la première cause, la signature de la police avait précédé l'installation des appareils, les tribunaux eussent donné gain de cause à la Compagnie, en s'appuyant des mêmes motifs que nous trouvons dans le jugement du 26 mars 1862.

Ajoutons qu'il ne saurait en être autrement, car s'il achète le robinet lui-même, l'abonné se trouve en avoir momentanément la clef en sa possession; il a donc la possibilité de se faire confectionner une double clef dont il peut faire usage pour se livrer le gaz en dehors de l'action préalable de la Compagnie; celle-ci ne trouve donc plus dans le robinet d'ordonnance cette garantie, cette sécurité que l'autorité a jugé nécessaire lorsqu'elle a prescrit, par son ordonnance du 31 mai 1842, l'emploi des robinets extérieurs.

85. — 5e Espèce.

Les polices d'abonnement obligent les abonnés à payer l'entretien et le remplacement des robinets, mais elles ne portent pas toujours obligation, pour la Compagnie du gaz, d'opérer tous les mois le graissage des robinets, comme cela a lieu dans la police de la Compagnie Parisienne.

L'indemnité mise à la charge de l'abonné n'est pas, d'après l'économie du contrat, seulement applicable au graissage des robinets, mais elle est encore stipulée en vue des dépenses éventuelles mises à la charge de la Compagnie pour l'entretien et le remplacement de ces mêmes robinets, ainsi que de la porte extérieure.

Partant, l'obligation de l'abonné ne peut être subordonnée à l'accomplissement par la Compagnie, de l'opération du graissage, mensuellement et à époque déterminée, l'opportunité de cette opération étant laissée à l'appréciation de la Compagnie, et l'abonné ne peut, sous aucun prétexte, refuser de laisser les agents de la Compagnie accéder librement à son compteur.

Tribunal de commerce de Rouen.
27 décembre 1865.

Attendu que, suivant police d'abonnement en date du 4 août 1863, les parties ont déclaré l'une et l'autre se soumettre aux conditions déterminées par l'administration municipale de la ville de Rouen, pour l'éclairage particulier par le gaz, conditions relatives à ladite police;

Que c'est donc au point de vue des stipulations ainsi acceptées qu'il y a lieu d'apprécier la contestation;

Or, attendu que les derniers paragraphes de l'article 2 de la police précitée stipulent que la Compagnie restera chargée de l'entretien et du remplacement, en cas de besoin, des robinets intérieurs et extérieurs destinés à mettre le gaz en communication avec les appareils de l'abonné, et ce, moyennant une indemnité de 25 cent. par mois, à payer par le consommateur, indiquant, par le paragraphe suivant, que le graissage des robinets aura lieu aux frais de la Compagnie toutes les fois qu'il sera nécessaire ;

Qu'aux termes de l'article 3, *in fine*, de la même police, l'abonné doit laisser un libre accès aux agents de la Compagnie dans l'endroit où sera placé le compteur ;

Attendu, en fait, que X*** refuse de payer l'indemnité mensuelle de 25 cent., applicable aux mois de septembre et d'octobre, en se fondant sur ce que la Compagnie n'aurait pas fait opérer le graissage des robinets pour lesquels le gaz lui est livré ;

Mais, attendu que son obligation, quant au paiement de l'indemnité mensuelle de 25 cent. est formelle, sans réserves, et non subordonnée à l'accomplissement, par la Compagnie, de sa propre obligation ;

Que cette indemnité n'est d'ailleurs pas seulement applicable au graissage des robinets, mais qu'elle est encore stipulée en vue de pourvoir aux dépenses éventuelles que la Compagnie peut avoir à faire pour remplacer et entretenir les robinets eux-mêmes, ainsi que la porte extérieure ;

Attendu, quant aux obligations de la Compagnie, que rien ne l'oblige à opérer le graissage des robinets à époques fixes ni mensuellement, mais bien aussi souvent que cela sera nécessaire, et que c'est pour prémunir ses abonnés contre sa négligence possible que le remplacement des objets qu'elle est chargée d'entretenir est laissé à sa charge ;

Attendu, d'ailleurs, que les allégations de X***, quant au mauvais état d'entretien des robinets, ne sont pas justifiées par des preuves suffisantes, d'où suit que sa résistance aux demandes de paiement qui lui sont faites par la Compagnie n'est pas fondée et que la demande de cette dernière doit être accueillie pour la somme de 90 fr. 67 cent. ;

Attendu, en ce qui concerne le refus de X*** de laisser les agents de la Compagnie accéder librement à son compteur, que l'abonné serait ainsi en contradiction avec l'engagement qu'il a pris de se soumettre à cette surveillance, conformément au 10° paragraphe de l'article 3 de la police à laquelle il a souscrit;

Que ce refus ne saurait donc se justifier, mais que la Compagnie, n'établissant pas la résistance de X*** sur ce point, le Trinal ne saurait ordonner, dès à présent, le moyen de contrainte auquel elle conclut;

Par ces motifs :

Le Tribunal déclare insuffisantes les offres de X*** et le condamne à payer à la Compagnie la somme de 97 fr. 67 cent., avec intérêts de droit;

Dit les parties mal fondées en toutes autres et plus amples conclusions, et les en déboute;

Condamne X*** en tous les dépens.

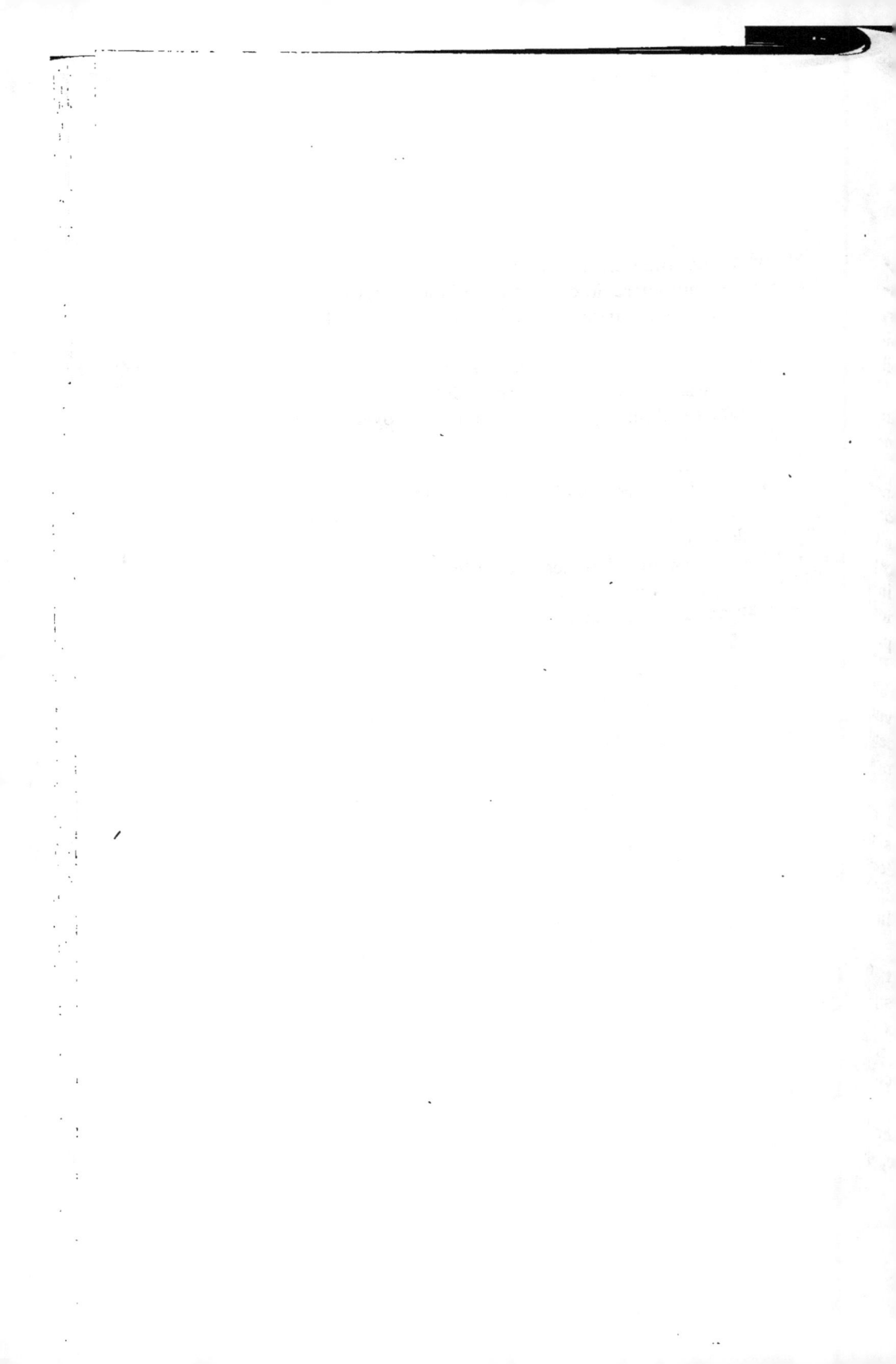

CHAPITRE V

86. — L'article 3 de la Compagnie Parisienne est ainsi conçu :

Le gaz sera livré au compteur.
En conséquence, l'abonné fera établir chez lui, et à ses frais, un compteur de son choix, et de l'un des systèmes approuvés par l'Administration.
La pose et le plombage du compteur seront faits par la Compagnie, de même que la fourniture et le scellement de la plate-forme, aux prix suivants, savoir :

Pour un Compteur
$$\begin{cases} \text{de } 3 \text{ à } 30 \text{ becs.} & 7 \text{ fr. } 50 \\ \text{de } 50 \text{ à } 80 \ . \ . & 11 \text{ » } 50 \\ \text{de } 100 \text{ à } 150 \ . \ . & 17 \text{ » } — \\ \text{au-dessus } . \ . \ . \ . \ . & 26 \text{ » } — \end{cases}$$

Le compteur sera proportionné à la consommation maximâ de gaz de l'abonné, tant pour l'éclairage que pour le chauffage et tous autres usages.
A l'entrée du compteur, il sera placé un robinet de sûreté, et à la sortie, un robinet à trois eaux, afin de

6

permettre l'essai de la canalisation intérieure avant l'autorisation d'en faire usage.

Il sera soumis, quant à son exactitude et à la régularité de sa marche, à toutes les vérifications que l'Administration jugera utile de prescrire, sans préjudice de celles que l'abonné ou la Compagnie voudraient faire effectuer par les voies de droit. Il ne pourra être mis en service qu'après avoir été vérifié et poinçonné par l'Aministration.

Le mécanisme des aiguilles, avant d'être employé, aura dû être soumis également à un poinçonnage spécial pour constater l'exactitude de sa construction et le soudage des aiguilles sur leur axe.

L'entretien du compteur pourra être fait par la Compagnie, aux prix mensuels indiqués par le tableau suivant pour les abonnés qui le demanderaient mais dans ce cas, ils devront faire agréer leurs compteurs par la Compagnie.

CALIBRE du Compteur	PRIX MENSUEL d'entretien	CALIBRE du Compteur	PRIX MENSUEL d'entretien
3 becs.	0 fr. 50 c.	60 becs.	1 fr. 40 c.
5	0 70	80	1 50
10	0 90	100	1 60
20	1 10	150	1 70
30	1 20	200	1 80
50	1 30	300	1 90

Le compteur sera posé et maintenu par des vis ou scellements, sur une plate-forme fixe parfaitement horizontale; ses raccords sur les tuyaux d'arrivée et de sortie du gaz seront plombés avec l'empreinte du cachet de la Compagnie. Toute rupture des scellements et des cachets, par le fait de l'abonné ou de ses agents, pourra donner lieu à une action en dommages-intérêts et à toutes poursuites de droit.

Il est formellement interdit à l'abonné d'apporter aucune modification ou détérioration dans les organes du compteur et de ses accessoires, et dans sa position, sans le concours d'un agent de la Compagnie.

L'abonné devra donc laisser un libre accès aux agents de la Compagnie, dans l'endroit où sera posé le compteur. Tout refus à cet égard sera poursuivi par les voies de droit. L'emplacement du compteur devra être d'un facile accès, et choisi de manière que le chiffre des consommations puisse être exactement relevé.

Ces conditions, sauf parfois la taxe des prix de pose et d'entretien des compteurs, sont d'un usage général.

87. — Les diverses prescriptions de cet article ont, jusqu'à présent, donné lieu à divers litiges que nous allons présenter à nos lecteurs dans l'ordre suivant :

1° L'abonné peut-il faire usage d'un compteur non approuvé par la Compagnie qui doit lui fournir le gaz?

2° La Compagnie a-t-elle le droit de stipuler qu'elle

se réserve expressément la mise en place des compteurs chez l'abonné?

3° La Compagnie peut-elle être rendue responsable
des irrégularités qui se produisent dans l'éclairage,
alors que le nombre des brûleurs est supérieur à celui
pour lequel le compteur a été construit?

4° La Compagnie est-elle fondée à exiger la vérification du compteur préalablement à sa mise en
service chez l'abonné?

5° La Compagnie est-elle également fondée à demander la vérification du compteur toutes les fois
qu'elle aura lieu de croire à une irrégularité dans son
fonctionnement?

6° En quel endroit doit être opérée la vérification
d'un compteur soupçonné d'inexactitude?

7° Un abonné peut-il faire vérifier son compteur
par une personne étrangère hors de la présence d'un
agent de la Compagnie?

8° La Compagnie peut-elle contraindre l'abonné à
payer une rétribution mensuelle pour l'entretien de
son compteur?

9° Peut-on déplacer un compteur et briser les
scellés qui le garantissent sans l'intervention de la
Compagnie?

10° Quelles conséquences peut entraîner pour un
abonné l'inclinaison du compteur opérée dans le but
de tromper la Compagnie sur la quantité de gaz livrée?

11° Les abonnés doivent laisser un libre accès au

compteur à tout agent de la Compagnie chargé d'en opérer la vérification.

88. — 1re espèce. — L'abonné a bien le droit de choisir son compteur, mais il ne peut le prendre que dans les systèmes connus et approuvés par la Compagnie. On comprend, en effet, que le compteur devant servir à mesurer le gaz livré à l'abonné par la Compagnie, doit être un instrument sur lequel producteur et consommateur soient d'accord. Toute prétention de l'abonné, qui aurait pour but d'employer un compteur d'un système non approuvé par la Compagnie, doit donc être repoussé d'une manière absolue.

Le fait s'est présenté à Paris dans les circonstances suivantes :

MM. de B... et L... ayant résolu d'adopter l'éclairage au gaz, voulurent contracter un abonnement avec la Compagnie pour l'éclairage au compteur ; mais ils prétendirent n'avoir confiance que dans le compteur inventé par Selligue, et déclarèrent vouloir faire usage d'un compteur de ce système.

La Compagnie répondit à cette prétention par un refus formel de traiter avec eux s'ils persistaient à employer ce compteur.

Ces messieurs assignèrent la Compagnie pour voir dire qu'elle serait forcée d'accepter leur engagement, et que le gaz à eux livré serait compté au moyen du compteur Selligue.

6*

Le Tribunal civil de la Seine rendit, le 19 avril 1844, son jugement en ces termes :

Considérant que les tribunaux sont institués pour juger les contestations élevées à l'occasion des contrats formés, et non pour en préparer la formation ;

Considérant que, dans la matière dont il s'agit, il n'existe aucune mesure légale et que d'ailleurs, l'instrument employé par la Compagnie garantit suffisamment les droits de toutes les parties;

Déboute les demandeurs de leur demande, et les condamne aux dépens.

89. — 2ᵉ espèce. — Une compagnie a le droit de stipuler dans ses polices d'abonnement qu'elle se réserve expressément la mise en place des compteurs, bien que l'abonné ait la faculté de prendre cet instrument chez un fabricant de son choix et parmi les systèmes de compteurs adoptés.

La justification de ce droit se trouve dans la nécessité d'installer le compteur avec la plus grande précision, afin qu'il fonctionne avec exactitude dans l'intérêt de l'abonné et celui de la Compagnie.

Tribunal de commerce de la Seine
26 mars 1862.

Attendu que la demande de M*** est basée sur ce fait que la Compagnie du gaz se réserverait le droit exclusif de poser les compteurs; que d'après le demandeur, cette prétention serait contraire aux droits résultant, pour la Compagnie, de la concession qui lui a été faite par le traité de 1855;

Qu'il résulte de l'article 43 des statuts, que les compteurs seront à la charge des abonnés, qui auront la faculté de les prendre parmi les systèmes autorisés, et de les faire poser et entretenir par des ouvriers de leur choix ;

Attendu que la Compagnie, dans les polices qui interviennent entre elle et les abonnés, a apporté une modification aux statuts primitifs et s'est réservé, dans l'article 3, la pose des compteurs, tout en laissant à l'abonné la liberté de fournir l'appareil ;

Attendu que cette dérogation est justifiée par les difficultés de la pose des compteurs à gaz, et la nécessité d'une régularité absolue dans ce travail ;

Que d'ailleurs, il s'agit, dans l'espèce, d'un contrat entre la Compagnie et ses abonnés, lequel, une fois accepté, devient loi entre les parties ;

Par ces motifs, déclare M*** non recevable.

90. — 3e espèce. — Une compagnie de gaz n'est pas responsable de l'éclairage d'un abonné quand ce dernier dépasse la consommation que peut alimenter son compteur par une augmentation du nombre des becs.

Tribunal de commerce de la Seine
12 septembre 1865.

Attendu que, pour baser sa demande en dommages-intérêts, le demandeur prétend que la Compagnie du gaz n'aurait pas rempli son engagement, et qu'il aurait été privé du gaz nécessaire à l'éclairage de son établissement ;

Mais, attendu que le demandeur ne justifie pas de cette prétention ; qu'il résulte, au contraire, des documents fournis au Tribunal que le demandeur se servait d'un compteur inférieur à la quantité de gaz qui lui était nécessaire ; qu'en raison de cette circonstance, il s'était engagé à ne rien réclamer de la Compagnie défenderesse, dans le cas où il n'obtiendrait pas la lumière voulue ;

Attendu, en outre, que le demandeur ne justifie d'aucun préjudice appréciable ;

Par ces motifs :

Le Tribunal, jugeant en dernier ressort, déclare le demandeur non recevable en sa demande, et le condamne aux dépens, etc.

91. — 4ᵉ espèce. — La Compagnie est fondée à refuser de fournir le gaz à tout abonné tant que le compteur n'a pas été vérifié préalablement par elle; les motifs en ressortent évidemment de ce que nous avons déjà dit dans ce chapitre, et sont assez logiquement déduits dans le jugement suivant pour que nous nous dispensions d'une répétition inutile.

M. V…, commerçant à Rouen, avait chargé M…, installateur d'appareils à gaz, d'établir chez lui les appareils nécessaires à l'éclairage au gaz, et de faire toutes les démarches nécessaires près de la Compagnie pour lui procurer ce genre de lumière.

L'appareil posé, M…, sans avoir préalablement fait examiner le compteur par la Compagnie, voulut obliger celle-ci à livrer le gaz.

La Compagnie s'y refusa. M. V… assigna son installateur pour contraindre celui-ci à exécuter l'obligation qu'il avait prise.

M… prit en cause la Société Pariset et Lefebvre; celle ci consentit à livrer le gaz après avoir préalablement examiné, dans son usine, le compteur vendu au sieur V…

L'installateur prétendait que la Compagnie devait

se transporter au domicile du consommateur pour vérifier le compteur.

Le Tribunal de commerce de Rouen a rendu le jugement suivant sur cette question, le 25 avril 1856 :

Vu l'assignation donnée par le sieur M*** lampiste et installateur d'appareils à gaz, aux sieurs Parizet et Lefebvre, directeurs de la Compagnie d'éclairage au gaz, tendant à lui porter garantie des condamnations qui pourraient être prononcées contre lui, M***, à raison de la demande du sieur V***, de faire fonctionner l'appareil à gaz qu'il a posé et pris l'obligation de faire marcher chez ledit sieur V*** ;

Attendu que les sieurs Pariset et Lefebvre refusent de livrer le gaz avant qu'ils ne se soient assurés, par le procédé ordinaire, que le compteur placé par le sieur M*** fonctionne régulièrement; que, pour faire cet essai, il est indispensable que ce compteur soit apporté à l'usine, parce que c'est là seulement que les appareils nécessaires sont établis pour pouvoir se rendre un compte certain de son exactitude ;

Attendu que M*** ne veut pas se conformer à la demande de la Compagnie, par le motif que les compteurs qu'il place à Rouen proviennent d'un des meilleurs fabricants de Paris, et sont poinçonnés par la préfecture de la Seine, de telle sorte qu'il est impossible de voir et, conséquemment, de déranger le mécanisme qui sert à mesurer le gaz ;

Attendu que l'acheteur et le vendeur d'une marchandise qui se vend au poids ou à la mesure, ont toujours le droit de s'assurer de l'exactitude des instruments servant au mesurage ; or, on ne peut refuser aux sieurs Pariset et Lefebvre le droit de vérifier l'exactitude des compteurs à gaz que les abonnés ont le droit de se procurer et faire poser par qui bon leur semble, et comme le gaz est d'une nature si subtile que le moindre dérangement du compteur peut causer un notable préjudice, soit à la Compagnie, soit au consommateur, celle-ci a bien le droit, lorsqu'elle n'est pas certaine de la précision de l'appareil, d'en exiger la vérification, et cela par les moyens dont elle dispose dans son usine; que ce serait pour elle un trop grand dérangement que de la forcer de porter les instruments et le récipient nécessaire à obtenir une certaine quantité de gaz au domicile de l'abonné pour faire les essais; il est bien plus simple que le compteur soit apporté et vérifié contradictoirement à l'usine.

Par ces motifs, le Tribunal dit et juge que le sieur M*** devra faire porter les compteurs qu'il se propose de placer en ville, à l'usine des sieurs Pariset et Lefebvre, pour être essayés en sa présence ou en présence d'un fondé de pouvoirs; dit que cette opération devra se faire gratuitement, et le plus promptement possible, de manière à éviter à M*** des déplacements inutiles.

Condamne ce dernier aux dépens.

92. — 5e espèce. — La Compagnie est également fondée à exiger la vérification d'un compteur en service chez l'abonné toutes les fois qu'elle a lieu de croire, soit par les indications de l'instrument, soit par tout autre motif, qu'il ne fonctionne pas régulièrement.

Au commencement de janvier 1864, la Compagnie du gaz des Emmurées crut remarquer que les indications du compteur de M. M..., à Rouen, ne correspondaient pas à la consommation réelle; elle en demanda à M. M... la vérification, non pas que sa bonne foi pût être mise en doute, mais parce qu'elle avait lieu de croire l'instrument atteint de vices dont le consommateur lui-même ignorait l'existence. M. M... s'y refusa, prétendant que son compteur avait été vérifié à la mairie de Rouen, et portait en outre les poinçons de la préfecture de la Seine, et alléguant qu'une seconde vérification était inutile et vexatoire.

Assignation fut donnée à M. M... devant le Tribunal de commerce de Rouen, qui rendit, le 18 janvier 1865, le jugement suivant :

Attendu que l'action de Pariset et Cie a pour but :

1° De contraindre M***, leur abonné, à cesser l'usage d'un compteur installé dans ses magasins et qu'ils prétendent être défectueux ;

2° D'obtenir condamnation en 200 fr. de dommages-intérêts contre M*** et S***, conjointement et solidairement, pour réparation du préjudice que ceux-ci auraient fait éprouver à la Compagnie du gaz par suite du fonctionnement irrégulier du compteur installé chez le sieur M*** ;

Sur la demande principale :

Attendu que les conditions dans lesquelles doivent s'exercer, dans la ville de Rouen, les relations entre les Compagnies d'éclairage au gaz et leurs abonnés, sont déterminées par le chapitre 5 d'un traité passé entre l'administration municipale et lesdites Compagnies, et que spécialement, l'article 55 de ce traité dispose que les compteurs dont les particuliers feront usage, ne pourront être mis en service qu'après avoir été vérifiés et poinçonnés par l'administration, sans préjudice de toute vérification que les Compagnies ou les abonnés pourraient faire effectuer par les voies de droit ;

Attendu que M. M*** s'est conformé à toutes les prescriptions dudit traité en faisant vérifier et poinçonner l'instrument, objet de la contestation, mais que l'action de Pariset et Cie est bien aussi l'exercice d'un droit qui leur a été réservé, et que, dans ces circonstances, c'est à eux qu'il incombe de faire la preuve de la défectuosité de l'appareil dont ils prétendent exiger le déplacement ;

Attendu que, pour satisfaire à cette obligation, ils se prévalent du résultat des expériences auxquelles se sont livrés les arbitres rapporteurs, opérant contradictoirement en présence des parties ; que ces expériences, ainsi accomplies, offrent toutes les garanties et peuvent servir de base pour établir la solution du procès ;

Attendu qu'il résulte de ces expériences que, si le compteur de M*** fonctionne régulièrement et marque exactement les quantités consommées, lorsque l'eau qu'il contient est portée au niveau normal, il n'en est pas moins établi que, par suite des modifications qu'il a subies à l'un de ses organes, la consommation qu'elle accuse, aussitôt que ce niveau est altéré, s'écarte considérablement de l'exactitude ;

Que ce défaut, malheureusement inhérent à tous les appareils de cette espèce, est encore sensiblement exagéré dans le compteur de M***, par la disposition particulière que celui-ci a fait adapter à la soupape, disposition qui a pour résultat de permettre à l'abonné l'usage du gaz, alors même que les appareils destinés à le mesurer ne fonctionnent plus par suite de l'abaissement du niveau de l'eau, tandis que, dans les appareils de construction habituelle, l'usage du gaz dans les mêmes conditions d'abaissement du niveau devient impossible par l'oscillation qui se produit, et, comme conséquence, nécessite de la part de l'abonné lui-même le rétablissement du niveau normal :

Qu'en vain M*** objecte-t-il que son compteur fonctionne régulièrement au niveau normal ; que son obligation est ainsi accomplie, et que c'est à Pariset et Cie à veiller à leurs intérêts en suppléant à l'évaporation de l'eau par des vérifications aussi fréquentes qu'ils le jugeront convenable ;

Mais attendu que ces vérifications, multipliées et généralisées, auraient le double inconvénient d'être dispendieuses pour les Compagnies et vexatoires pour les abonnés ; qu'il est donc de l'intérêt réciproque de les éviter et de rechercher les appareils qui, par leur perfection, doivent donner le moins de prétextes possibles à ces vérifications ;

Que, loin d'arriver à ce résultat, l'addition faite à la tige de soupape du compteur, objet du procès, tend à fausser encore davantage les chiffres accusés par un instrument déjà imparfait par nature, et que cette disposition particulière constitue une défectuosité justifiant l'action de Pariset et Cie, d'où suit que cette action doit être accueillie :

Sur la demande en dommages-intérêts :

En ce qui touche le syndic faillite S*** ;

Attendu que S*** a vendu et livré à M*** le compteur critiqué, mais qu'il ne se rattache par aucun lien de droit direct ni indirect à la Compagnie Pariset, qui ne saurait avoir d'action contre lui ;

Qu'il doit donc être mis hors de cause ;

En ce qui concerne M*** :

Attendu que Pariset et Cie ne justifient pas que l'eau du compteur de M*** soit restée au-dessous du niveau normal et qu'ils ne peuvent fonder leur demande sur une différence de consommation accusée en moins pendant les mois de décembre 1863 et janvier 1864, comparativement à la période correspondante de l'année précédente, parce que la consommation de l'abonné a pu varier suivant la durée plus ou moins grande de ses travaux ;

D'où suit que les dommages-intérêts réclamés par Pariset et Cie n'étant pas établis, il y a lieu de rejeter leur demande de ce chef ;

Par ces motifs :

Le Tribunal déclare Pariset et Cie fondés à exiger la suppression de l'appareil compteur installé chez M***.

93. — 6e espèce. — Une Compagnie d'éclairage au gaz est fondée à demander que les compteurs fournis par des tiers à ses abonnés lui soient confiés pour être vérifiés dans son établissement, mais aux frais de cette compagnie, et avec faculté par l'abonné de suivre ou faire suivre et de faire vérifier, si bon lui semble, la sincérité de l'épreuve.

Ce principe est développé dans le jugement suivant

7

et dans celui du même tribunal du 25 avril 1856, relaté plus haut dans ce même chapitre, 4e espèce.

Tribunal de commerce de Rouen
26 décembre 1864.

Vu le rapport de M. Auger, agréé, devant lequel les parties se sont retirées :

Attendu que Gressot-Heydet ne conteste pas à Leroy le droit qu'il a de prendre son compteur où et chez qui il veut, mais qu'il prétend avoir le droit d'en faire la vérification à son établissement, à ses frais, risques et périls, l'abonné pouvant suivre ou faire suivre, assister ou faire assister à l'épreuve ;

Attendu que Leroy, tout en reconnaissant le droit du demandeur de vérifier son compteur, s'oppose à ce que cette vérification soit faite à l'établissement de ce dernier, prétendant que c'est à la mairie seulement que cette expérience peut et doit être faite ;

Attendu que, pour établir sa prétention, il se fonde sur les dispositions de l'article 55 du traité intervenu entre la ville de Rouen et les Compagnies d'éclairage par le gaz ;

Dans ces circonstances :

Attendu que, sagement interprété, il est facile de reconnaître que par son article 55 du traité en question, l'administration municipale a voulu, autant qu'il est en elle et dans la mesure du possible, protéger, garantir les intérêts de ses administrés, abonnés aux Compagnies, mais qu'elle n'a pu ni voulu les obliger à cette seule vérification, leur imposer, comme faisant loi, son système et ses agents, lesquels, dans tous les cas, ne pourraient lier les parties qui contestent, puisqu'ils ne sont pas des experts assermentés ;

Attendu que, par sa nature, le compteur n'est pas d'une vérification aussi simple et aussi facile que le poids et le mesurage publique ; que c'est un mécanisme combiné de telle sorte que la moindre modification ou altération dans les parties qui le composent a pour effet d'indiquer des résultats complètement contraires à la vérité ;

Que, dans de telles circonstances, il y a donc raison et justice à ce que les parties qui s'obligent, puissent au préalable vérifier par elles-mêmes et comme elles avisent, l'état et la précision de cet instrument ;

Attendu, au surplus, que Gressot-Heydet ne dit pas que le compteur présenté par Leroy soit de mauvaise qualité ; qu'il ne demande qu'une chose simple et toute rationnelle, vérifier lui-même à ses frais, risques et périls ; que dès lors, et dans de telles conditions, on ne conçoit pas la résistance du défendeur, puisque si, comme il est probable, son compteur est trouvé bon, toute contestation sera terminée, et que, dans le cas contraire, ce n'est que par les moyens ordinaires et de droit que la difficulté pourra être aplanie ;

Par ces motifs,

Le Tribunal dit à bon droit l'action de Gressot-Heydet, l'autorise à prendre et vérifier dans son établissement le compteur dont s'agit ; lui donne acte de ce qu'il déclare que cette vérification sera faite à ses frais, risques et périls, Leroy pouvant suivre ou faire suivre, vérifier ou faire vérifier par qui il avisera, la sincérité de l'épreuve.

Condamne Leroy en tous les dépens.

94. — 7e espèce. La vérification des compteurs par toute personne étrangère à la Compagnie qui fournit le gaz d'éclairage, ne peut être faite qu'en présence d'un délégué de cette Compagnie, car cette prétendue vérification peut cacher des manœuvres frauduleuses au préjudice de la Compagnie.

Tribunal correctionnel de Toulouse
28 décembre 1864.

Attendu qu'en violation de la police passée entre Viguier et la

Compagnie du gaz, il a été touché plusieurs fois au compteur établi chez l'assigné, et qu'il a été soustrait une certaine quantité d'eau sans le consentement et la présence d'un agent de cette Compagnie; que ces opérations ont été faites par un représentant de la maison Dumont, avec l'agrément du sieur Viguier, et que, dans une de ces circonstances, ce représentant était armé d'un instrument, en forme de tige, que les précédents correctionnels de la maison Dumont doivent faire suspecter être une pompe ou syphon destiné à soustraire l'eau du compteur.

Que des rapports des experts, dressés dans une autre affaire mais invoqués par le plaignant, il résulte de la suppression de l'eau, l'abaissement de son niveau dans le compteur doit occasionner une dépense de gaz au delà de ce que la Compagnie s'est obligée de fournir à l'abonné, et sans que les aiguilles du cadran en tiennent compte; que le préjudice souffert dans de telles circonstances autorisait évidemment la Compagnie du gaz à intenter à son choix, ou l'action civile ou une action correctionnelle contre l'auteur ou les auteurs de cette entreprise;

Attendu que c'est à la plainte en police correctionnelle que ladite Compagnie a eu recours contre son abonné Viguier, seul;

Attendu à cet égard que, des déclarations de Viguier, il résulte que l'agent s'était fait présenter au sieur Viguier en prenant la qualité de délégué du gouvernement pour l'inspection des compteurs qui, par excès d'eau, pouvaient occasionner un préjudice à l'abonné, et qu'il procédait d'accord avec la Compagnie du gaz; que, de bonne foi, il avait consenti à l'ouverture du compteur, et autres manœuvres ci-dessus indiquées; qu'ainsi, et de sa part, il n'y avait eu aucune pensée de fraude à l'égard de la Compagnie du gaz;

Attendu que, dans les circonstances de la cause, cette défense doit être accueillie; que le plaignant l'a admise lui-même, en déclarant aux débats qu'il renonce à tout dommage;

Attendu que c'est le cas, vu les circonstances, de compenser les dépens;

Par ces motifs:

Le Tribunal renvoie le sieur Viguier de la plainte ; compense les dépens entre le plaignant et lui.

Malgré l'acquittement du prévenu, il n'en est pas moins acquis au jugement ci-dessus, que l'abonné ne peut faire vérifier son compteur par qui que ce soit, hors de la présence d'un agent de la Compagnie.

95. — Non-seulement cette vérification ne peut avoir lieu, mais encore la Compagnie est fondée à supprimer le gaz à l'abonné qui, malgré l'avertissement à lui donné par la Compagnie, persiste à faire vérifier son compteur par une personne étrangère sans appeler la Compagnie à ces vérifications.

Le sieur Robert, à Saint-Mandé, faisait vérifier son compteur par un nommé Dumon ; inquiète de ce fait, par les raisons développées dans le dernier jugement que nous venons de rapporter, la Compagnie fit prévenir Robert qu'elle lui supprimerait le gaz s'il continuait à faire vérifier son compteur par d'autres personnes que ses délégués à elle. Robert ne tint point compte de l'avis, le gaz lui fut supprimé.

Robert assigna la Compagnie et lui demanda 3,000 fr. de dommages intérêts.

Tribunal de commerce de la Seine
18 mars 1853.

Attendu que, d'un procès-verbal en date du 20 novembre 1852, dressé par Julien, huissier à Saint-Mandé, il résulte que Robert a refusé à la Compagnie de l'Est, à laquelle il était abonné, le droit de vérifier son compteur ; que ce droit était acquis à l'administration en vertu du traité passé entre la ville de Paris et les diverses Compagnies pour l'éclairage au gaz, et par l'art. 63 de l'ordonnance réglementaire de M. le préfet de police du 26 décembre 1846.;

Par ces motifs, disons que la Compagnie de l'Est a usé de son droit en supprimant le gaz au sieur Robert;

Déboute, en conséquence, le sieur Robert de sa demande, et le condamne aux dépens.

96. — Pareille affaire était arrivée sur le périmètre de l'ancienne Compagnie Parisienne. Le sieur D... continuait là, comme partout, à vérifier les compteurs des abonnés et à faire jouer une pompe en caoutchouc, qu'il appelait sa *pompe à malice*. Le gérant de la Compagnie supprima le gaz à l'abonné, qui persistait à vouloir faire vérifier son compteur par le sieur D... Un procès s'en suivit, et le Tribunal donna gain de cause à la Compagnie.

Appel ayant été interjeté, la Cour impériale de Paris prononça l'arrêt suivant, le 16 novembre 1854.

Considérant que les faits imputés à D***, au nom et comme représentant la Compagnie pour l'éclairage par le gaz la Parisienne, ont été provoqués par les pratiques et manœuvres abusives de D***, qui, notamment, prétendait exercer son industrie avec l'autorisation de la préfecture de police;

Que la Compagnie n'a fait qu'user de son droit en s'opposant à l'intervention de D*** pour la vérification des compteurs à gaz chez les abonnés que la Compagnie servait, puisque l'industrie de D***, telle qu'elle était exercée, en l'absence et sans le contrôle des agents de la Compagnie, était de nature à porter atteinte à la considération de cette Compagnie et même à ses intérêts;

Adoptant au surplus les motifs des premiers juges, en ce qui concerne les faits, qui ont été déclarés ni pertinents, ni admissibles, confirme.

97. — 8e espèce. — Les compagnies de gaz ne peuvent obliger leurs abonnés à payer une rétribution mensuelle pour l'entretien des compteurs ; les abonnés ont le droit d'entretenir par eux-mêmes ces compteurs dans un bon état de fonctionnement, sous la réserve de la surveillance de la Compagnie.

Tribunal de commerce de la Seine
30 mars 1847.

(Extrait de ce jugement relaté *in extenso*, chap. 3, 3e espèce).

Attendu que la Compagnie ne pouvait pas davantage obliger B*** à se soumettre à une rétribution mensuelle de 3 fr. pour l'entretien du compteur dont s'agit ; — que c'est à bon droit qu'il s'est renfermé à cet égard dans la volonté d'entretenir par lui-même ledit compteur dans un bon état de fonctionnement, sous la réserve du droit de surveillance de la Compagnie, etc., etc.

Il est bien entendu qu'il ne peut être question ici que du compteur appartenant à l'abonné ; il est libre de l'entretenir, mais il reste responsable des erreurs que peut amener le mauvais fonctionnement de l'instrument, en cas de négligence, et il ne peut enlever son compteur pour le réparer qu'après avoir prévenu la Compagnie, afin que celle-ci relève le chiffre de la consommation au moment du déplacement de l'appareil.

98. — 9ᵉ espèce. — Le compteur qui sert à constater la dépense de gaz d'un abonné ne peut être déplacé sans le concours de la Compagnie; l'appareilleur,
fût-il agréé par celle-ci, n'a pas le droit de briser les
cachets qui assurent la parfaite installation du compteur.

Tribunal de commerce de Rouen
22 juillet 1863.

Vu la réponse de Mᵉ Prier, agréé :

Attendu que le contrat intervenu entre la ville de Rouen et les
Compagnies, réglant les conditions de l'éclairage au gaz avec les
abonnés, stipule :

Que les raccords sur tuyaux d'arrivée et de sortie du gaz seront scellés du cachet de la Compagnie apposé sur un plomb;

Que toute rupture des cachets par le fait de l'abonné ou de
ses agents, pourra donner lieu à une action en dommages-intérêts et à toutes poursuites de droit;

Attendu que ces prescriptions ont pour but d'empêcher la
fraude qui pourrait se commettre au moyen de l'enlèvement
clandestin du compteur;

Que le bris des scellés, arrière de la Compagnie d'éclairage,
annihile les garanties stipulées et les moyens sérieux et efficaces
de contrôler et de constater les quantités de gaz réellement et
utilement fournies;

Que le préjudice causé par le fait précité doit donc, sauf justification contraire, se présumer égal à la quotité du gaz que la
Compagnie d'éclairage a livré au tuyau d'arrivée et de sortie
chez l'abonné, pendant le temps écoulé entre le bris et le rétablissement des scellés;

Attendu qu'après avoir contracté avec la Compagnie européenne, dans les conditions du contrat susrelatées, et avoir reconnu l'apposition des scellés, la dame Quesney, sans tenir
compte de ses engagements et sans appeler ses cotraitants, a

laissé enlever le compteur de son appareil à gaz par Levesque, qui lui en avait loué l'usage et qui devait le réparer ;

Qu'en rompant ou laissant rompre par ses agents les sceaux apposés sur les tuyaux dont elle était gardienne, cette dame a commis une faute dont elle doit réparation ;

Attendu d'un autre côté que Levesque, installateur de gaz, appelé en garantie, a déplacé le compteur de la dame Quesney, sans accomplir préalablement aucune des formalités ordinaires, et sans donner aucun des avertissements qu'il savait indispensables dans la circonstance ;

Que si l'on ne peut tirer, du seul fait de déplacement du compteur, des présomptions suffisantes pour mettre le bris des cachets, des scellements à la charge de Levesque, qui s'en défend, il n'en faut pas moins reconnaître que celui-ci participait au dommage reproché en enlevant clandestinement le compteur, et en ôtant ainsi à la Compagnie d'éclairage la possibilité de reconnaître les quantités de gaz déjà marquées sur l'appareil ;

Que la responsabilité des fautes commises doit donc être partagée entre les défendeurs ;

Attendu que, du 5 au 14 mai dernier, le compteur placé chez Mme Quesney a cessé de fonctionner après rupture volontaire des cachets qui le joignaient au tuyau distributeur ;

Qu'à défaut d'indication précise par la Compagnie d'éclairage des quantités considérables de gaz que ses appareils ont débitées pendant le temps sus-mentionné, le Tribunal, d'après les renseignements qu'il possède, croit devoir fixer à 50 fr. le chiffre de l'indemnité due pour tout dommage ;

Par ces motifs :

Le Tribunal condamne la dame Quesney et le sieur Levesque, chacun par moitié, mais conjointement et solidairement envers la Compagnie européenne, à payer à Gressot-Heidet, directeur de cette Compagnie, la somme de 50 fr. pour réparation du préjudice qu'ils lui ont causé ;

Les condamne en outre aux dépens dont il sera fait masse, et qu'ils se répartiront par moitié.

6*

99. — 10ᵉ espèce. — L'inclinaison du compteur opérée par l'abonné dans le but de fausser le mesurage de l'instrument, de manière à consommer plus de gaz que les cadrans du compteur n'en indiquent, constitue un délit justiciable des tribunaux correctionnels, et que ceux-ci punissent de la prison, de l'amende et des dommages intérêts, par application de l'article 1ᵉʳ de la loi du 27 mars 1851 et de l'article 423 du Code pénal.

Nos lecteurs trouveront au chapitre 7, sous la rubrique FRAUDES, des condamnations prononcées pour inclinaison du compteur.

100. — 11ᵉ espèce. — Le niveau d'eau dans les compteurs à gaz étant la garantie de l'exactitude du compteur, la Compagnie a le droit de faire vérifier et régler le niveau par ses agents au domicile des abonnés.

Un sieur Guillier, abonné au gaz, s'étant entendu avec une personne étrangère à la Compagnie Parisienne pour le service de son compteur, refusa aux agents de ladite Compagnie :

1° Le droit de vérifier son compteur,

2° Celui de rétablir le niveau d'eau.

Sur l'assignation de la Compagnie, le jugement suivant fut prononcé.

Tribunal de commerce de la Seine
24 septembre 1856.

Attendu que la Compagnie parisienne fonde son action, dans la cause, sur le tort qui résulterait pour elle de la résistance du défendeur aux vérifications de l'état de son compteur, et que celui-ci, en demandant acte de son offre d'y consentir, motive son refus jusqu'alors sur ce que les agents de la Compagnie n'auraient pas été en mesure d'établir leur qualité en se présentant chez lui ;

Attendu qu'à cet égard, non-seulement il ne saurait être douteux qu'il faut que les agents de la Compagnie soient pourvus d'une commission régulière, dont ils doivent toujours être porteurs, mais encore qu'il serait utile que, pour un service aussi fréquent, un signe distinctif extérieur les fît suffisamment et certainement reconnaître;

Attendu que, dans l'espèce, si cette dernière condition leur manquait, il demeure incertain, d'après les débats, que Boutin se soit assuré que la première n'existait pas; que, d'ailleurs, sa réponse au procès-verbal de constat, dressé par Deforesta, huissier, en date du 23 août, et enregistré, énonce un autre motif de son refus;

Attendu qu'il suit de ce qui précède que les conclusions principales de la demande doivent être accordées ;

En ce qui touche les dommages-intérêts :

Attendu que la Compagnie ne justifie pas d'un préjudice éprouvé qui puisse motiver ses conclusions; que de plus, au délibéré, Boutin a offert un paiement amiable des frais faits jusqu'alors, qu'il y a lieu de lui en tenir compte;

Par ces motifs ;

Dit que le défendeur, conformément à ses offres, sera tenu de laisser constamment un libre accès aux agents de la Compagnie dûment commissionnés, dans l'endroit où est son compteur ; d'y laisser faire par eux toutes les vérifications et constatations que la Compagnie jugera utiles, spécialement de laisser opérer par eux le niveau d'eau nécessaire à la régularité de sa marche, sinon et faute de ce faire, le condamne, après refus de nouveau et régulièrement constaté, à payer à la Compagnie 'a somme de 5 fr. par chaque jour de retard, lesquels, accumulés, ne pourront s'élever au delà de 100 fr., après quoi il sera de nouveau fait droit ;

Déboute la Compagnie de sa demande en dommages-intérêts, et, vu les circonstances de la cause, partage les dépens.

101. — Nous avons vu plus haut, même chapitre, 8ᵉ espèce, que l'abonné est libre d'entretenir lui même son compteur; mais cet entretien s'entend des réparations à exécuter au compteur et n'altère en rien le droit de la Compagnie de vérifier l'état du compteur toutes les fois qu'elle le juge nécessaire. A cet effet, l'abonné doit laisser aux agents de la Compagnie un libre accès au compteur, mais ces agents doivent porter un signe distinctif quelconque qui les fasse facilement reconnaître.

Tribunal de commerce de la Seine
24 septembre 1856.

Attendu que la Compagnie parisienne fonde sa prétention sur le droit qui lui est attribué par le traité passé entre elle et l'administration municipale, ainsi que les polices approuvées qui en ont été la suite, de faire toutes les vérifications qu'elle jugera utiles de l'exactitude des compteurs à gaz et de la régularité de leur marche, d'où dérive la conséquence d'un libre accès de ses agents à l'endroit où le compteur est posé;

Que le défendeur, au contraire, établit son refus sur la faculté qui lui est laissée par lesdits traités et police d'établir et d'entretenir son compteur par des ouvriers de son choix;

Attendu qu'en cet état, il importe de fixer les limites de ces droits respectifs, afin qu'aucun intérêt ne soit lésé par l'intérêt contraire;

Attendu qu'il est acquis au procès qu'en général les systèmes d'appareils des compteurs à gaz, et notamment celui dont s'agit dans la cause, sont basés sur l'introduction du gaz à travers une certaine quantité d'eau, d'où il se dégage régulièrement, suivant ce qui est brûlé;

Attendu qu'il résulte des renseignements recueillis et de l'examen fait par le Tribunal que, pour que les indications des cadrans qui y sont adaptés et qui marquent cette consommation soient exactes, il faut que le niveau d'eau réglementaire soit conservé ;

Que l'élévation de ce niveau est fixé d'une manière invariable par l'administration publique, avant que le compteur puisse être employé ; que si, lorsqu'il est en marche, ce niveau est laissé trop bas, il en résulte infailliblement un passage plus abondant de gaz, et une consommation plus forte que celle indiquée et ce, au détriment de la Compagnie ; qu'à l'inverse, un niveau trop élevé produit un résultat contraire, dommageable à l'abonné ;

Qu'enfin, dans les deux sens, au delà d'une certaine limite maximum, le gaz ne passe plus ;

Attendu que l'appareil doit être encore pourvu d'un siphon sur le côté, pour vérifier si le niveau d'eau réglementaire n'est pas débordé, et d'une soupape en dessous, pour dégager le trop plein s'il y en a ; que ces deux issues existant, et si un libre usage en est assuré, comme dans l'espèce, à l'abonné et à ceux qu'il emploie, son intérêt est entièrement sauvegardé ;

Attendu que, pour préserver celui de la Compagnie, il est juste qu'elle puisse régler l'introduction de l'eau dans l'appareil et disposer de l'orifice à ce destiné, sans l'interposition d'un tiers ;

Qu'en effet, ainsi, elle n'aurait qu'à s'imputer à elle-même le tort qu'elle subirait par l'incurie de ses agents, et qu'autrement, elle serait sans garantie contre les effets d'un épuisement qui pourrait devenir subreptice ;

Que si par son propre fait, cet épuisement, ainsi qu'il est établi plus haut, devenait tel que l'éclairage cessât, le recours de l'abonné contre elle reste entier ;

Attendu qu'il résulte de ce qui précède que les conclusions principales de la demande sont justifiées ;

En ce qui touche la demande en dommages-intérêts :

Attendu que la Compagnie ne justifie pas d'un préjudice appréciable jusqu'alors ; que les explications des parties, au délibéré, ont révélé d'ailleurs la bonne foi du défendeur ;

Par ces motifs :

Dit que le défendeur sera tenu de laisser constamment un libre accès aux agents de la Compagnie *dûment commissionnés*, dans l'endroit où est son compteur; d'y laisser faire par eux toutes les vérifications et constatations que la Compagnie jugera utiles, et spécialement de laisser opérer par eux le niveau d'eau nécessaire à la régularité de sa marche, sinon, et faute de ce faire, le condamne à payer à la Compagnie, après refus de nouveau et dûment constaté, 5 fr. par jour de retard, lesquels, accumulés, ne pourront s'élever au delà de 100 fr., après quoi il sera de nouveau fait droit;

Déboute la Compagnie de sa demande en dommages-intérêts;

Et, vu les circonstances de la cause, partage par moitié les dépens, sauf le coût de la levée du jugement, qui sera à la charge du défendeur, s'il y donne lieu.

102. — Nous trouvons encore dans un jugement du Tribunal de commerce de Rouen, du 27 décembre 1865, les considérants suivants (chap., 4, 5ᵉ espèce), qui achèvent de consacrer la jurisprudence établie par les jugements que nous venons de rapporter.

Attendu, en ce qui concerne le refus de X*** de laisser les agents de la Compagnie accéder librement à son compteur, que l'abonné serait ainsi en contradiction avec l'engagement qu'il a pris de se soumettre à cette surveillance, conformément à l'article...., paragraphe.... de la police à laquelle il a souscrit;

Que ce refus ne saurait donc se justifier, etc.

103. — Lorsque l'abonnement est fait à l'heure, et non au compteur, l'abonné doit un libre accès aux agents de la Compagnie, dans tout le domicile éclairé, afin de pouvoir veiller à ce qu'il ne s'établisse pas de brûleurs supplémentaires sans que la Compagnie en soit avisée. La police porte engagement formel à cet égard.

104. — Une question fort intéressante s'est élevée à Paris au sujet de ce droit d'accès, que possèdent les agents de la Compagnie, auprès du compteur installé chez l'abonné.

M. de Morgny, chef du service des compteurs de la Compagnie Parisienne, s'était présenté au domicile d'un abonné, accompagné d'un huissier, pour constater l'état du compteur de cet abonné.

Celui-ci, fort contrarié de cette visite, porta plainte contre M. de Morgny, qu'il accusa d'usurpation de fonctions publiques.

M. de Morgny fut assigné devant le Tribunal correctionnel de la Seine, ainsi que la Compagnie Parisienne, comme civilement responsable du délit imputé à son employé.

L'abonné se porta partie civile.

Le Tribunal correctionnel de la Seine rendit, le 30 décembre 1862, le jugement suivant :

Attendu que de Morgny, en se rendant, en 1862, au domicile de X***, pour constater par ses yeux les faits de fraude que la Compagnie parisienne soupçonnait, agissait en vertu du mandat qu'il tenait de ladite Compagnie, et en conséquence de la clause de la police d'abonnement qui impose à l'abonné de laisser un libre accès aux agents de la Compagnie dans l'endroit où sera posé le compteur ; qu'il a pénétré dans le domicile de X*** du consentement de celui-ci ;

Qu'il n'a donc fait en cela aucun acte de fonctionnaire public ; que s'il a fait intervenir un huissier pour faire consigner dans un acte de cet officier ministériel les faits qu'il avait remarqués, il n'a pas fait acte d'officier de police judiciaire, mais a recueilli des documents qui, soumis à la justice, peuvent être discutés devant elle et appréciés par elle pour ce qu'ils valent, et ne seront pas tenus pour des procès-verbaux faisant foi comme ceux des agents institués par la loi ; que tout individu lésé par un délit a le droit d'appeler des témoins pour voir les faits qui lui font grief et, ultérieurement, en déposer devant la justice.

Par ces motifs, renvoie de Morgny et la Compagnie citée comme civilement responsables des fins de la plainte de X***, sans dépens, et condamne X*** aux dépens.

Nous croyons être utile à nos lecteurs en insérant ici deux formules :

La première est un procès-verbal de constatation de bris de scellés d'un compteur.

La seconde est le modèle de la sommation à donner à l'abonné, propriétaire de son compteur, pour le mettre en demeure d'avoir à changer ou réparer ledit compteur.

105. — *Procès-verbal du bris de scellés du compteur.*

L'an   et le   pardevant moi huissier au Tribunal civil de   demeurant à   rue   soussigné,   a comparu M.   directeur de l'usine à gaz de   agissant au nom et comme fondé de pouvoirs de la Compagnie qu'il représente.

Lequel m'a exposé :

Que chaque jour, au mépris des prescriptions du

traité et des conditions de l'abonnement, des tentatives et des manœuvres diverses sont pratiquées à l'insu de la Compagnie sur les compteurs, qui sont l'unique moyen de contrôle et de garantie de la société ; que ces appareils sont l'objet de réparations plus ou moins clandestines, et que, pour les exécuter, les appareilleurs brisent les scellements, les plombages des raccords, enlèvent les compteurs, les transportent dans leurs ateliers, les réparent et les replacent sans avoir prévenu la Compagnie et sans avoir rempli aucune des prescriptions imposées ; que les compteurs se trouvent ainsi déplacés et replacés avec bris ou destruction des scellements et du plombage, sans aucun contrôle et sans repoinçonnage ; que dès lors la Compagnie n'est point garantie contre les erreurs ou les fraudes qui pourraient être le résultat des réparations ainsi opérées à son insu.

Qu'il en résulte un grand préjudice pour la Compagnie.

Que ces actes abusifs deviennent chaque jour plus fréquents, malgré les prescriptions formelles imposées aux abonnés, bien connues des appareilleurs, et malgré les protestations des employés de la Compagnie.

Que cet état de choses peut constituer un danger et un péril pour les intérêts de la Compagnie ; qu'il lui importe de le faire cesser et de faire réprimer les infractions commises ;

Que pour y arriver, il convient de faire préalablement constater ces infractions.

Que le compteur du sieur   (profession),
demeurant à   rue   est signalé
comme ayant été enlevé et réparé avec bris du plombage des raccords, sans qu'aucune formalité ait été
remplie, sans qu'aucune déclaration ait été faite à la
Compagnie.

Pourquoi la Compagnie me requiert de me transporter sur les lieux pour y faire telles constatations
qu'il appartiendra;

Vu cette réquisition, et y déférant, je, huissier soussigné, me suis de suite transporté rue   dans
l'établissement du sieur   ou étant et parlant à

Après lui avoir fait connaître l'objet de notre démarche, nous avons fait en sa présence les constatations suivantes :

Le compteur est situé
Il porte pour indications (nom du fabricant, nombre
de becs, n°, année); il marque une consommation de
    mètres cubes de gaz.

Le plombage des raccords est coupé, un des fils est
pendant, ou bien il a été arrangé et replacé de manière
que le cachet, qui se trouve disposé derrière l'arrivée,
soit dissimulé par ce branchement. En examinant de
près, on remarque que le fil métallique est coupé (ou
autre observation).

Les pas de vis de l'introduction et du régulateur
portent des traces de réparations, il y a des soudures
récentes (ou autres observations).

La plaque matricule ne porte pas le poinçon avec le mot : Réparé.

Sur notre interpellation, le sieur   a déclaré qu'il y a près de   mois, telle réparation étant devenue nécessaire, il a fait appeler le sieur appareilleur ; que celui-ci a envoyé un ouvrier qui a enlevé le compteur, l'a transporté chez son patron à   heures, et l'a rapporté réparé à   heures en le replaçant.

Et de tout ce que dessus, j'ai fait et dressé le présent procès-verbal aux fins qu'il appartiendra, en présence et assisté de M.   directeur de l'usine à gaz.

106. — *Sommation à l'abonné d'avoir à changer ou réparer son compteur.*

(En tête de la sommation, reproduire les articles de la police relatifs au compteur).

L'an   et le   à la requête de la Compagnie d'éclairage par le gaz de la ville de   poursuites et diligences de M.   directeur de l'usine à gaz,   j'ai   huissier près le Tribunal civil de   demeurant à   rue   soussigné,

Signifié et déclaré à M.   (profession), demeurant à   rue   en son domicile, et parlant à

Que les conditions et prescriptions de l'abonnement à la fourniture du gaz au compteur portent, notamment celles contenues en l'extrait sus transcrit, et que tout abonné, spécialement le susnommé qui s'y est obligé, est strictement tenu d'observer et respecter ;

Que cependant ledit sieur ne s'y conforme pas ;

Qu'ainsi (son compteur est en état de vétusté, que la bague d'entrée d'eau en est usée, qu'il y a une fuite au carré de face de son compteur, qu'il y a une fuite d'eau au *stuffingbox*, que la vitre des cadrans est brisée, que son compteur est dans le plus mauvais état possible, que son usage est impossible désormais sans danger, qu'il a le pas de vis de la tubulure du régulateur complètement usée), que cet état de choses dure depuis   ; que malgré les réclamations de la Compagnie il refuse de le faire réparer ;

Que la Compagnie proteste contre cette infraction préjudiciable à sa sécurité et à ses intérêts ;

Pourquoi j'ai fait sommation au susnommé de, sur le champ, obéir et se conformer aux conditions et prescriptions dont s'agit, notamment de faire changer ou réparer son compteur.

Lui déclarant que, faute de ce faire, la Compagnie entend l'y contraindre par toutes voies et moyens de droit, même par voies extraordinaires s'il y a lieu.

Sous toutes réserves, notamment de dommages-intérêts, et pour qu'il n'en ignore, je lui ai laissé copie de l'extrait qui précède.

Signé :

CHAPITRE VI

107. — L'article 4 de la police de la Compagnie parisienne est conçu en ces termes :

La Compagnie sera tenue de fournir en location des compteurs d'un système de son choix, et approuvé par l'Administration, à tous ceux de ses abonnés qui lui en demanderont.

Le prix mensuel de location, fixé par le tableau ci-après, sera exigible en même temps que le prix du gaz.

CALIBRE du Compteur	PRIX MENSUEL de location et d'entretien	CALIBRE du Compteur	PRIX MENSUEL de location et d'entretien
3 becs.	1 fr. 25 c.	60 becs.	5 fr.
5	1 50	80	6
10	1 75	100	7
20	2 25	150	9
30	2 75	200	12
50	3 50	300	16

Moyennant cette rétribution, la Compagnie restera chargée de la pose, de l'entretien et des répa-

rations du compteur. Toutefois, elle ne garantit,
dans aucun cas, les effets de la gelée.

108. — Cet article est le même dans presque toutes
les polices d'abonnement des compagnies d'éclairage
de diverses villes de France. La seule différence que
nous ayons trouvée parfois consiste dans les prix de
location qui ne sont point partout les mêmes : cela
dépend, soit du prix de revient des compteurs qui varie en raison des transports, soit des avantages que
la Compagnie veut faire à ses abonnés pour faciliter
le débit et la consommation du gaz.

109. — Ces prix étant toujours insérés dans la police, et les polices étant approuvées par l'autorité locale, il n'y a jamais de discussion entre la Compagnie
et l'abonné à ce sujet ; nous n'avons trouvé qu'un seul
procès qui ait trait au prix de location des compteurs.
Voici dans quelles circonstances il s'est produit :

110. — Un individu vient s'éclairer au gaz, mais il
désire contracter un abonnement à l'heure ; la Compagnie refuse, alléguant qu'elle ne livre de gaz qu'au
compteur ; pour couper court à la discussion, elle place
chez l'abonné un compteur et livre le gaz. A la fin du
mois elle présente sa quittance sur laquelle figure le
prix de la location du compteur ; l'abonné refuse de
payer ce prix, alléguant que s'il convient à la Compagnie de ne livrer le gaz qu'au compteur, et si, en conséquence, elle pose chez le consommateur un comp-

teur chargé de mesurer le gaz que celui-ci dépense, sans qu'il ait voulu consentir à signer une police d'abonnement, la Compagnie n'a point le droit d'exiger du consommateur le prix de la location du compteur dont elle lui a imposé l'usage. — De là procès.

Tribunal de commerce de Bordeaux
(10 mai 1847).

Attendu, en fait, que P*** a laissé établir cet instrument chez lui, mais qu'il dit ne rien devoir pour sa location, et qu'il s'est refusé à signer la police par laquelle la Compagnie voulait lui faire reconnaître le droit qu'elle prétend avoir à cet égard ;

Attendu que, d'après le cahier des charges, la Compagnie est tenue de fournir le gaz pour l'éclairage à un prix déterminé ; qu'elle ne peut se soustraire à cette obligation que par des conventions avec les habitants, librement consenties ;

Attendu qu'il s'agit d'un système de mesurage exceptionnel, non spécifié par le cahier des charges et dont les conditions, dès lors, doivent être déterminées par les parties ; que du moment qu'il n'existe pas entre elles de conventions précises, elles restent dans le droit commun ;

Attendu qu'aux termes de l'article 1608 (1) du Code civil, les frais de la délivrance sont à la charge du vendeur ; que, dans l'espèce, le compteur est l'instrument dont se sert la Compagnie pour connaître et mesurer la quantité consommée de gaz ; attendu que rien n'oblige, il est vrai, la Compagnie à éclairer les habitants en se servant du compteur ; mais que, s'il lui convient de le faire, elle doit en supporter la conséquence ;

Par ces motifs, relaxe P*** des conclusions prises contre lui relativement au prix du loyer du compteur.

(1) Art. 1608. — Les frais de la délivrance sont à la charge du vendeur, et ceux de l'enlèvement à la charge de l'acheteur, s'il n'y a eu stipulation contraire.

CHAPITRE VII

111. — L'article 5 de la police de la Compagnie Parisienne est ainsi conçu :

L'abonné aura la libre disposition du gaz qui aura passé par le compteur; il pourra le distribuer comme bon lui semblera, soit à l'intérieur, soit à l'extérieur de son domicile, sous la réserve des prescriptions de l'article 1er; mais, dans le cas où la consommation que peut alimenter le compteur avec une pression de 20 mill. d'eau serait augmentée, il n'en pourra résulter aucune action contre la Compagnie à raison de la faiblesse de l'éclairage.

Tout acte qui aurait pour but d'obtenir le gaz sans le concours de la Compagnie, et en dehors des quantités passant par le compteur, sera poursuivi par toutes les voies de droit.

112. — Deux questions se présentent naturellement à l'esprit à la lecture de cet article :

1° Dans quelle situation se place l'abonné quand, par l'augmentation du nombre de ses becs, il rend son

8

compteur insuffisant à lui fournir la quantité de gaz
nécessaire à un éclairage satisfaisant?

2° Quelle est la nature des poursuites qu'encourt
l'abonné lorsqu'il cherche, par un moyen quelconque,
à obtenir du gaz au détriment de la Compagnie, c'est-
à-dire sans qu'il passe par le compteur ou qu'il soit
compté par cet instrument?

113. — Nous avons résolu la première question par
la citation (chap. 5, 3° espèce) d'un jugement du Tribunal de commerce de la Seine, du 12 septembre 1865,
qui déclare que l'abonné n'a rien à réclamer à la Compagnie lorsque, par suite de l'insuffisance de son compteur, vu l'augmentation disproportionnée du nombre
de ses brûleurs, il se trouve privé de gaz. La responsabilité de la Compagnie n'étant pas engagée dans un
pareil cas de privation d'éclairage, l'est bien moins encore si l'insuffisance du compteur n'amène qu'une
faiblesse dans l'éclairage.

114. — Quant à la seconde question, les jugements
que nous allons rapporter établissent que toute tentative frauduleuse de la part de l'abonné, ayant pour
but d'obtenir du gaz au détriment de la Compagnie,
constitue un délit justiciable des tribunaux correctionnels, et que la loi punit d'emprisonnement, d'a-
mende et de dommages-intérêts.

115. — Nous croyons devoir citer ici *in extenso* les

articles du Code pénal que les tribunaux correctionnels appliquent en pareille circonstance.

Art. 379. — Quiconque a soustrait frauduleusement une chose qui ne lui appartient pas est coupable de vol.

Art. 401. — Les autres vols non spécifiés dans la présente section, les larcins et filouteries, ainsi que les tentatives de ces mêmes délits, seront punis d'un emprisonnement d'un an au moins, et cinq ans au plus. — Les coupables pourront encore être interdits des droits mentionnés en l'article 42 du présent Code, pendant cinq ans au moins et dix ans au plus, à compter du jour où ils auront subi leur peine; ils pourront aussi être mis par l'arrêt ou le jugement, sous la surveillance de la haute police pendant le même nombre d'années.

Art. 423. — .... Quiconque, par usage de faux poids ou de fausses mesures, aura trompé sur la quantité des choses vendues, sera puni de l'emprisonnement pendant trois mois au moins, un an au plus, et d'une amende qui ne pourra excéder le quart des restitutions et dommages-intérêts, ni être au-dessous de 50 fr., etc.

Art. 463. — Dans tous les cas où la peine de l'emprisonnement et celle de l'amende sont prononcées par le Code pénal, si les circonstances paraissent atténuantes, les tribunaux correctionnels sont autorisés, même en cas de récidive, à réduire ces deux peines comme suit :

Si la peine prononcée par la loi, soit à raison de la nature du délit, soit à raison de l'état de récidive du prévenu, est un emprisonnement dont le minimum ne soit pas inférieur à un an, ou une amende dont le minimum ne soit pas inférieur à 500 fr., les tribunaux pourront réduire l'emprisonnement jusqu'à six jours, et l'amende jusqu'à 16 fr.

Dans tous les cas, ils pourront réduire l'emprisonnement même au-dessous de six jours, et l'amende même au-dessous de 16 fr. Ils pourront aussi prononcer séparément l'une ou l'autre de ces peines, et même substituer l'amende à l'emprisonnement, sans que, en aucun cas, elle puisse être au-dessous des peines de simple police.

116. — Énumérons maintenant les diverses fraudes au moyen desquelles l'abonné peut obtenir du gaz au détriment de la Compagnie.

Les fraudes possibles sont de quatre natures :

1° Celles qui se produisent par la simple inclinaison du compteur ;

2° Celles qui résultent de l'altération des organes du compteur ;

3° Celles qui s'effectuent au moyen de tuyaux clandestins, de quelque nature qu'ils soient, ayant pour effet de conduire le gaz aux brûleurs sans le faire passer par le compteur ;

4° Enfin, celles qui, dans l'abonnement à l'heure, consistent à entretenir clandestinement un plus grand nombre de becs que celui pour lequel l'abonné paie un abonnement régulier.

117. — A quelqu'une de ces catégories qu'appartienne la fraude commise, c'est un acte grave pour l'abonné qui s'en rend coupable, comme on a pu le voir par les articles du Code pénal plus haut cités ; c'est un acte que la loi qualifie de vol, acte qui déshonore son auteur.

Nous ne saurions trop appuyer sur les conséquences d'une fraude semblable, car, généralement, l'abonné ne comprend pas toute la portée de la mauvaise action qu'il commet en trompant la Compagnie. Ayant le gaz à sa disposition, mis au fait de certaines petites fraudes faciles à pratiquer par des ouvriers mécontents et peu délicats, il s'imagine faire à la Compagnie ce qu'il appelle *une niche*.

Il essaie d'abord, moitié riant, moitié tremblant ; s'il a réussi, il croit avoir fait une *bonne farce* à la Compagnie ; il recommence ensuite ; sa tentative devient habitude, l'impunité le rend insouciant. Puis un jour, alors qu'il est dans une sécurité complète, l'agent de la Compagnie se présente escorté de l'huissier ou du commissaire de police ; procès-verbal est dressé, et il lui faut aller s'asseoir honteusement sur les bancs de la police correctionnelle sous une inculpation grave, car *la niche* faite à la Compagnie s'appelle tout simplement un VOL.

Que de gens ainsi surpris en flagrant délit ont payé *bien cher* une transaction pour s'éviter une pareille condamnation ! et si nous n'avons que fort peu de jugements à citer en pareille matière, cela ne provient-il pas de ce que les compagnies ont presque toujours accédé à des transactions, ne sachant pas résister aux supplications, et parfois même aux larmes d'hommes jusque-là honorables et qui s'étaient laissés entraîner par un mauvais conseil.

Que l'abonné se pénètre bien de l'importance d'un fait dont il assure la responsabilité sur sa tête ; qu'il profite de l'expérience d'autrui ; qu'il sache bien où aboutit une pareille mauvaise action. Nous avons connu des gens honnêtes qui ont trompé la Compagnie, comme on trompe le fisc, en se disant : elle est bien assez riche. L'un d'eux, malade au moment de

8*

la constatation, est mort de saisissement; un autre
s'est vu déshonoré et s'est pendu!

118. — Fraude par l'inclinaison du compteur.

L'inclinaison du compteur d'arrière en avant a un
double effet : 1° elle permet d'abaisser le niveau du
compteur; 2° elle augmente la capacité mesurante du
volant de telle façon que les cadrans n'indiquent
qu'une partie du gaz consommé. Il y a donc préjudice
apporté par cette manœuvre aux intérêts de la Compagnie.

Nos lecteurs nous permettront bien de n'indiquer
que d'une manière incomplète les fraudes possibles;
en les signalant et en en indiquant les conséquences,
nous avons pour but d'éviter qu'elles se produisent à
l'avenir, et non pas d'apprendre à l'abonné comment
on doit s'y prendre pour tromper les Compagnies.

Nous avons à citer, à l'occasion de cette fraude qui
se pratique assez fréquemment, les condamnations
suivantes prononcées par le Tribunal de police correctionnelle de la Seine :

1° Jugement du 8 juin 1861, qui condamne l'abonné à six
jours de prison, 100 fr. de dommages-intérêts envers la Compagnie, et fixe à six mois la durée de la contrainte par corps;

2° Jugement du 28 mai 1862; condamnation : un mois de
prison, 194 fr. de dommages-intérêts.
Ce jugement a été confirmé par arrêt de la Cour impériale de
Paris du 19 novembre 1862.

3° Jugement du 18 août 1862, condamnant l'abonné à un mois

de prison, 50 fr. d'amende, 1200 fr. de dommages-intérêts, et fixant à un an la durée de la contrainte par corps.

119. — Fraudes par l'altération des organes du compteur.

1er Jugement.

Tribunal de commerce de Marseille
19 octobre 1857.

La Compagnie continentale de Londres réclamait du sieur Figueroa le montant du gaz qu'elle lui avait fourni par compteur.

Le sieur Figueroa prétendait que les indications données par le compteur, et sur lesquelles les quantités de gaz avaient été calculées, étaient erronées par suite des vices de l'instrument ; il n'offrait donc de payer la somme à lui réclamée que sous la déduction de 10 o/o, et moyennant une égale retenue de 10 o/o sur les sommes par lui déjà payées.

La Compagnie repoussait ces prétentions. En outre, elle avait appelé en garantie les sieurs A. Siry, Lizars et Cᵉ, fabricants de compteurs.

Le Tribunal a nommé trois experts.

Les experts ont déclaré tout d'abord que le compteur en litige, sorti des ateliers de MM. Siry, Lizars et Cᵒ, était un instrument aussi exact que peuvent l'être tous ceux de son espèce. Mais ils ont ajouté que même, avec un bon compteur, des erreurs sont très faciles à commettre.

Tout le monde sait que les compagnies de gaz font mettre de l'eau dans les compteurs. Il a été constaté par les experts que, soit en inclinant un compteur d'arrière en avant ou de gauche à droite, soit en enlevant une partie de l'eau nécessaire, le consommateur peut faire éprouver à la Compagnie productrice une perte qui ne va pas au delà de 6 o/o. Mais que, d'autre part, en portant le niveau de l'eau d'un compteur à son maximum et sans que rien, dans l'éclairage, en soit modifié, on peut faire subir au consommateur une perte de 9 à 10 o/o. Nous ne doutons pas, disent encore les experts, qu'en inclinant le compteur d'avant en arrière, on ne puisse porter cette perte, pour le consommateur, jusqu'à 15 o/o.

Le Tribunal a jugé que, dans l'espèce qui lui était soumise, les parties avaient commis des fautes réciproques : la Compagnie, en se permettant indûment de faire échapper de l'eau du compteur avant que sa présence y eût été constatée d'une manière exacte par les experts ; le sieur Figueroa, en faisant adapter un robinet à eau au tuyau de sortie, ce qui a constitué une violation de ses accords avec la Compagnie qui lui interdisait toute manipulation sans l'autorisation et le concours de cette dernière ;

Que, par suite, il n'y avait pas lieu de rechercher par le fait de qui sont provenus les inclinaisons et les excédants de niveau qui ont été constatés ;

Que la Compagnie ayant subi, par suite de l'inclinaison, un déficit de 2 o/o, et le sieur Figueroa, par suite de l'excédant de niveau, une perte égale de

2 o/o, il s'est opéré entre ces deux résultats erronés une compensation qui a dû rectifier les indications données par le compteur, quoiqu'il n'ait pas fonctionné dans des circonstances régulières et normales.

Le Tribunal a condamné le sieur Figueroa à payer la somme réclamée par la Compagnie, et, en l'état des torts respectifs des parties, le Tribunal a partagé les dépens entre elles.

120. — 2ᵉ Jugement.

Tribunal correctionnel de la Seine
26 mars 1862.

Attendu qu'il résulte des débats que X*** a, en 1861, à Paris, en employant des moyens frauduleux pour faire croire à un mesurage antérieur et exact, trompé la Compagnie du gaz sur la quantité du gaz qu'il employait, et a ainsi commis le délit prévu par l'article 1ᵉʳ de la loi du 27 mars 1851, et puni par l'article 423 du Code pénal;

Attendu qu'il est établi que, par suite du délit, la Compagnie du gaz a éprouvé un préjudice dont il lui est dû réparation; que le Tribunal a les éléments nécessaires pour en fixer le montant;

Vu les articles précités, dont il a été donné lecture par le président, et qui sont ainsi conçus :

Art. 1ᵉʳ de la loi du 27 mars 1851. — Seront punis des peines portées en l'article 423 du Code pénal, ceux qui auront trompé ou tenté de tromper sur la quantité des choses vendues ou livrées, les personnes auxquelles ils vendent ou achètent, soit par l'usage de faux poids ou de fausses mesures, ou d'instruments inexacts servant au pesage ou au mesurage, soit par des ma-

.nœuvres ou procédés tendant à fausser l'opération du pesage ou mesurage, ou à en augmenter frauduleusement le poids ou le volume de la marchandise, même avant cette opération ;

Art. 423 du Code pénal. — (Voir n° 115).

Condamne X*** à un mois d'emprisonnement, 50 fr. d'amende, et, statuant sur les conclusions de la partie civile, condamne X***, même par corps, à payer à la Compagnie la somme de... etc.

121. — 3ᵉ Jugement.

Tribunal de police correctionnelle de la Seine
13 août 1862.

Le Tribunal, après en avoir délibéré, conformément à la loi ;
— Donne défaut contre C***, non comparant, quoique régulièrement cité, et pour le profit faisant droit ;

Attendu qu'il résulte des débats que C***, en pratiquant des manœuvres sur l'instrument du mesurage, a trompé le vendeur sur la quantité de la chose vendue, et a ainsi commis le délit prévu par les articles 1ᵉʳ de la loi du 27 mars 1851 et 425 du Code pénal ;

Attendu que par suite du délit ci-dessus mentionné, la Compagnie a éprouvé un préjudice dont il lui est dû réparation, et que le Tribunal a les éléments nécessaires pour en fixer le montant ;

Vu lesdits articles dont il s'agit...

Ayant égard aux circonstances atténuantes, et modérant la peine en vertu de l'article 463 du Code pénal ;

Condamne C*** à un mois d'emprisonnement et 50 fr. d'amende ;

Statuant sur les conclusions de la partie civile ; condamne par corps C***, à payer à la Compagnie la somme de 1200 fr., à titre de dommages-intérêts, et le condamne aux dépens ; — fixe à un an la durée de la contrainte par corps.

122. — 4ᵉ Jugement.

Tribunal correctionnel de la Seine
3o décembre 1862.

Attendu qu'il résulte... que X*** a trompé la Compagnie en changeant le niveau du compteur, altérant ainsi cet instrument et le rendant inexact pour le mesurage du gaz; que ces faits constituent le délit... etc., condamne X*** à 5o fr. d'amende, 100 fr. de dommages-intérêts, fixe à trois mois la durée de la contrainte par corps.

123. — 5ᵉ Jugement.

Tribunal de police correctionnelle du Hâvre.
26 novembre 1864.

Vu les articles 379, 401 et 463 du Code pénal;

Attendu qu'il résulte de l'instruction, des débats et des aveux de la prévenue, la preuve qu'elle a, à diverses reprises, depuis moins de trois ans, au Havre, soustrait frauduleusement une certaine quantité de gaz au préjudice de la Compagnie Européenne du gaz;

Attendu que ce fait constitue le délit prévu et puni par les articles 379 et 401 du Code pénal;

Attendu, toutefois, qu'il existe des circonstances atténuantes qui permettent au Tribunal de faire, en faveur de l'accusée, l'application de l'article 463 du même Code;

Par ces motifs :

Déclare la prévenue coupable d'avoir, au Havre, depuis moins de trois ans, à diverses reprises, soustrait frauduleusement une certaine quantité de gaz au préjudice de la Compagnie Européenne;

Juge qu'il existe des circonstances atténuantes;

Et lui faisant application des articles de la loi sus-visés :

La condamne à six jours de prison ;
La condamne en outre aux dépens, par corps, etc.

124. — 6e Jugement.

Tribunal correctionnel d'Auxerre
19 mai 1865.

Attendu que, des nombreuses expériences et des recherches auxquelles s'est livré l'expert pour découvrir les causes de la grande diminution de consommation de gaz dans l'établissement du sieur X*** pour l'année 1864, il ressort qu'elle ne peut s'expliquer suffisamment par les économies que le prévenu aurait faites dans l'éclairage de son établissement ;

Que l'expert constate, dans son rapport, que le compteur de X*** marchait régulièrement, qu'il n'existait aucun dérangement dans son mécanisme intérieur, et que les différences en moins constatées ne peuvent, d'après les apparences, tenir qu'à des manœuvres intentionnelles, ayant eu pour effet de fausser, au détriment de la Compagnie, les indications du compteur ;

Attendu que des débats et dudit rapport, il résulte pour le Tribunal la preuve que X*** a frauduleusement abaissé le niveau d'eau du compteur et s'est procuré ainsi une quantité de gaz plus grande que celle marquée par ce compteur ;

Attendu que si le relevé des feuilles de consommation constate une diminution de moitié entre la consommation de 1864 et celle des années précédentes, elle peut cependant s'expliquer, pour une certaine partie, par la diminution d'éclairage que X*** faisait dans son établissement depuis le mois de mars 1864, et qu'il y a lieu de tenir compte de ce fait pour apprécier le montant des dommages-intérêts qui peuvent être dus ;

Attendu que le Tribunal a les éléments nécessaires pour en fixer la valeur ;

Attendu que le fait dont X*** s'est rendu coupable constitue le délit prévu et réprimé par les articles 1er de la loi du 27 mars 1851 et 423 du Code pénal ;

Lui faisant application desdits articles, modifiés cependant par l'article 463 du même Code, attendu qu'il existe dans la cause des circonstances atténuantes;

Condamne X*** en un mois d'emprisonnement, 5o fr. d'amende et aux frais ;

Et statuant sur les conclusions de la partie civile;

Condamne ledit X*** à lui payer par corps la somme de 3oo fr. à titre de dommages-intérêts ; le condamne, en outre, aux dépens.

125. — 7ᵉ jugement.

A la fin d'avril dernier, M. Odiot, directeur de la Compagnie du gaz de Louviers, faisait saisir le compteur du théâtre de cette ville, et un peu plus tard celui d'un établissement de ferblantier, exploité par M. C...

M. Alleau, expert, fut appelé pour visiter ces deux instruments, et révéla que la boîte de leur cadran avait été surélevée, de manière à donner une course suffisante à la tige de l'arbre d'engrenage et à permettre au gaz, une fois la communication entre le tambour mesureur et le cadran ainsi arrêtée, de passer par le compteur sans marquer son passage sur le cadran. Puis, un trou avait été pratiqué sur la boîte, et c'était par cette petite ouverture qu'une main frauduleuse introduisait un crochet avec lequel on soulevait l'arbre d'engrenage. Plus tard, on saisit aussi un troisième compteur, portant les mêmes falsifications et installé chez une femme A...

Ces importantes découvertes devaient amener l'intervention de la justice. Le parquet de Louviers fit

9

une instruction ; le sieur C... reconnut avoir profité des altérations des compteurs du théâtre et de la ferblanterie pour brûler une quantité de gaz supérieure à celle marquée, mais nia en être l'auteur. Il prétendit qu'elles avaient été faites par un sieur D..., appareilleur à gaz son prédécesseur, et que l'usage criminel auquel elles servaient lui avait été enseigné par le même.

L'affaire portée devant le Tribunal de police correctionnelle de Louviers qui, le 23 octobre 1865, rendit le jugement suivant :

Attendu que, vérification faite de trois compteurs alimentés par la Compagnie du gaz de Louviers, et installés, l'un, dans l'établissement de ferblanterie de C***, l'autre au théâtre de Louviers et le troisième dans la maison Artigala, il a été reconnu que ces trois compteurs étaient, dans leur partie supérieure, percés d'un ou deux trous, et que la boîte contenant le cadran avait été surélevée ; qu'il a été reconnu, en même temps, qu'à l'aide d'un crochet passé par l'un de ces trous, il était facile de soulever l'arbre vertical, de dégrener la roue, et d'empêcher ainsi la consommation du gaz d'être constatée ;

Attendu, en outre, que dans la boîte en bois du compteur du théâtre de Louviers, il a été trouvé un certain nombre de crochets plus ou moins rouillés, ce qui indique d'une manière évidente que le moyen frauduleux, ci-dessus décrit, a été employé ;

Attendu qu'interpellé sur ces faits, C*** a déclaré que son établissement de ferblanterie, ainsi que l'entreprise de la fourniture du gaz au théâtre, lui avaient été cédés à partir de la fin de décembre mil huit cent soixante-quatre, par le nommé D***, qui lui avait révélé le moyen frauduleux à l'aide duquel il empêchait la consommation du gaz d'être constatée, que lui, avait même usé de ce moyen, tant au théâtre que chez lui, mais qu'à partir

du cinq avril mil huit cent soixante-cinq, il avait remis à D***
l'entreprise de la fourniture du gaz au théâtre;

Attendu que D*** soutient qu'il est étranger aux altérations
qui ont été constatées; qu'il reconnaît néanmoins avoir fourni
les compteurs de l'établissement de ferblantier, du théâtre de
Louviers et de la maison Artigala;

Attendu que la fraude pratiquée ne peut être imputée qu'à
C*** et à D*** qui seuls avaient intérêt à la commettre; que l'i-
dentité du moyen employé indique qu'elle a été organisée par la
même main; que, de toutes les circonstances de la cause, il résulte que cette main ne peut-être que celle de D***;

Attendu, en effet, que C*** est complètement étranger au
compteur de la maison Artigala que D*** reconnaît avoir fourni;
que ce compteur présente les mêmes traces de fraude que celles
qui ont été reconnues sur les deux autres compteurs; que cette
fraude est de telle nature qu'elle n'a pu être inventée que par un
homme spécial, et pratiquée que par une main habile et exercée; d'où il suit que, ne pouvant être imputée à aucun des habitants de la maison, elle ne peut l'être qu'à D***, qui a fourni
l'appareil;

Attendu que si les altérations de ce compteur ne peuvent être
imputées qu'à D***, l'identité du moyen employé conduit nécessairement à penser que les altérations des autres compteurs doivent lui être également imputées;

Attendu, en outre, qu'il a été constaté que les consommations
de gaz faites en 1863 et 1864 par D***, à son établissement de
ferblantier, sont inférieures même à celles accusées par le compteur lorsque l'établissement était exploité par C***, qui reconnaît avoir pratiqué la fraude; d'où il ressort que D*** l'a pratiquée également;

Attendu que l'emploi d'un moyen frauduleux par D*** étant
établi par les documents actuels du procès, l'expertise demandée
par D*** est inutile pour la constatation du délit;

Qu'en outre, le Tribunal a, dès à présent, les documents nécessaires pour la fixation des dommages-intérêts;

Par ces motifs,

Le Tribunal déclare D*** coupable d'avoir, à diverses reprises, dans le courant des années 1863, 1864 et 1865, trompé la Compagnie du gaz, sur la quantité de gaz livrée, par des manœuvres et procédés tendant à fausser l'opération du mesurage ;

C***, d'avoir, à diverses reprises, à la fin de l'année mil huit cent soixante-quatre et dans le courant de l'année mil huit cent soixante-cinq, trompé la Compagnie du gaz, sur la quantité du gaz livrée, par des manœuvres et procédés tendant à fausser l'opération du mesurage ;

D***, de s'être rendu complice du délit commis par C***, en lui donnant des instructions pour le commettre ;

Et leur faisant application des articles 1, 5 et 7 de la loi du 27 mars 1851, 60 et 423 du Code pénal, modifiés, à raison des circonstances atténuantes existant dans la cause en faveur de C***, par l'article 463 du même Code ;

Condamne D*** à quatre mois d'emprisonnement et 100 fr. d'amende ;

C*** à un mois d'emprisonnement, 100 fr. d'amende ;

Et tous deux, conjointement et solidairement, en 1000 fr. de dommages-intérêts envers la partie civile.

D... a interjeté appel de ce jugement. Son avocat, Me Frère, a d'abord précisé les raisons de décider les premiers juges. Il y en a trois principales : l'intérêt du prévenu, l'altération du compteur A..., que D... seul a fourni, et la déclaration de C... Passant à la discussion de chacune d'elles, Me Frère cherche à établir que le prévenu n'avait pas d'intérêt à la fraude qui lui est reprochée. En effet, D... est l'inventeur d'un carburateur, médaillé et diplômé à plusieurs expositions, à l'aide duquel on réalise une économie de 50 p. 100 sur la consommation du gaz.

Le carburateur est déposé sur le bureau de la justice et est soumis, pendant l'audience, à diverses expériences. En outre, lecture est donnée d'un rapport très favorable de M. Brunter, ingénieur civil.

Or, les détournements relevés par l'expert sont précisément de 50 p. 100 sur la consommation du gaz à la ferblanterie et au théâtre. Ces 50 pour 100 de diminution dans les indications des compteurs, ce sont les 50 p. 100 qu'économisaient les carburateurs installés dans ces deux établissements. Il n'est pas douteux que les carburateurs servissent, puisque les factures de benzine, servant d'hydrocarbure, sont représentées à la Cour.

Le prévenu n'avait donc pas d'intérêt à réaliser, par un moyen frauduleux, l'économie que réalisait une invention très honnête et très utile.

Quant au compteur A..., il est vrai qu'il est altéré ; mais chez A... il n'y a aucune diminution sur la consommation normale, ce qui prouve que l'altération matérielle n'est pas le signe du détournement.

Enfin, reste la déclaration de C..., mais elle est trop intéressée pour être sincère. C..., sous le poids d'une accusation redoutable, a cherché à s'en décharger sur un coupable imaginaire qui l'aurait poussé au mal. En outre, il est depuis longtemps en instance avec D... pour obtenir, contre ce dernier, la résiliation de la vente qu'il lui a faite, le 25 décembre 1864, de son fond de ferblanterie. Par son accusation, il se réserve un moyen certain de succès, puisqu'il voudrait faire juger que ce que D... lui a vendu, c'est un procédé frauduleux et condamnable.

Dans l'intérêt de la partie civile, Me Vaucquier du

Traversin a repris chacun des trois chefs de discussion. Sur l'économie prétendue des carburateurs, il a soutenu avec l'expert qu'elle était illusoire, parce que le prix de la benzine absorbait la plus grande partie du bénéfice, et que d'ailleurs D... aurait toujours eu intérêt à altérer le compteur, afin de ne pas consommer de benzine.

D'ailleurs, peu importe le rôle du carburateur. Les altérations matérielles et leur identité prouvent suffisamment la culpabilité de D... En effet, on les retrouve sur le compteur A..., que D... seul a fourni, et dont seul, par conséquent, il peut être responsable.

Quant à la déclaration de C..., elle est formelle, et ses aveux lui donnent un caractère de sincérité.

Cour Impériale de Rouen
Arrêt du 1er décembre 1865.

La Cour,

Adoptant les motifs des premiers juges, et qui suffisent pour faire rejeter les conclusions, tant principales que subsidiaires, celles-ci portant sur des points qui ne sont pas de décision au procès, puisque l'existence et l'utilité possible des appareils carburateurs ne font pas disparaître les faits constants qui établissent la fraude, et que les premiers juges ont réduit les dommages-intérêts *ad légitimum modum* en une des variations dans le service du gaz ;

Attendu que les dommages-intérêts, joints à l'amende et aux frais, excédent 300 fr., que la contrainte par corps devrait être prononcée ;

Par ces motifs, la Cour, après avoir entendu M. le conseiller Gouse en son rapport, le prévenu en son interrogatoire et ses moyens de défense, présentés tant par lui-même que par son avocat, la partie civile en ses moyens et conclusions, le ministère public en ses réquisitions, confirme le jugement dont est appel.

126. — 8ᵉ jugement. — Ce jugement a cela de particulier qu'il est rendu, à la fois, contre le fondateur d'une société de vérification de compteurs qui, sous prétexte de vérifier ces instruments, en altérait l'exactitude, contre son ouvrier chargé d'opérer ces altérations, et contre l'abonné B... sur le compteur duquel on avait constaté que des manœuvres frauduleuses avaient été opérées.

Le tribunal correctionnel de la Seine, ayant été saisi de l'affaire, a rendu le jugement suivant le 31 janvier 1860 :

A l'égard de Duché :

Attendu que Duché, comme employé d'une Société fondée par Delmas dans le but apparent d'entretenir et régulariser les compteurs à gaz, s'est présenté chez plusieurs abonnés de la Compagnie du gaz La Parisienne, et a obtenu d'eux des abonnements à ladite Société Delmas, moyennant 6 fr. par an ;

Attendu qu'il résulte de l'instruction et des débats qu'au lieu d'entretenir et de régulariser les compteurs de ses abonnés, il les descellait, rompait les cachets apposés sur les tuyaux d'arrivée et de sortie du gaz pour empêcher la fraude, et déplaçait la position horizontale des compteurs en les inclinant sur le devant, de telle sorte que cette opération dérangeait le niveau d'eau intérieur, seul véritable régulateur du gaz ;

Qu'en agissant ainsi, Duché obtenait une fausse direction dans les aiguilles, qui indiquaient alors une quantité moins considérable de gaz que celle qui avait été réellement consommée, ce qui causait un préjudice notable à l'administration du gaz, qui ne recevait plus en paiement, du consommateur, qu'une somme inférieure à celle qui lui était due;

Que ce fait constitue, de la part de Duché, une véritable soustraction frauduleuse au préjudice de l'administration du gaz, soustraction qui tombe sous l'application de la loi pénale; qu'en effet, pour qu'il y ait vol, il suffit qu'il y ait eu soustraction, qu'elle soit frauduleuse et intentionnelle, et que le propriétaire ait été dépouillé de sa chose; que, par soustraction, il faut entendre, non pas le simple maniement, mais le déplacement ou l'enlèvement de la chose volée; qu'il importe peu que cette chose soit corporelle ou insaisissable, si elle existe et si elle représente, comme dans l'espèce, une matière qui se consomme et qui a une valeur dans le commerce; qu'il n'est pas non plus nécessaire que la soustraction ait été commise pour conserver l'objet soustrait, ou pour le transférer à un autre, pourvu que le fait en lui-même renferme tous les caractères distinctifs sus-énoncés du vol;

Attendu que, dans ces circonstances, la prévention de vol au préjudice de l'administration du gaz est suffisamment établie contre Duché;

A l'égard de Delmas:

Attendu qu'il résulte de l'instruction et des débats que Delmas, en formant la Société relative à la régularisation des compteurs à gaz, et en faisant exécuter par son employé Duché, sur les compteurs, les manœuvres qui tendaient à les fausser au préjudice de l'administration du gaz, s'est rendu complice du délit imputé à Duché, soit en provoquant Duché à le commettre, soit en lui donnant des instructions à cet effet;

A l'égard de B***:

Attendu qu'il est établi qu'il a lui-même altéré et déplacé avec intention frauduleuse son compteur; que, par ce moyen, il a consommé frauduleusement une certaine quantité de gaz qu'il n'a pas payée; que, dans ces circonstances, il a commis le délit de vol qui lui est imputé;

Délit prévu et puni, etc.;

Condamne Duché à trois mois de prison, Delmas à six mois de prison, et B*** à un mois de la même peine.

En ce qui touche la demande en dommages-intérêts intentée par la partie civile, etc.,

Condamne Delmas et Duché, solidairement et par corps, à payer à la Société du gaz la somme de 2,000 fr., fixe à deux ans la durée de la contrainte par corps;

Condamne également, par corps, B*** à payer à la Société du gaz la somme de 150 fr., et fixe à six mois la durée de la contrainte par corps.

127. — Fraudes pratiquées en dehors du compteur.

1re affaire. — Un branchement frauduleux avait été établi chez le sieur X..., ce branchement permettait au gaz, arrivant du branchement extérieur, de se rendre dans les conduits de distribution intérieure sans passer par le compteur. Le sieur X... vendit son établissement à Y..., qui le recéda à Z...; tous trois profitèrent du branchement frauduleux qui enfin fut découvert.

L'affaire a été portée devant le tribunal correctionnel de la Seine qui a rendu le jugement suivant, le 18 février 1853 :

Attendu qu'il résulte de l'instruction..... que les sieurs X***, Y***, Z*** ont successivement soustrait frauduleusement une certaine quantité de gaz au préjudice de la Compagnie ;

Que si ce n'est pas par leur fait qu'a été établi le branchement qui a amené le gaz dans leur établissement sans le faire traverser par le compteur, et si cette circonstance doit être prise en considération pour la fixation de la peine, il est du moins constant qu'ils ont sciemment fait usage de cette disposition frauduleuse pendant tout le temps qu'ils ont occupé les lieux, qu'ils ont ainsi commis le délit prévu et puni par l'article 401 du Code pénal;

9*

Condamne les sieurs X***, Y*** et Z*** : — chacun à deux mois de prison et, solidairement entre eux, à 3,000 fr. de dommages-intérêts envers la Compagnie.

128. — 2° affaire. — Un sieur X... avait imaginé de réunir les tuyaux d'arrivée et de sortie du gaz, qui se touchaient presque, par deux trous placés l'un vis-à-vis de l'autre et garnis tout autour avec du mastic qui servait à conduire le gaz de l'un à l'autre tuyau : le tout était recouvert d'une planchette.

La fraude ayant été découverte, le sieur X... reconnut qu'il avait fait réellement ces deux trous, mais pour y passer une baguette et nettoyer les tuyaux engorgés. Mais on lui objecta que, dans ce cas, il eût fait les trous en dehors du tuyau pour opérer plus facilement, tandis qu'ils étaient faits en dedans, l'un à gauche, l'autre à droite, de manière à communiquer avec toute facilité.

L'affaire fut portée devant le tribunal correctionnel de la Seine dont voici le jugement (26 mars 1858):

Attendu qu'il résulte des débats que, dans le courant des années 1857 et 1858, à Paris, X***, concessionnaire de la Compagnie d'éclairage par le gaz, a soustrait frauduleusement du gaz au préjudice de ladite Compagnie en pratiquant deux trous au moyen desquels le gaz, sans passer par le compteur, s'échappait du tuyau d'arrivée et passait dans le tuyau de sortie;

Délit prévu et puni par l'article 401 du Code pénal;

Vu ledit article, etc.,

Ayant égard aux circonstances atténuantes et modérant la peine, en vertu de l'article 463 du Code pénal;

Condamne X*** à six mois d'emprisonnement.

Statuant sur les conclusions de la partie civile:

Attendu qu'il est établi que, par suite de la fraude pratiquée, la Compagnie parisienne a éprouvé un préjudice dont il lui est dû réparation, et que le Tribunal a les éléments nécessaires pour apprécier la valeur du préjudice causé:

Condamne X*** à payer 2000 fr. à titre de dommages-intérêts, et aux dépens.

Sur l'appel, la Cour impériale de Paris confirma ce jugement par arrêt du 6 juillet 1858.

129. — 3e affaire. — Branchement clandestin.

Tribunal de police correctionnelle de la Seine.

14 février 1861.

Attendu qu'il résulte de l'instruction et des débats que, dans le courant de 1860, D .., abonné à la Compagnie du gaz, a fait établir, entre les deux tuyaux, celui d'arrivée et celui de sortie de son compteur à gaz, instrument servant à mesurer et à marquer la quantité de gaz consommée, un branchement au moyen duquel il faisait arriver dans son établissement la majeure partie du gaz qu'il brûlait, sans qu'il passât par le compteur; qu'il s'ensuit qu'il faussait l'opération du mesurage et augmentait frauduleusement le volume du gaz qui lui était livré;

Attendu que ce fait constitue, non pas le délit de soustraction frauduleuse prévu et puni par les articles 379 et 401 du Code pénal, mais bien celui de tromperie au préjudice du vendeur, prévu et puni par les articles 1, 55, 3, 5 et 6 de la loi du 27 mars 1851, et 423 du Code pénal.

Attendu que la Compagnie justifie du préjudice qui lui a été causé ;

Condamne D... à trois mois de prison, 5o fr. d'amende, 100 fr. de dommages-intérêts et aux dépens.

Appel ayant été interjeté, la Cour impériale de Paris a confirmé purement et simplement par arrêt du mois d'avril 1861.

130. — 4ᵉ affaire. — Etablissement d'un tuyau de caoutchouc, reliant les tuyaux d'arrivée et de sortie de manière à éviter le compteur.

Un jugement du tribunal correctionnel de la Seine du 26 mars 1862, condamne le sieur C... à un mois de prison, 5o fr. d'amende et 3oo fr. de dommages-intérêts.

131. — Etablissement de becs clandestins.

1ʳᵉ affaire. — Un sieur B... était abonné au bec à l'heure, et devait avoir, par conséquent, un nombre de becs déterminé. Une fuite de gaz s'étant manifestée dans son magasin, une explosion eut lieu. De nombreux dégâts furent causés par l'explosion. La Compagnie, appelée à en rechercher l'origine, procéda à la visite des appareils et fut tout étonnée de trouver, installé dans une salle voisine, un bec de plus que le nombre pour lequel le sieur B... était abonné.

Plainte ayant été portée par la Compagnie, le tribunal correctionnel de la Seine condamna, le 12 juillet

let 1843, le sieur B... à 5oo fr. d'amende et à 5oo fr. de dommages-intérêts.

Sur l'appel, un arrêt de la Cour impériale de Paris, rendu le 23 mars 1843, confirma ce jugement.

132. — 2ᵉ affaire. — Un abonné au bec et à l'heure avait ajouté, clandestinement, plusieurs becs à son éclairage. Ces becs, adroitement dissimulés, restèrent en service deux ans, sans que la fraude fût découverte. Mais tout a un terme ; la Compagnie découvrit le vol dont elle était victime et assigna l'abonné. Avant le jour de l'audience, celui-ci s'empressa de désintéresser la Compagnie par un versement de 1,200 francs. La Compagnie se désista, et l'abonné croyait être hors d'embarras.

Mais le ministère public évoqua l'affaire devant le Tribunal de police correctionnelle de la Seine qui, le 22 avril 1845, admettant des circonstances atténuantes, condamna l'abonné à 15o francs d'amende.

133. — 3ᵉ affaire. — Un bec de plus alimenté par un branchement clandestin.

L... s'abonne au gaz ; son éclairage doit se composer de trois becs alimentés par un compteur. L'appareilleur X..., qui procède à l'installation, lui persuade, en exécutant les travaux, d'installer un quatrième bec ; mais pour alimenter ce quatrième brûleur, il pose une conduite intérieure qui vient se relier au branchement extérieur avant le compteur.

Plus tard la fraude fut découverte; L..., protesta de son ignorance ; l'appareilleur fut appelé, ainsi que L..., devant le Tribunal correctionnel de la Seine, qui rendit, le 26 décembre 1849, un jugement par lequel il renvoya de la plainte l'abonné L..., et condamna l'appareilleur à trois mois de prison et à des dommages-intérêts à établir par état.

134. — Terminons ce chapitre par une formule de procès-verbal de constatation de fraude.

L'an   le   pardevant nous,   huissier au Tribunal civil de   , demeurant à   rue   nᵒ   a comparu M.
directeur de l'usine à gaz de ladite ville y demeurant,

Lequel nous a exposé   que M. H... (profession) demeurant à   , rue   nᵒ   , est abonné pour l'éclairage d'une boutique de   qu'il exploite, rue   nᵒ   , que des irrégularités sont signalées dans les fonctions du compteur distribuant le gaz et qui est sa propriété;

Que ces irrégularités sont de nature à causer préjudice à la Compagnie, et qu'il lui importe de faire rechercher et constater les causes desdites irrégularités et l'état du compteur;

Pourquoi ladite Compagnie nous requiert de nous transporter sur les lieux pour y faire telle constatation qu'il appartiendra.

Vu cette réquisition et y déférant, nous, huissier susdit et soussigné, nous sommes de suite transporté, accompagné de M.   , dans la boutique dont il s'agit, rue   n°   où étant, nous avons parlé à   ainsi déclaré ;

Après lui avoir donné connaissance de l'objet de notre démarche, nous avons fait, en sa présence, les constatations suivantes :

Le compteur est placé *à gauche* en entrant dans la boutique, dans le soubassement de la devanture ; il porte les indications ci-après :

(Nom du fabricant, nombre de becs, numéro, année, etc.).

Il n'est ni plombé ni scellé.

Il indique à ce moment une consommation de..... mètres.

Il est incliné d'arrière en avant, d'environ trois centimètres ; trois becs brûlent en ce moment dans de bonnes conditions, et cependant nous remarquons que le compteur ne marque pas la consommation ; il est arrêté, le tambour est complètement immobile.

M... ayant redressé le compteur et l'ayant mis dans sa position normale, les trois becs s'éteignirent aussitôt ; il y eut une extinction complète pour un bec ; les deux autres brûlèrent faiblement en veilleuse.

Le rétablissement du niveau a eu lieu par l'introduction d'un litre d'eau dans le compteur.

Et les trois becs rallumés brûlèrent alors dans les conditions ordinaires.

Nous avons alors constaté que le compteur avait repris sa marche, et indiquait une consommation de neuf litres par minute pour les trois becs.

Et de tout ce que dessus j'ai fait et dressé le présent procès-verbal aux fins de droit, en présence et assisté de M...   Coût

Signé : (l'huissier).

CHAPITRE VIII

135. — L'article 6 de la police de la Compagnie Parisienne est ainsi conçu :

L'abonné ne pourra exiger le gaz que pendant le temps où les conduites de la Compagnie seront en charge pour le service ordinaire. La mise en charge aura lieu 5o minutes avant l'heure de l'allumage public.

Les conditions de livraison de gaz, qui pourraient avoir lieu en dehors de ce temps, seront réglées de gré à gré entre l'abonné et la Compagnie. Toutefois, pendant la durée de l'éclairage et pendant toute la durée du jour, dans les localités désignées par le Préfet de la Seine, le gaz sera livré aux consommateurs au prix du tarif, conformément à l'article 13 du cahier des charges.

136. — A Paris, où le gaz est aujourd'hui constamment en charge, cet article a beaucoup perdu de son importance ; mais il n'en a pas toujours été ainsi à

Paris même, et cette stipulation conserve tout son intérêt dans les villes de province où le gaz n'est point en charge pendant le jour.

137. — Nous n'avons trouvé, à Paris, qu'une cause qui se rattachât à cet article. Voici le fait :

Le 5 novembre 1841, M. Chabrié avait traité avec la Compagnie de gaz sur le périmètre de laquelle se trouvait alors le théâtre du Luxembourg ; l'objet du traité était l'éclairage de ce théâtre par le gaz, la durée du traité devait être de six années.

Comme la Compagnie n'avait point dérogé en faveur dudit théâtre à la clause ci-dessus, il en résultait que si, pendant l'hiver, le gaz était toujours en charge au moment où commençait la représentation, il n'en était pas de même pendant l'été.

Alors, la représentation commençait avant que le gaz fût en charge, et l'entrepreneur était obligé d'éclairer le théâtre à l'huile jusqu'à l'heure où il pouvait substituer le gaz à l'huile. On conçoit sans peine tous les embarras d'une pareille substitution et les désagréments qu'éprouvaient les spectateurs au moment de l'extinction des lampes.

L'entrepreneur tenta d'obtenir de la Compagnie que le gaz fût mis en charge de meilleure heure, mais ce fut vainement. Toutefois, la Compagnie, reconnaissant tous les désagréments d'une semblable situation, réduisit, en faveur de l'entrepreneur, le prix du gaz de cinq centimes par mètre cube.

Celui-ci, après avoir accepté cette réduction, n'en

essaya pas moins d'obtenir, par voie judiciaire, que l'heure de la mise en charge fût avancée; mais le Tribunal de commerce de la Seine répondit à cette prétention par le jugement suivant du 12 octobre 1846 :

Attendu que, par convention verbale intervenue à la date du 5 novembre 1841, entre Chabrié et la Compagnie française, cette dernière s'est engagée à fournir au demandeur trente becs de gaz pour l'éclairage du théâtre du Luxembourg ;

Qu'il a été expressément entendu que la Compagnie ne serait pas tenue d'allumer le gaz avant la chute du jour, ni après l'heure fixée pour l'extinction des lanternes publiques.

Attendu que ce n'est qu'après avoir exécuté lesdites conventions pendant une année, que Chabrié a adressé des réclamations à la Compagnie ;

Que cette dernière y a fait droit en accordant au demandeur un rabais de 5 cent. par mètre cube de gaz, sur le prix convenu;

Que Chabrié a profité de cette réduction pendant plusieurs années, en continuant de se servir simultanément du double éclairage à l'huile et au gaz ;

Qu'en agissant ainsi, il a reconnu que la Compagnie avait satisfait à toutes les conditions de son engagement envers lui ;

Par ces motifs :

Le déclare mal fondé en sa demande, et l'en déboute avec dépens.

138. — C'est surtout avec les abonnés au bec et à l'heure que cette stipulation a son importance, car ce genre d'abonnement suit, pour les heures d'allumage, la même marche que l'éclairage public, avec cette différence, toutefois, que l'allumage des lanternes publiques a lieu à partir de la chute du jour, tandis que l'allumage de l'éclairage intérieur des abonnés

doit précéder d'un certain espace de temps celui de [la]
voie publique, car il ne fait déjà plus assez jour à l'in[ré]
térieur des maisons quand il fait jour encore dans le[s]
rues.

139. — Donc, bien qu'il soit dit, dans un traité pas[sé]
entre une municipalité et une Compagnie de gaz, qu[e]
le tableau des heures d'allumage de l'éclairage pub[lic]
servira de règle à la fixation de l'heure d'allumage pou[r]
l'éclairage des particuliers, ceux-ci ne sauraient re[-]
fuser le paiement de l'augmentation du temps d'écla[i-]
rage résultant de la différence de clarté entre l'inté[-]
rieur des habitations et les rues et places exposées au
grand jour, et, en cas de contestation, les tribunau[x]
peuvent fixer cette différence d'une manière générale
et ordonner le paiement du supplément proportionne[l]
de gaz fourni dans l'intérieur des habitations par la
Compagnie, car, de ce que l'on a stipulé que le tableau
des heures d'allumage pour l'éclairage public servira
de règle à la fixation de l'heure d'allumage pour l'écla[i-]
rage des particuliers, il ne s'en suit pas que le moment
de l'allumage public doive coïncider avec le moment
de l'allumage particulier, mais bien que l'on calculera
l'heure de l'allumage particulier en prenant, comme
terme de comparaison, l'heure de l'allumage public.

140. — Une discussion s'est élevée à ce sujet à Lyon.
Par un traité intervenu entre la Compagnie du gaz
et la municipalité de La Guillotière, les prix du gaz
avaient été fixés à tant par heure, suivant la dimension

des becs. L'art. 3o ajoutait que « le tableau pour l'é-
« clairage public servirait de règle pour la fixation de
« l'heure du départ de l'éclairage des particuliers. »

La Compagnie ayant, nonobstant la clause, fait
payer le gaz aux abonnés avant l'heure indiquée pour
l'éclairage de la ville, a éprouvé des refus de la part
de P... et autres.

Assignation devant le Tribunal de commerce de
Lyon. — La Compagnie a soutenu que, pour l'intérieur des habitations, où le jour s'efface bien plus tôt
qu'au dehors, la pression se donnait de une heure un
quart à une heure et demie avant les heures fixées pour
l'éclairage public; que les abonnés, usant de la faculté
de consommer le gaz en devaient, dès ce moment, le
paiement.

Le Tribunal de commerce de Lyon rendit, le
27 juin 1845, le jugement suivant :

Le Tribunal :

Considérant... — sur le deuxième chef, que si, à l'heure fixée
pour allumer les lanternes publiques, la clarté est encore suffisante pour circuler dans les rues et sur les places, elle ne permet
plus de vaquer à aucun travail dans l'intérieur des maisons;
qu'ainsi, il est juste d'ajouter au nombre d'heures de l'éclairage
public une heure et quart par jour, pour avoir le temps vrai de
l'éclairage particulier; que, dès-lors, c'est à tort que P*** et consorts demandent que l'heure de départ de l'éclairage particulier
soit assimilée à celle fixée pour l'éclairage public; — ordonne...
que le nombre d'heures à payer pour l'éclairage particulier, extinction de 10 heures du soir, devra être calculé à 1,6o5 heures 1/4
par an, pour un bec brûlant tous les jours, sans exception, et à

1,340 heures 3/4 par an, pour un bec brûlant tous les jours, les dimanches et fêtes exceptés.

141. — Bien que le jugement que nous venons de rapporter soit équitablement rendu, nous n'en avons pas moins trouvé, dans la même année, un jugement dont la solution est contraire. Il est vrai, comme on va le voir, qu'en cette circonstance la Compagnie ne peut attribuer son insuccès qu'à sa tolérance première.

Voici le fait :

MM. M... et P..., manufacturiers à Reims, éclairaient leurs ateliers au moyen du gaz ; à cette époque, il y avait à Reims deux Compagnies qui se faisaient concurrence ; aussi, bien que le contrat de la Compagnie, qui fournissait le gaz à MM. M... et P.... l'autorisât à demander o fr. 0584 par bec et par heure, la Compagnie ne leur faisait-elle payer que o fr. 025, et souffrait-elle que l'heure d'allumage coïncidât avec la chute du jour.

Mais bientôt toute concurrence cessa. Alors la Compagnie éleva ses prétentions ; elle exigea que le prix de l'heure fût porté au chiffre énoncé dans le traité, et voulut imposer l'obligation d'allumer une demi-heure avant la chute du jour, ce qui, naturellement, augmentait d'autant ses recettes. Elle laissa à MM. M... et P... le choix entre l'acceptation de ces conditions où l'abonnement au compteur.

MM. M... et P... refusèrent les deux alternatives et déclarèrent vouloir continuer dans les mêmes conditions que par le passé. La Compagnie refusa le gaz, de là procès. La Compagnie fit d'abord défaut, et le Tribunal de commerce de Reims la condamna, le 23 septembre 1845, par défaut, à livrer le gaz depuis l'heure du coucher du soleil et à 500 fr. d'indemnité pour le préjudice causé par le refus d'éclairage. La Compagnie fit opposition à ce jugement et souleva une question d'incompétence.

Le 25 octobre 1845, nouveau jugement ainsi conçu :

Reçoit la Compagnie opposante au jugement rendu le 23 septembre 1845, au profit de..., et statuant sur cette opposition.

Et d'abord, sur le moyen d'incompétence proposé :

Considérant que la Compagnie, en vertu de la concession qui lui a été faite, exerce seule le droit d'éclairer au gaz courant la ville et les particuliers ;

Que, par l'article 34 du traité, l'adjudicataire est obligé de fournir du gaz aux habitants qui en réclament ; que cette obligation a commencé aussitôt le traité, dans les conditions y stipulées, et que les habitants peuvent en exiger l'exécution ;

Que si l'article 50 a indiqué la durée de l'éclairage par tant d'heures pour la ville, on ne peut admettre que les particuliers aient pu être soumis à une semblable durée d'éclairage ; que ce serait l'annulation complète de ce service pour eux ; que toutes conventions devant produire effet, il faut voir uniquement dans cet article le droit, pour les particuliers, de réclamer le gaz selon leurs besoins ;

Que ces articles sont suffisamment explicites, et n'ont besoin d'aucune autre interprétation ;

Que, de la part de la Compagnie, l'obligation de fournir du gaz est un acte commercial qui détermine la compétence du Tribunal ;

Se déclare compétent et retient la cause ;

Au fond :

Considérant que M*** et P*** réclament l'éclairage depuis la fin du jour, à la nuit tombante, jusqu'à neuf heures du soir ; que ce temps de durée a été précédemment accepté par la Compagnie ; que le mode de compter à tant par heure est celui qui règle pour la ville l'éclairage public ; que sans le consentement de M*** et P***, la Compagnie ne peut y substituer l'abonnement au compteur ; que le départ de la fin du jour est rationel, et doit être adopté pour le commencement de l'éclairage;

Par ces motifs : — déboute la Compagnie de son opposition ; dit que le jugement du 23 septembre recevra sa pleine et entière exécution ; rapporte néanmoins la condamnation au paiement de 500 fr., prononcée à titre de dommages-intérêts pour préjudice causé antérieurement ; — condamne la Compagnie aux dépens.

CHAPITRE IX

142. — L'article 7 de la police de la Compagnie parisienne est ainsi conçu :

A partir du 1ᵉʳ janvier 1856, le prix du gaz livré au compteur est fixé à 30 centimes le mètre cube.

143. — Ce prix varie évidemment suivant les localités; on doit donc prendre pour base le prix fixé dans le contrat administratif passé entre la Compagnie et la municipalité de la ville que l'on habite.

144. — Plusieurs questions relatives au prix du gaz se sont élevées; nous allons les énumérer :

1º Un tribunal de simple police peut-il connaître d'une discussion relative au prix du gaz stipulé par la municipalité?

2º Un établissement public subventionné par la

10

ville a-t-il le droit de payer le gaz au prix de l'éclairage public ?

3° Lorsqu'il est convenu que l'abonné paie le gaz au même prix que la ville, si le prix de l'éclairage public subit une réduction, l'abonné doit-il en profiter ?

4° Une société exploitant un établissement municipal doit-elle jouir du prix réduit que paie la ville pour son éclairage ?

5° La Compagnie peut-elle réduire le prix du gaz pour certains consommateurs seulement ?

6° L'annexion d'une commune à une ville change-t-elle les conditions faites pour l'éclairage des habitants de cette commune ?

7° Quels sont les droits de la Compagnie, lorsque le prix du gaz, pour les particuliers, n'a pas été fixé par le traité ?

145. — 1re espèce. — La Compagnie qui, après s'être engagée à donner le gaz aux particuliers à un prix décroissant déterminé, n'a pas exécuté cette convention, n'est pas, pour ce fait, justiciable du Tribunal de simple police.

Le Tribunal de simple police de Paris avait condamné une des compagnies de gaz à une amende de 5 francs pour n'avoir pas, vis-à-vis d'un abonné, observé la décroissance du prix stipulée au traité.

La Compagnie s'étant pourvue contre ce jugement,

la Cour de cassation rendit l'arrêt suivant le 24 janvier 1852 :

La Cour : vu l'article 471, paragr. 15, Code pénal, les articles 3 et 4, titre II de la loi des 16-24 août 1790, et 46, titre Ier, de la loi des 19-22 juillet 1791, ensemble le décret du 12 mess. an VIII; — vu l'article 18, titre IV de l'ordonnance du préfet de police du 24 décembre 1846, lequel est ainsi conçu : Les prix actuels de la vente du gaz livré à l'heure et au moyen de becs cylindriques à double courant d'air, dits d'Argand, seront réduits annuellement, à partir du 1er janvier 1847, jusqu'à ce qu'ils soient descendus à 5 cent. par heure, pour les becs éteints à 10 heures, et à 5 cent. 50 millièmes, pour les becs éteints à 11 heures et à minuit; — vu également l'article 24, ainsi conçu :

Les concessionnaires seront tenus de faire jouir leurs abonnés, s'ils l'exigent, des prix du tarif ci-dessus, et de tous les avantages résultant des autres conditions de la présente ordonnance ; en conséquence, ils ne pourront se prévaloir contre eux des clauses des polices actuelles qui seraient contraires aux dispositions de ladite ordonnance ;

Attendu qu'en concédant à certaines Compagnies le droit exclusif d'éclairer par le gaz la ville de Paris, l'administration a dû imposer aux Compagnies concessionnaires des conditions de nature à prévenir les inconvénients résultant du défaut de concurrence; qu'elle a donc pu très régulièrement fixer le prix du gaz et exiger, dans l'intérêt des abonnés, une diminution annuelle, jusqu'à ce que le prix d'abonnement fût réduit au taux déterminé ; mais, attendu que les conséquences légales de cette disposition, insérée au cahier des charges et acceptée par les Compagnies ne peuvent être appréciées que par les tribunaux civils ; qu'en effet, une stipulation de cette nature ne rentre pas dans l'exercice du pouvoir réglementaire de police confié, par les lois des 16-24 août 1790 et 19-22 juillet 1791, à l'autorité municipale, et, par l'arrêté des consuls du 12 mess., an VIII, au préfet de police de Paris ; — qu'elle ne peut donc trouver une sanction dans l'article 471, paragr. 15, Code pénal (1); attendu néanmoins que, par jugement du 3 septembre 1851, le tribunal de simple police de la ville de Paris, en déclarant que Pilté et Cie avaient négligé de faire jouir de la réduction progressive du prix du gaz déterminé par l'ordonnance du 26 décembre 1846, le sieur Destrens, son abonné, a condamné le sieur Pilté et Cie en 5 fr. d'amende, en quoi il a faussement appliqué ledit article et les lois précitées, casse, etc., etc.

146. — 2ᵉ espèce. — Un établissement public, bien que subventionné par la commune, n'est pas, par cela même, un établissement municipal, et dès lors il ne doit pas jouir des avantages stipulés en faveur de ces derniers établissements par l'acte de concession de l'éclairage. Il suit de là qu'un théâtre, dont l'exploitation est remise par l'administration municipale à un entrepreneur spécial, n'est point admissible à réclamer la réduction du prix réservé pour l'éclairage des établissements publics.

Les sieurs Stears et Pitty, gérants associés de l'usine à gaz de Brest, ont traité avec le sieur Roubaud, directeur du théâtre de Brest, pour l'éclairage de la salle de spectacle et ses dépendances. Il a été verbalement convenu entre eux que l'éclairage serait payé au mètre

(1) Code pénal, art. 471. — Seront punis d'amende, depuis un franc jusqu'à cinq francs, inclusivement :

. . . .
15° Ceux qui auront contrevenu aux règlements légalement faits par l'autorité administrative, et ceux qui ne se seront pas conformés aux règlements ou arrêtés publiés par l'autorité municipale, en vertu des articles 3 et 4, titre XI de la loi des 16-24 août 1790, et de l'art 46, titre Iᵉʳ, de la loi des 19-22 juillet 1791.

cube de gaz employé; mais ils diffèrent sur l'application du prix : le sieur Roubaud prétendant que le théâtre, étant un édifice municipal, doit jouir de la réduction de prix consentie pour la ville, tandis que les sieurs Stears et Pitty affirment que l'exploitation du théâtre, étant une entreprise commerciale particulière, il y a lieu d'appliquer le prix payé par les particuliers.

Le différend fut porté devant le Tribunal de commerce de Brest qui rendit, le 14 mai 1864, le jugement suivant :

Attendu qu'une entreprise pour l'exploitation d'un théâtre est une opération commerciale, considérée comme telle par la jurisprudence, et que, conséquemment, toutes les contestations auxquels elle donne lieu sont de la compétence des tribunaux consulaires;

Attendu que, suivant conventions verbales faisant suite au marché antérieur, le sieur Roubaud, entrepreneur du théâtre de Brest, s'est entendu avec Stears et Pitty pour l'éclairage de la salle de spectacle, avec la condition de payer le gaz au mètre cube;

Attendu qu'il y a lieu seulement d'examiner si le prix de 40 cent. le mètre cube, d'après lequel la facture dont Stears et Pitty réclament le paiement a été établie, peut être verbalement exigé, en conformité du tarif imposé par la Compagnie aux particuliers, ou si, au contraire, le prix exceptionnel de 30 cent., stipulé aux articles 13 et 14 du traité en date du 10 juillet 1857, enregistré à Brest le 19 août suivant, folio 149 recto, case 8, par Silliau, passé entre la ville et la Compagnie, est applicable dans la cause;

Attendu que, si les termes de ces articles 13 et 14, disant que l'éclairage de la ville comprend tous les établissements commu-

10*

naux et départementaux, semblent absolus, il est nécessaire, cependant, en rapprochant les textes, de les expliquer rationnel-
lement, et de préciser, par une interprétation saine et conforme
au sens commun, la distinction qui existe entre l'éclairage communal pour l'intérieur des édifices de la ville jusqu'à 30 cent.,
par opposition à celui des particuliers, payé 40 cent.;

Attendu qu'un éclairage ne peut être appelé communal, c'est-
à-dire susceptible de rentrer dans la catégorie de ceux mentionnés tout à la fois dans les articles 13 et 14, pour jouir ensuite
de la réduction de prix que la ville s'est réservée, qu'autant
que le prix de cet éclairage est supporté directement et payé intégralement des deniers de la ville; qu'à cet effet, il faut qu'il
soit porté en dépense au budget et sorte réellement des caisses
du receveur municipal;

Attendu qu'il est appris au Tribunal que, dans la réalité du
fait, c'est le contraire qui a lieu; que Roubaud supporte seul le
coût du gaz, que c'est son affaire personnelle; que si la ville,
par des motifs qui sont ignorés, exige que le directeur lui fasse
connaître mensuellement la consommation du gaz, cela importe
peu; que si même elle fait l'avance de la dépense, il paraît incontestable qu'elle déduit ensuite la somme payée du montant
de la subvention au directeur; qu'ainsi, la caisse municipale ne
contribue absolument que pour la subvention votée annuellement par le conseil municipal, et qu'elle reste complètement
étrangère à toutes les éventualités et à toutes les charges incombant à l'entreprise Roubaud, y compris la dépense de l'é-
clairage qu'il modifie à son gré, puisqu'il traite alternativement
avec Stears et Pitty à forfait et au compteur, suivant qu'il le
juge convenable à ses intérêts;

Attendu que Roubaud ne pouvant donc être considéré que
comme un commerçant ordinaire ayant traité avec d'autres commerçants, Stears et Pitty, il est évident que ceux-ci sont parfaitement
fondés à réclamer de lui le prix de 40 cent., suivant le tarif des
particuliers, et qu'en l'absence de conditions différentes préalablement consenties, il est sans titre et qualité pour invoquer
d'autres prix et conditions;

Par ces motifs, le Tribunal se déclare compétent et retient l'affaire;

Et statuant, par jugement définitif en premier ressort, exécutoire en provision, nonobstant appel, sans caution, déboute Roubaud de ses fins et conclusions, le condamne, par corps, à payer à Stears et Pitty la somme de 2,460 fr. 40 cent., pour fourniture de 6,151 mètres de gaz pour son exploitation théâtrale du 1er septembre au 30 novembre 1863, avec les intérêts à raison de 6 o/o l'an, taux du commerce, depuis cette dernière époque jusqu'au paiement; le condamne de plus aux dépens, etc., etc.

Appel de ce jugement a été interjeté par le directeur du théâtre de Brest, et ce, devant la Cour impériale de Rennes, qui a rendu l'arrêt suivant le 28 juillet 1864 :

Les deux questions posées à la Cour étaient celles-ci :

1° Est-ce à bon droit que les intimés ont actionné le directeur du théâtre de Brest, en paiement du gaz d'éclairage qu'ils lui ont fourni depuis le 1er septembre jusqu'au 30 novembre 1863;

2° En cas d'affirmation, le prix en doit-il être réglé d'après le tarif ordinaire des particuliers, ou bien le directeur a-t-il le droit de profiter des réductions consenties à la ville de Brest?

La Cour : considérant qu'il n'est pas contesté qu'encore bien que la salle de spectacle fût la propriété de la ville et que l'entreprise théâtrale fût subventionnée, l'éclairage a été réglé, soit avant, soit depuis les derniers traités intervenus entre l'administration municipale et la Compagnie du gaz, sans aucune intervention de l'administration municipale, et d'après le taux fixé par le tarif pour les particuliers ; que c'est seulement à la date du 31 août 1863, que la mairie de Brest a annoncé au gérant de la Compagnie du gaz que, désormais, la mairie paierait les frais de l'éclairage du théâtre ;

Considérant qu'il n'a été aucunement justifié qu'à cette date du 31 août 1863, il soit intervenu aucune modification dans les rapports qui existaient précédemment entre l'administration de la ville de Brest et l'entrepreneur du théâtre, ni que l'éclairage soit devenu à ce moment une charge du budget municipal; qu'il paraîtrait seulement que la mairie aurait consenti à payer les frais du gaz en déduction de la subvention précédemment accordée, et que, par conséquent, l'éclairage n'aurait pas cessé d'être une dette de l'entrepreneur du théâtre ;

Considérant que les conventions s'interprètent surtout par l'exécution qui leur a été sciemment et volontairement donnée;

Par ces motifs, et adoptant au surplus ceux des premiers juges :

Met l'appellation au néant, ordonne que ce dont est appel sortira effet, condamne l'appelant à l'amende et aux dépens, etc.

147. — 2ᵉ espèce. — Lorsqu'une compagnie a pris l'engagement de donner le gaz à un abonné au même prix qu'à la ville, elle doit le faire profiter des réductions de prix qui pourraient être consenties au profit de la ville.

Antérieurement à la fusion qui a réuni en une seule société les six compagnies chargées de l'éclairage de Paris, les sieurs Naurois et Cᵉ, propriétaires du marché Saint-Martin dont ils louent les places aux marchands de comestibles et autres, avaient passé, avec la Compagnie Payn, de Belleville, un traité par lequel le gaz leur était livré, pour l'éclairage du marché, au même prix que la ville payait alors, c'est-à-dire à raison de o fr. 35 c. le mètre cube.

La fusion des compagnies a abaissé, pour la ville, le prix du gaz à o fr. 15 c.

MM. Naurois et Cᵉ ont, depuis cette époque, refusé de payer leur éclairage au prix ancien de o fr. 35 c., se fondant sur ce qu'ayant traité avec la Compagnie pour obtenir d'elle la fourniture du gaz au prix payé par la ville, leur engagement leur donnait le droit de jouir des réductions obtenues par celle-ci, en vertu du nouveau traité intervenu entre elle et les compagnies fusionnées.

De son côté, la Compagnie Parisienne soutenait, au contraire, que, bien que l'abonnement eût été souscrit au prix alors payé par la ville de Paris, ce prix était fixé d'une manière définitive pour toute la durée de l'engagement, sans qu'il fût possible à l'abonné de réclamer une réduction que la ville seule avait obtenue en raison de sa position particulière et de son énorme consommation.

MM. Naurois et Cᵉ ne se rendant pas à ces arguments, une action fut intentée contre eux par la Compagnie devant le Tribunal de commerce de la Seine, dont ils déclinèrent la compétence, alléguant qu'ils n'étaient pas une société commerciale.

Le Tribunal de commerce de la Seine rendit le jugement suivant, le 13 février 1857 :

Attendu que la Société dont s'agit est une Société par actions, que sa destination est de louer des places à l'entreprise, ce qui lui donne un caractère essentiellement commercial ;

Qu'il s'ensuit que le Tribunal est compétent ;

Par ces motifs, le Tribunal retient la cause.

Au fond,

Attendu qu'il résulte des explications des parties et des documents produits, que la fourniture de gaz faite aux défendeurs a été concédée avec cette stipulation que le prix serait fixé conformément à celui dont jouissaient les établissements publics, et aux conditions du traité fait avec l'administration municipale;

Attendu que cette clause, en donnant aux défendeurs le droit de ne payer qu'au même prix que les établissements de la ville de Paris, oblige la Compagnie demanderesse à les faire profiter de toutes les diminutions qui ont été faites à l'administration municipale, dont le prix a servi de base aux conventions qui existent entre les parties ;

Attendu que les défendeurs offrent de payer le montant de leur abonnement au prix actuellement en vigueur avec la ville de Paris, soit que la consommation ait lieu à l'heure ou au mètre cube ; qu'il ressort de ce qui précède que ces offres sont suffisantes ;

Par ces motifs :

Déclare suffisantes les offres faites par les défendeurs, et, à charge par eux de les réaliser, déclare la Compagnie parisienne non recevable en sa demande, et la déboute, avec dépens.

148. — 4ᵉ espèce. — Une société particulière exploitant un établissement municipal, doit-elle jouir du prix réduit que la ville paie pour son éclairage ? L'affirmative résulte de la cause suivante :

La Compagnie Parisienne a fait assigner la Société du nouveau marché du Temple en paiement de 777 francs pour prix du gaz, à raison de o f. 3o c. comme aux particuliers; elle s'appuyait sur un paiement précédemment fait par un employé de cette Société sur cette base, et sur ce que la Société était une société particulière.

La Société répondait que la Compagnie devait éclairer à prix réduit les établissements publics désignés par le préfet de la Seine. Or, le préfet avait désigné le marché du Temple comme établissement public ; il avait commandé lui-même l'éclairage, la Société ne devait donc payer que le prix de la ville, et l'erreur faite par un employé ne pouvait faire planche ; au reste la Société réclamait reconventionnellement la somme payée en trop par erreur.

Le Tribunal de commerce de la Seine, saisi de l'affaire, a prononcé le jugement suivant le 28 juillet 1864 :

Sur la demande de la Compagnie Parisienne :

Attendu que des débats et pièces soumises au Tribunal, il résulte que les fournitures de gaz dont la Compagnie Parisienne réclame le paiement ont été faites sur la commande directe de l'administration municipale ;

Qu'il n'est justifié d'aucune demande ni police d'abonnement établissant un lien de droit entre la Compagnie demanderesse et la Société Ferrère et Cie, usufruitière de l'exploitation du nouveau marché du Temple ; que, dans ces circonstances, la Compagnie Parisienne n'est pas fondée à exciper du paiement d'une somme de 97 fr. 50, fait par erreur par un employé, et contre lequel, d'ailleurs, Ferrère et Cie ont immédiatement protesté ; d'où il suit qu'il y a lieu de déclarer la demande non recevable ;

Sur les conclusions reconventionnelles :

Attendu qu'il ressort de ce qui précède que la Compagnie Parisienne doit être tenue au remboursement des 97 fr. 5o indûment reçus ;

Par ces motifs : déclare la Compagnie Parisienne non recevable en sa demande, l'en déboute ;

Statuant sur les conclusions reconventionnelles de la Société Ferrère et Cie : condamne la Compagnie Parisienne, par les voies de droit, à rembourser à Ferrère et Cie 97 fr. 5o, avec les intérêts et aux dépens.

149. — 5e espèce. — La réduction de prix que peut consentir la Compagnie en faveur de l'un de ses abonnés, en raison de l'importance de sa consommation, n'engage nullement la Compagnie vis-à-vis des tiers. En voici un exemple :

La Compagnie du gaz de Fontainebleau vend le gaz aux particuliers à raison de o fr. 55 c. le mètre cube ; elle a consenti, en faveur du chemin de fer, le gaz à o fr. 40 c. Les sieurs Bouland et autres, ayant prétendu que la Compagnie devait leur livrer le gaz à ce prix, vu les principes d'égalité entre tous les citoyens, assignent la Compagnie devant le Tribunal de commerce de Montereau, qui rend le jugement suivant le 8 mars 1859 :

Attendu que Bouland et consorts se plaignent de ce que G***, exploitant l'usine à gaz établie à Fontainebleau, exige 55 cent. par mètre cube de gaz qu'il leur fournit, tandis que, depuis 1853, cette usine le fournit à la Compagnie du chemin de fer au prix de 40 cent. ;

Qu'ils prétendent que cette usine à gaz, établie pour l'éclairage public et particulier, doit avoir un prix uniforme, et qu'ils demandent, en conséquence, que G*** leur tienne compte, à partir du 1er janvier 1853, de la différence existant entre le prix de 55 cent., par eux payé, et celui de 40 cent., que paie la Compagnie du chemin de fer ;

Attendu que sur cette demande, G*** a appelé en cause les époux L*** et le sieur C*** :

Que les appelés en cause sont, en effet, intervenus pour combattre les prétentions des demandeurs ;

Attendu que, les défendeurs ne contestant pas que le gaz est fourni à la Compagnie du chemin de fer de Lyon au prix de 40 cent. le mètre cube, il ne s'agit que d'examiner si, en traitant à ce taux avec la Compagnie, G*** ou ses prédécesseurs ont agi dans la limite de leur droit ;

Attendu qu'aux termes d'un acte, en date du 15 mars 1845, M. le maire de la ville de Fontainebleau a accordé l'autorisation exclusive, pour dix-huit années, de placer dans les rues, places et terrains dépendant de la voie publique de cette ville, des tuyaux pour la conduite et distribution du gaz destiné à l'éclairage ;

Attendu que si, d'après les dispositions de l'article 13 de ce traité, portant que les polices d'abonnement et les conditions de prix d'éclairage seraient, pour les consommateurs, les mêmes qu'ils étaient à Paris, le prix du gaz s'est trouvé fixé à un maximum de 55 cent. le mètre cube, l'on ne trouve point dans ce traité, la *défense à l'entrepreneur de l'accorder à un prix inférieur* ;

Que cette défense ne se trouve pas davantage dans un traité supplémentaire, fait à la date du 10 juin 1852, traité stipulant des avantages importants pour la ville, notamment une remise de 15 p. o/o sur le produit de l'abonnement qui serait payé par l'administraton du chemin de fer de Lyon, abonnement qui a été contracté à la date du 29 septembre 1852 ;

Attendu que les sieurs Bouland et consorts, malgré leur engagement, demandent la réduction de leur abonnement, par assimilation aux lois concernant les chemins de fer, qui établissent un tarif commun à tout le monde ;

Attendu que si les Compagnies de chemin de fer ne peuvent augmenter ni abaisser leurs tarifs sans l'agrément de l'autorité,

11

c'est parce que les chemins de fer, autorisés pour l'intérêt géné-
ral, sont considérés comme des établissements publics, et que,
comme tels, ils sont soumis à des lois et règlements qui leur sont
propres ; que l'on ne peut leur assimiler l'usine à gaz, qui forme
une industrie particulière ;

Attendu que les traités intervenus, en concédant le droit exclusif d'établir et de conserver sous les voies publiques les conduits nécessaires pour la distribution du gaz, *n'ont pu et ne peu-*
vent avoir pour effet de créer un monopole en faveur des con-
cessionnaires pour la vente et la distribution du gaz de leur
usine ;

Que chacun reste libre de se faire éclairer comme il le juge
convenable en se conformant, pour certains cas, aux règlements
de l'administration ;

Attendu qu'il est évident qu'en traitant comme il l'a fait,
M. le maire de Fontainebleau, stipulant dans l'intérêt de la ville,
avait en vue principalement l'éclairage public et les avantages
qu'il obtenait pour la caisse municipale, et que, s'occupant aussi
de l'éclairage particulier, il a cru suffisant de stipuler un maximum ; que s'il eût cru raisonnable et nécessaire de déterminer un
minimum, il l'eût également stipulé ;

Attendu que, dans toutes les industries, l'importance des fournitures et la durée des marchés exercent de l'influence sur les
prix qui servent de base aux transactions ; que, dans l'industrie
du gaz particulièrement, il est d'usage de faire profiter les grands
établissements, tels que les gares des chemins de fer, fabriques,
usines, d'une modération de prix à cause de l'importance de leur
consommation ; modération que l'on ne pourrait, sans préjudice,
accorder aux consommateurs ordinaires ;

Que d'ailleurs, la concession faite à la gare du chemin de fer
de Lyon l'a été, non-seulement dans l'intérêt de l'usinier, mais
aussi dans celui de la caisse municipale, dont les produits aug-
mentent en raison des recettes brutes de l'usine, et progressi-
vement au capital ; que là est le véritable intérêt général stipulé
par le maire en faveur de la ville, dont les revenus profitent à
tous les habitants, tandis que, si les principes émis par les demandeurs étaient admis, les revenus seraient diminués en faveur

d'intérêts particuliers, puisque les abonnés au gaz sont en nombre bien inférieur à celui de la population ;

Attendu que les principes de liberté du commerce et de l'industrie ne peuvent être modifiés que par les lois et règlements en tenant lieu, ou par des conventions expresses qui n'existent pas dans l'espèce;

Attendu qu'il résulte de tout ce que dessus, que G***, en traitant avec la Compagnie du chemin de fer de Lyon de la fourniture du gaz pour l'éclairage de sa gare au prix de 40 cent., au lieu de 55 cent. que paient les demandeurs, a agi dans les limites de son droit;

Attendu, d'ailleurs, qu'il est certain que G*** n'a pu obtenir un prix supérieur à 40 cent., qui est le prix le plus élevé que paie la Compagnie dans ses différentes gares; qu'aussi la ville de Fontainebleau, intéressée au produit, à cause des 15 p. o/o qui lui sont alloués, n'a élevé à cet égard aucune réclamation ;

Que surabondamment aussi, les défendeurs ont pu, avec raison, invoquer que le maire de Fontainebleau, en stipulant dans l'intérêt de la ville, n'a pu le faire pour une autre commune, et que la gare de Fontainebleau, bien qu'elle soit appelée ainsi, est située sur la commune d'Avon, et que sa spécialité ne peut amener de concurrence aux demandeurs exerçant un commerce qui n'a aucune analogie; que, conséquemment, ils n'ont éprouvé aucun préjudice ;

Par tous ces motifs : le Tribunal déclare les sieurs Bouland et consorts mal fondés en leur demande, les en déboute, etc.

Partie du jugement suivant se rattache encore à cette question et la résoud dans le même sens.

150. — 6ᵉ espèce. — Les habitants de la banlieue de Paris, qui ont contracté un abonnement avec la Compagnie du gaz, ne peuvent réclamer les avantages stipulés avant l'annexion, par la ville de Paris, au profit des habitants de Paris, parce qu'ils sont devenus eux-mêmes habitants de Paris par suite de l'annexion.

La Compagnie du gaz, concessionnaire de l'éclairage d'une commune, peut d'ailleurs, en l'absence de toute disposition prohibitive, faire à tel des habitants, avec qui elle contracte, des avantages particuliers, sans être tenue d'en faire profiter tous les autres abonnés.

Tribunal de commerce de la Seine
14 novembre 1860.

Burlat contre la Compagnie Foucart.

Attendu qu'aux termes de conventions en date du 8 mai 1845, la commune de Bercy, dûment autorisée, a fait concession à Foucart et Cie du privilége exclusif d'établir des conduites de gaz sur la voie publique, et ce, suivant des clauses et conditions déterminées; qu'il a été notamment stipulé que le prix du mètre cube de gaz serait appliqué aux habitants de Bercy au tarif de 50 cent.;

Attendu que le 31 janvier 1856, Burlat contractait, comme abonné, pour six années, audit prix de 50 cent.;—que la Compagnie lui réclame à ce jour 296 fr. pour les consommations justifiées;

Attendu que, pour repousser cette demande, Burlat prétend que le tarif doit lui être appliqué à 30 cent., conformément aux stipulations entre la ville de Paris et la Compagnie parisienne au profit des habitants de Paris; — qu'il allègue, en outre, que des abonnements ont été faits dans Bercy, par la Compagnie, au prix de 30 cent.; — qu'il argue enfin de ce fait, que la Compagnie Parisienne se serait substituée à la Compagnie Foucart;

Attendu que le contrat de 1855, intervenu entre la ville de

Paris et la Compagnie Parisienne du gaz, ne saurait être étendu, dans ses conséquences, en dehors des limites qui lui ont été assignées par le commun consentement des parties contractantes ; — que ce contrat n'a pas eu pour objet l'éclairage du territoire alors compris dans la commune de Bercy ; — que Burlat, domicilié audit lieu, ne saurait dès lors en revendiquer le bénéfice ;

Attendu que le fait de l'annexion des communes suburbaines à l'ancien Paris n'a pu avoir pour effet d'annuler le contrat de concession intervenu entre la commune de Bercy et Foucart et Cie ; que Foucart et Cie, auxquels Burlat prétend opposer les conditions de prix de la Compagnie Parisienne, invoquent à bon droit, pour se soustraire à cette prétention, la situation indépendante qu'ils tiennent de leur traité ;

Attendu que c'est à tort que Burlat soutient que la Compagnie Foucart, obligée de desservir les habitants de Bercy moyennant 50 cent. le mètre cube, prix maximum, est sans droit pour opérer telle réduction, vis à vis de ses abonnés, qu'elle juge utile à ses intérêts ; — que ce droit ne saurait lui être dénié en l'absence de toute stipulation prohibitive sur ce point dans le traité invoqué ;

Attendu enfin que la Compagnie Parisienne, fût-elle substituée actuellement aux droits de la Compagnie Foucart, ce fait ne saurait en rien modifier les droits auxquels prétendrait la Compagnie Parisienne du fait de ses cédants ; — qu'il suit de ce qui précède, qu'il y a lieu de condamner Burlat au paiement des 296 fr. 50 réclamés, et que ses offres de 178 fr. sont insuffisantes ;

Par ces motifs : déclare les offres de Burlat insuffisantes, et le déboute de son opposition ; — le déclare mal fondé en ses conclusions reconventionnelles, et le condamne aux dépens.

151. — Par contre, la commune annexée profite de la réduction du prix lorsqu'elle en a fait à l'avance une condition de la concession.

En 1844, la Compagnie Française d'éclairage par le gaz, connue sous la raison sociale Brunton, Pilté et Compagnie, passa avec l'administration municipale de Montrouge un traité par lequel elle s'engageait à fournir aux habitants de cette commune le gaz, à raison de 40 centimes le mètre cube, en stipulant, toutefois, que dans le cas où le prix du gaz diminuerait, les habitants de Montrouge jouiraient du nouveau tarif.

Postérieurement à ces faits, et par suite de la fusion des compagnies du gaz, il intervint, entre M. le préfet de la Seine, au nom de la ville de Paris, et la Compagnie, une convention fixant à 30 centimes le mètre cube de gaz pour les habitants de Paris.

En présence de ce nouveau traité, les habitants de Montrouge refusèrent de payer le gaz à raison de 40 centimes, et réclamèrent le bénéfice de la stipulation contenue au traité de 1844.

La Compagnie les assigna devant le Tribunal de commerce de la Seine, qui rendit, le 16 avril 1856, le jugement suivant :

Attendu que, suivant conventions verbales intervenues entre les parties, la Compagnie du gaz s'est obligée à fournir aux défendeurs le gaz à raison de 40 cent. le mètre cube ;

Attendu, toutefois, qu'il demeure établi que, lors des stipulations faites en 1844 entre la Compagnie de gaz la Française et l'administration municipale de Montrouge dans l'intérêt des habitants de cette commune, il a été spécialement entendu que si le prix de l'éclairage venait à diminuer, les anciens établissements jouiraient du nouveau tarif ;

Attendu qu'il est constant pour le Tribunal qu'à cette époque de 1844, les prix payés par les habitants de la ville de Paris ont servi de base aux conventions intervenues entre la commune de Montrouge et la Compagnie demanderesse ;

Que, des explications fournies, il ressort que le prix du gaz a diminué de 40 à 30 cent.;

Que cela résulte, non-seulement des traités intervenus en 1855 entre la ville de Paris et la Compagnie du gaz, mais encore de nouvelles polices consenties par ladite Compagnie avec divers habitants de Montrouge, et des annonces faites dans les journaux, informant le public, et particulièrement les habitants de la commune de Montrouge, que le prix du gaz était réduit à 30 cent.;

Attendu que le nouveau tarif doit profiter aux anciens abonnés dans l'année où la réduction a eu lieu, que les défendeurs sont donc fondés à ne payer le gaz qu'à raison de 30 cent., à partir du 1er janvier 1856;

Attendu qu'il est constant que la somme offerte par les défendeurs représente bien le prix des fournitures à eux faites, à raison de 30 cent. le mètre cube;

Par ces motifs : condamne les défendeurs à payer suivant leurs offres, et, attendu que la résistance des défendeurs est motivée sur l'exagération de la demande, condamne la Compagnie aux dépens.

Appel a été interjeté de ce jugement devant la Cour impériale de Paris.

La Cour, adoptant les motifs des premiers juges, a confirmé la décision par arrêt du 19 août 1856.

152. — 7ᵉ espèce. — Nous avons à enregistrer deux jugements sur cette question; le premier est relatif au prix du gaz au mètre cube non fixé par le contrat.

Il arrive parfois, surtout dans les anciens traités d'éclairage, que l'on n'a stipulé le prix du gaz que pour l'abonnement au bec et à l'heure. Dans ces conditions, si un consommateur veut prendre livraison du gaz au moyen du compteur, il doit débattre le prix du gaz avec la Compagnie. Faute de cette entente préalable, il n'est pas recevable à prétendre baser le prix du mètre cube de gaz sur celui de l'heure d'éclairage, et doit payer le prix que lui demande la Compagnie.

Tribunal de commerce de Troyes
31 décembre 1860.

Attendu que la Compagnie demande à R*** la somme de 2598 fr. 25 cent., pour le prix du gaz employé par lui au compteur, à raison de 55 cent. par mètre cube...

Attendu que R*** prétend ne payer ce prix qu'à raison de 40 cent. 3 mill., chiffre équivalant mathématiquement à celui fixé par le cahier des charges pour l'éclairage à l'heure et au bec.....

Attendu que le cahier des charges ne stipulant pas le prix de l'éclairage au compteur, la Compagnie est libre de demander le prix de 55 cent.;

Par ces motifs : ordonne que R*** devra payer le gaz employé par lui au compteur, à raison de 55 cent.

Appel. — Arrêt. (Cour de Paris, 14 août 1861).

Considérant que le mode de distribution du gaz au compteur n'a pas été prévu par le cahier des charges, qu'il n'a pas été imposé par la Compagnie, mais demandé par les abonnés, à raison des avantages qu'il leur présente ; qu'il a été ainsi l'objet de traités particuliers, et que le prix de 55 cent. réclamé, n'a rien d'exagéré, ni de contraire aux conditions du cahier des charges ;

Condamne R*** par les voies de droit, et même par corps,

conformément aux lois des 17 avril 1832 et 13 décembre 1848, à payer à la Compagnie la somme de 2598 fr. 25 cent., pour fourniture de gaz au compteur, avec les intérêts de ladite somme, suivant la loi.

153. — La seconde affaire a un caractère plus grave.

Un particulier veut s'abonner au gaz, la Compagnie lui impose l'obligation de fournir elle-même le compteur ; il repousse cette condition et demande un rabais sur le prix du gaz. — Procès.

Jugement du Tribunal de commerce de Montpellier 28 novembre 1865.

Attendu que Conzet demande de fournir lui-même son compteur, parce que le prix auquel la Compagnie impose le sien est de beaucoup supérieur à sa valeur réelle ;

Attendu que la Compagnie a si bien compris que la difficulté se trouvait dans le prix qu'elle imposait pour les appareils, que, dans ses conclusions déposées à la barre, elle a soutenu non-seulement que les motifs de sécurité publique exigeaient que ce fût elle-même qui fournît et posât ses appareils ; mais encore qu'elle était maîtresse de vendre le gaz aux prix et conditions qu'elle jugeait convenables ; d'où, par suite, son compteur, ce qui rentrait dans les conditions du prix de son gaz ; car si elle a le droit de vendre son gaz aux prix et conditions qu'elle juge convenables, elle a le droit de dire : « Je vous vends mon gaz à tel prix, à condition que je vous fournirai un compteur à tel prix, » sans avoir même besoin d'invoquer sa responsabilité touchant la sûreté publique ;

Effectivement, elle dit : « Attendu qu'en vertu de la liberté du commerce et de l'industrie, la Compagnie est maîtresse de vendre le gaz, qui est sa marchandise, aux prix et conditions qu'elle juge convenables, sauf néanmoins les restrictions qui au-

11*

raient pu être imposées par l'administration municipale, et, attendu qu'aucune restriction à l'égard des particuliers n'a été insérée dans le traité, d'où il suit que la Compagnie est pleinement maîtresse de ses prix et conditions ; »

Attendu, dès lors, qu'en dehors des motifs de sûreté publique, il convient d'examiner si les prétentions de la Compagnie sont fondées ;

Attendu que l'article 32 du traité de la ville avec la Compagnie du gaz est ainsi conçu : « Pendant la durée du présent traité, la ville de Montpellier ne pourra pas autoriser toute autre Compagnie à placer des tuyaux conducteurs de gaz dans les rues de la ville. » Attendu qu'on ne saurait contester que ce soit là un privilége concédé par un pouvoir public pour satisfaire à un besoin d'intérêt général, c'est-à-dire l'éclairage, celui de tous les particuliers ; l'éclairage extérieur de la ville étant déjà accordé à la Compagnie par le traité sous l'article 32, qui ne peut, dès lors, s'appliquer qu'à la fourniture du gaz pour les particuliers;

Attendu que la Compagnie du gaz, en demandant cet article 32, s'est mise en dehors du principe de la liberté du commerce et de l'industrie qu'elle invoque aujourd'hui, puisqu'elle jouit d'un privilége qui empêche toute concurrence par ce mode particulier d'éclairage; que là où il y a privilége, il n'y a plus liberté ;

Attendu qu'on ne saurait soutenir qu'il n'y a pas privilége parce qu'on peut s'éclairer de toute autre manière, l'essence du privilége étant de jouir d'un droit prohibé à tout autre, ce qui existe dans l'espèce actuelle, pour laquelle on doit même reconnaître qu'il n'y a pas encore d'éclairage qui, s'il y avait concurrence, fût moins coûteux ni plus brillant, et qui est devenu presque de nécessité pour certains établissements. On aurait autant raison de soutenir qu'il n'y a pas privilége pour les chemins de fer, parce qu'on peut faire les mêmes trajets à pied ou bien en voiture; du reste, quand bien même on pourrait arriver au même but par d'autres moyens, il n'en serait pas moins certain qu'il y aurait privilége pour ce moyen-là ;

Attendu que ce privilége, accordé pour la satisfaction d'un besoin d'intérêt général, entraîne nécessairement avec lui l'obligation, pour la Compagnie privilégiée, de satisfaire à ce besoin, d'où il suit qu'elle ne peut se refuser à délivrer le gaz ;

Attendu que la ville, dans son traité, n'ayant fait aucune stipulation pour les prix et conditions auxquels la Compagnie devait traiter avec les particuliers, a réservé ainsi à ceux-ci l'entière liberté de leurs droits, c'est-à-dire l'obtention du gaz à un prix convenable pour toutes les parties.

Attendu que si la Compagnie n'a pas demandé à ce que la ville tarifât, d'accord avec elle, les prix et conditions auxquels elle délivrerait le gaz aux particuliers, ce n'est pas une raison pour qu'elle puisse leur imposer toutes ses exigences, qui n'auraient d'autres limites, dans son intérêt, qu'une légère différence avec tout autre mode d'éclairage, et, hors de son intérêt, que son caprice : ce qui équivaudrait au droit de refuser le gaz ;

Attendu qu'en présence du privilége et en l'absence de toute convention pour les prix et conditions, si la Compagnie et les particuliers ne peuvent s'entendre à l'amiable, il appartient aux tribunaux d'arbitrer ;

Attendu que si, dans l'appréciation des prix et conditions, il faut tenir compte de l'intérêt de la Compagnie et de celui des particuliers, il faut également tenir compte de la sûreté publique, qui exige une responsabilité pour les appareils conducteurs d'une matière pouvant si facilement donner lieu à des accidents fâcheux ;

Attendu que, tant qu'il n'y aura aucune autorité compétente désignée pour recevoir ou refuser les appareils, cette responsabilité incombant à la Compagnie, il est juste de lui reconnaître le droit de fournir et poser les appareils, y compris le compteur ; mais non pas cependant à tel prix qu'il lui plairait d'imposer ;

Attendu que chaque partie, succombant sur ses prétentions principales, il y a lieu de partager les dépens ;

Par ces motifs, le Tribunal déboute la Compagnie de la prétention d'être maîtresse de vendre le gaz aux prix et conditions qu'elle juge convenables, et, comme conséquence de ces conditions, d'imposer son compteur au prix qu'elle fixe elle-même.

Lui reconnaît le droit de fournir elle-même le compteur, mais à prix agréé entre parties, ou arbitré; et, pour cet arbitrage, renvoie les parties devant M. Belugou, un de ses membres, qui cherchera à les concilier, sinon, arbitrera lui-même, en s'entourant de tous les renseignements qu'il jugera nécessaires, et, au besoin, désignera tel expert de son choix pour fixer le prix du compteur, et, tenant cette fixation faite par le renvoi ci-dessus, ordonne que dans le délai de quarante-huit heures à partir de ce jour, le gaz sera fourni par la Compagnie à Conzet, et, faute par la Compagnie de ce faire dans le délai ci-dessus, la condamne à 10 fr. par jour de retard, exécutoire nonobstant appel, partage les dépens.

Appel ayant été interjeté par la Compagnie, la Cour impériale de Montpellier a rendu l'arrêt suivant le 24 mars 1866 :

La Cour; — considérant que la ville de Montpellier, traitant avec la Compagnie Sygaud, en 1838 et 1853, pour l'éclairage public au gaz, représentée aujourd'hui par Aguitton, directeur, n'a rien stipulé en faveur des particuliers; qu'il y a eu à cet égard prétérition regrettable, mais complète, et que le juge ne peut suppléer arbitrairement au silence du cahier des charges;

Considérant que le commerce étant libre en France, la Compagnie concessionnaire est protégée par les principes du droit commun, sous l'égide desquels elle exerce son industrie; que de là, résulte pour elle la faculté de vendre ses produits aux prix et conditions qu'elle croit convenables, le consommateur étant, de son côté, libre de les accepter ou de les refuser;

Que Conzet soutient vainement le contraire en prétendant que le monopole créé au profit de la Compagnie doit être restreint à la vente obligatoire du gaz et ne saurait s'appliquer aux appareils et compteurs à l'usage des particuliers;

Considérant que cette prétention n'est pas admissible; qu'en effet, la Compagnie a le plus grand intérêt à surveiller le débit des produits de son usine, et, comme elle a le droit de les vendre au prix qu'elle détermine, de gré à gré avec le consommateur, elle a également le droit de régler accessoirement les conditions matérielles de cette livraison ;

Considérant, d'ailleurs, qu'il n'y a rien d'innové dans la manière dont la Compagnie exerce son industrie ; et qu'elle déclare ne vouloir imposer à Conzet aucune condition contraire à ses habitudes, mais lui appliquer seulement les règles établies, depuis l'origine de la concession, envers tous les consommateurs ;

Que Conzet ne saurait donc se plaindre d'exigences abusives ou exceptionnelles ;

Considérant que le premier juge a reconnu à la Compagnie le droit de fournir elle-même le compteur, mais au prix agréé entre les parties ou arbitré par experts en cas de désaccord ; que cette restriction porte manifestement atteinte aux principes sur lesquels repose la liberté commerciale, et infère grief à la Compagnie ;

Qu'il y a donc lieu de dire droit à l'appel incident et de réformer quant à ce ;

Considérant que les dépens sont à la charge de la partie qui succombe ;

Par ces motifs : la Cour a démis et démet Conzet de son appel ; statuant sur l'appel incident, y faisant droit, tenant l'offre faite par la Compagnie de fournir le gaz à l'appelant aux mêmes conditions et de la même manière qu'à tous les autres abonnés ; réformant, met à néant, quant à ce, le jugement attaqué ; ce faisant, renvoie la Compagnie des fins des demandes contre elle formées, et des condamnations comminatoires prononcées, etc., etc.

Comme on le voit, la Cour s'est prononcée dans le sens de la liberté de l'industrie ; elle a été d'accord en cela avec deux arrêts de la Cour d'Aix des 19 février 1846 (n° 195), et 31 mars 1846 (n° 196), avec un autre arrêt de la Cour de Dijon du 20 décembre 1859 (n° 96), et un arrêt de la Cour de Paris du 14 août 1861 (n° 152). .

154. — Toutefois, nous ne devons pas laisser ignorer à nos lecteurs que tous les jurisconsultes ne partagent pas à ce sujet l'opinion de la Cour.

Ainsi nous trouvons dans le *Répertoire de jurisprudence générale* de Dalloz, au mot industrie, n° 122, les passages suivants, qui sont loin de s'accorder avec la jurisprudence établie par les arrêts ci-dessus relatés :

« Devait on considérer l'entreprise de l'éclairage au gaz comme une industrie libre ou comme un service public ? Telle est la question que divers arrêts ont résolue dans un sens différent. Mais, à supposer que cette industrie soit libre, dans un certain sens, n'est-il pas vrai qu'en traitant avec l'administration municipale, ceux qui l'exploitent ont obtenu la jouissance du droit exclusif d'exploiter ce mode d'éclairage, et qu'ils s'obligent, par cela même, à fournir le gaz à tous les habitants qui voudront en user ?

Si les conditions auxquelles le gaz doit être concédé par l'entreprise aux particuliers sont fixées par le traité, nulle difficulté ; mais si elles ne l'ont pas été, il faut, évidemment, interpréter cet acte, comme toutes les conventions, d'après les règles posées par le législateur lui-même, art. 1156 (1), et non le laisser à la libre interprétation de l'une des parties, comme nous paraît l'avoir fait la Cour d'Aix les 19 et 31 mars 1846, ce qui permettrait à cette partie de restreindre à volonté l'obligation qui lui est imposée.

(1) Code civil : Art. 1156. — On doit, dans les conventions, rechercher quelle a été la commune intention des parties contractantes, plutôt que de s'arrêter au sens littéral des termes.

CHAPITRE X

155. — L'article 8 de la police d'abonnement est ainsi conçu :

Le prix de l'abonnement est payable par mois, et d'avance, au domicile où le gaz est livré ; en consé-quence, il sera payé par l'abonné, à la Compagnie, une somme de 7 francs par brûleur existant sur ses appareils, comme représentant, par approximation, le prix du gaz consommé par un bec brûlant pen-dant un mois, à des extinctions diverses.

La somme payée d'avance sera remboursée par la Compagnie à l'abonné, à l'expiration de l'abonne-ment, sous déduction de la valeur du gaz fourni par elle, et autres frais qui n'auraient pas été soldés.

Le paiement des fournitures aura lieu sur présen-tation de la facture, après le relevé des consomma-tions fait en présence de l'abonné et consigné par la Compagnie sur un livret qui restera entre les mains de l'abonné. A défaut de paiement dans les cinq jours qui suivront la présentation de la facture,

la Compagnie pourra refuser de continuer la fourniture du gaz, sous toutes réserves de poursuivre
par les voies de droit, l'exécution des présentes conventions.

L'abonné renonce à opposer à la demande de paiement toute réclamation sur la quotité des consommations constatées ; en conséquence, le montant des
factures sera toujours acquitté à présentation, sauf
à la Compagnie à tenir compte à l'abonné sur les
paiements ultérieurs de toute différence qui aurait
eu lieu à son préjudice, si mieux n'aime l'abonné recevoir en espèces le montant des réclamations qui
seraient reconnues fondées.

156. — Les différends qui se sont élevés à l'occasion
de cet article n'ont eu pour objet que le paiement des
factures d'éclairage retardé pour diverses causes ou sous
divers prétextes ; nous n'en avons trouvé qu'un petit
nombre que nous allons examiner. La rareté des causes sur ce sujet s'explique par ce fait qu'à moins que
l'abonné ne s'inscrive en faux contre la facture qui
lui est présentée sur les indications de son compteur,
il n'a point généralement de prétexte pour refuser le
paiement des sommes par lui dues.

157. — La direction du théâtre des Variétés, à Paris, avait fait de mauvaises affaires ; l'administration
du théâtre était aux mains d'un sequestre nommé par
le Tribunal.

Il était dû à la Compagnie une somme de 3,850 fr., soit 3,570 fr. antérieurement à la nomination du séquestre, et 280 fr. depuis son entrée en fonctions, ce qui représentait une dépense quotidienne de 40 fr.

La Compagnie fit sommation au séquestre d'avoir à lui payer les 3,850 francs qui lui étaient dus.

Le séquestre offrit de payer les 280 francs dépensés depuis son entrée en fonctions, et refusa de payer les 3,570 francs dus antérieurement. La Compagnie menaçant de supprimer le gaz, ce qui eût ruiné le théâtre, le séquestre introduisit un référé.

Le juge des référés rendit la décision suivante, le 23 novembre 1853 :

Considérant qu'il s'agit d'un service public, et que l'offre faite par le séquestre de payer le gaz depuis le jour de sa nomination, et, en outre, de continuer à le payer chaque jour, était de nature à sauvegarder les droits de la Compagnie jusqu'à ce qu'il ait été statué au principal ;

Décide que la Compagnie devra continuer à fournir le gaz au théâtre pendant un délai de quinze jours.

158. — La Compagnie n'est point privilégiée pour le paiement de ses fournitures de gaz. En cas de faillite de l'abonné, elle vient au même rang que les autres créanciers ordinaires. Voir, à ce sujet, un jugement du Tribunal de commerce de la Seine du 27 mai 1843, relaté chap. 3, 8° espèce, n° 64.

159. — La Compagnie réclamait à G... 899 francs 30 centimes pour gaz livré et frais de branchement.

G... lui réclamait, de son côté, 1,000 francs de dommages-intérêts et 2,550 francs pour frais de reconstruction d'un fourneau.

« J'avais un excellent fourneau au charbon de terre qui me dépensait pour 2 fr. 50 de combustible par jour.

« Un agent de la Compagnie me persuada d'y substituer un fourneau au gaz, ce que je fis; mais ce fourneau me brûle, en réalité, pour 6 francs de gaz par jour, et il arrive souvent que je manque de gaz. J'ai donc dû détruire le fourneau à gaz et rétablir le premier. »

Voilà comment G... répond, par une demande de 3,550 francs, à la réclamation de la Compagnie.

Celle-ci réplique qu'elle ne vend que du gaz, qu'elle ne s'est engagée vis-à-vis de G... qu'à lui vendre du gaz, et qu'il doit payer la consommation indiquée par son compteur.

Le Tribunal civil de la Seine, le 13 février 1858, condamne G... à payer la somme réclamée par la Compagnie.

160. — Plusieurs commerçants de la ville de Tarascon se plaignaient de ce que le gaz, à eux fourni par la Compagnie, était de mauvaise qualité. La Compagnie avait laissé s'accumuler des paiements arriérés; comme elle menaçait de poursuivre, ils lui intentèrent collectivement une action, en réduction de leur dette, basée sur le mauvais éclairage qui leur avait été fourni, et s'appuyaient, à ce sujet, sur les procès-verbaux dressés par l'autorité. La Compagnie y répondit en déclinant la compétence du Tribunal *ratione materia*.

Saisi de l'affaire par l'assignation collective donnée à la Compagnie, le Tribunal de commerce de Tarascon prononça le jugement suivant le 13 avril 1863 :

Sur l'exception d'incompétence :

Attendu qu'aux termes de l'article 169 du Code de procédure civile, les exceptions pour cause d'incompétence doivent être proposées avant toute défense au fond, et que la Compagnie n'ayant élevé cette exception qu'après avoir discuté au fond, elle est non recevable à la produire ; que si ce moyen de droit n'était pas suffisant, le Tribunal n'en devrait pas moins retenir la cause parce que le traité verbal intervenu entre les parties a été passé à Tarascon, que la livraison du gaz est faite au même lieu, et que c'est à Tarascon aussi que s'opère le paiement des fournitures faites ; qu'il n'y a pas lieu non plus à l'interprétation d'un acte administratif, mais seulement à la question de savoir si la Compagnie a rempli les obligations auxquelles elle s'est soumise, ce qui reste essentiellement dans les attributions du Tribunal, seul juge des contestations qui s'élèvent en matière commerciale ;

Au fond et sur la demande en dommages-intérêts fondée sur l'insuffisance du gaz qui devait être fourni ;

Attendu qu'il est de notoriété publique que, depuis plusieurs mois, l'éclairage au gaz est devenu insuffisant à Tarascon ; que ce défaut d'éclairage, les fréquentes obscurités qui se sont produites, soit dans la ville, soit dans les divers établissements industriels, ont été plusieurs fois constatées, même par les agents de l'autorité publique ; que c'est en présence de ces faits incontestables que le maire de Tarascon, usant du droit que lui attribue le cahier des charges, a fait subir à la Compagnie des réductions considérables sur les prix dont la ville était redevable, et pendant les mois correspondant à ceux pour lesquels les demandeurs ont réclamé; qu'en cet état de choses, le Tribunal a des éléments suffisants pour former sa conviction et le dispenser de recourir à d'autres moyens de preuve; que ce fait matériel étant reconnu, il s'ensuit que les demandeurs ont éprouvé un préjudice dont la Compagnie leur doit nécessairement la réparation;

En ce qui touche la demande en réduction :

Attendu qu'il est difficile d'admettre, en présence du défaut et de l'insuffisance d'éclairage ci-dessus établi, que les demandeurs aient consommé, à l'époque relatée dans la citation, une plus grande quantité de gaz que dans les mois correspondants de l'année 1861; que si cette consommation a été plus grande, la cause n'en peut provenir que de la trop forte pression nécessitée par l'emploi d'un charbon d'une qualité inférieure; que c'est donc par la faute de la Compagnie que cette dépense excessive de gaz a été faite, et qu'il serait alors contraire à tous les principes d'équité de contraindre les demandeurs, qui n'ont pas consommé en 1862 plus de gaz qu'en 1861, à payer ce surcroît de dépense; qu'il est donc rationnel de commettre les demandeurs à payer en 1862 le prix qu'ils ont payé en 1861, alors qu'il n'est pas démontré, que pour d'autres causes à eux imputables, la consommation n'a pas été plus grande;

En ce qui concerne la demande reconventionnelle de la Compagnie :

Attendu que les demandeurs ne se refusent point à payer le prix du gaz qu'ils ont consommé, et qu'ils se sont bornés à réclamer une réduction sur les prix qui leur étaient demandés, et qui sont évidemment exagérés par les causes sus-énoncées;

Attendu que la Compagnie, succombant au principal, doit être condamnée aux dépens;

Par ces motifs : le Tribunal faisant droit aux conclusions des demandeurs, et prononçant en dernier ressort, condamne la Compagnie à payer . . . . à titre de dommages-intérêts, et à une réduction de . . . . , et la condamne en outre aux dépens.

161. — Il ne fut point interjeté appel de ce jugement ; aussi les abonnés revinrent-ils à la charge, et, près de six mois après, ils assignèrent de nouveau la Compagnie devant le même Tribunal, et pour les mêmes motifs. La Compagnie fit cette fois défaut, de sorte que le Tribunal de commerce de Tarascon rendit un nouveau jugement, le 17 août 1863, par défaut.

Sur la première question :

Attendu qu'il est de notoriété publique que, depuis le mois de janvier jusqu'au mois de juin, l'éclairage au gaz a été insuffisant à Tarascon, comme dans les trois mois précédents ;

Que ce défaut d'éclairage et les fréquentes obscurités qui se sont produites, soit dans la ville, soit dans les divers établissements industriels, ont été constatés par les agents de l'autorité publique ;

Que c'est en présence de ces faits, et sur les rapports fournis par ses agents que le maire de Tarascon, usant des droits que lui attribue le cahier des charges, a fait à la Compagnie des réductions considérables pendant les mois correspondant à ceux pour lesquels les demandeurs réclament ;

Que la preuve du fait matériel dont se plaignent les demandeurs étant ainsi établie, il est évident que la Compagnie leur doit réparation du préjudice qu'elle leur a occasionné ;

En ce qui concerne la demande en réduction :

Attendu qu'il a été impossible aux demandeurs d'obtenir, de la part de la Compagnie, les bordereaux constatant la consommation mensuelle du gaz faite dans leurs établissements, depuis le mois de janvier dernier jusqu'à ce jour ;

Qu'ils avaient compté sur les débats de l'audience et sur les comptes que, selon eux, la Compagnie aurait dû produire dans l'instance ;

Mais la Compagnie, ayant fait défaut dans le procès, et le Tribunal ne possédant pas les éléments nécessaires pour se prononcer sur cette seconde question, il y a lieu de réserver leurs droits, quant à ce chef ;

Par ces motifs :

Le Tribunal, statuant par défaut et disant droit aux conclusions des demandeurs, condamne la Compagnie à payer à titre de dommages et intérêts . . . . . ; réserve les droits des demandeurs en ce qui concerne la demande en réduction du gaz, contenue dans leur exploit introductif d'instance, et condamne la Compagnie aux dépens.

Opposition fut faite à ce jugement, et le Tribunal eut à prononcer, le 2 novembre 1863, un jugement sur cette opposition.

Attendu que les moyens indiqués dans la citation introductive d'instance n'ont pas été soutenus à l'audience par la Compagnie; et qu'en l'état, il y a lieu de croire que l'opposition, bien que recevable en la forme, n'est pas sérieuse au fond ;

Attendu, d'ailleurs, et pour répondre au chef d'incompétence indiqué dans ladite citation, qu'il s'agissait, dans la cause jugée le 17 août dernier, d'une contestation entre commerçants, et qu'aux termes de l'article 631 du Code de commerce, les Tribunaux de commerce connaissent de toutes contestations entre commerçants ;

Qu'au surplus, les divers traités intervenus entre la Compagnie et les demandeurs ont été passés à Tarascon, que la marchandise a été livrée à Tarascon et que le paiement doit être effectué au même lieu ;

Que dans toutes ces circonstances, et suivant les dispositions de l'article 420 du Code de procédure civile, le Tribunal avait été saisi primitivement d'une cause qui rentrait dans le cercle de sa compétence ;

Qu'ainsi donc, le premier chef d'incompétence soutenu par la Compagnie ne peut en rien infirmer le jugement de défaut du 17 août dernier ;

Au fond : — Attendu que les causes qui ont motivé ce jugement étaient sincères et véritables, et suffisamment établies par les documents versés au procès ;

Par ces motifs :

Le Tribunal reçoit seulement pour la forme l'opposition formée contre le jugement du 17 août dernier et, au fond, déboute la Compagnie de son opposition, maintient le jugement sus-énoncé, et condamne la Compagnie aux dépens, tenant les autres condamnations aux dépens prononcées par le précédent jugement.

Sur l'appel, la Cour impériale d'Aix rendit, le 11 août 1864, un arrêt confirmatif.

162. — Nous trouvons, plus tard encore, une nouvelle cause du même genre que les précédentes ; mais, cette fois, c'est la Compagnie qui assigne un de ses abonnés en paiement du gaz consommé, et le résultat du jugement n'est plus le même.

Voici le nouveau jugement que prononça, à cette occasion, le Tribunal de commerce de Tarascon, le 4 avril 1864 :

Attendu que la demande de la Compagnie n'est pas contestée par le sieur Roux ; seulement qu'il demande : 1° le renvoi de l'affaire à deux ou trois mois pour attendre la décision de la Cour dans une autre affaire concernant les parties en cause ; 2° qu'il offre de prouver que le gaz, pendant les six mois dont on lui demande le paiement, a été de mauvaise qualité ;

Attendu que l'affaire qui est pendante devant la Cour est distincte de la demande actuelle, il n'y a pas lieu d'accorder le renvoi demandé ;

Quant à la deuxième objection ;

12

Attendu que cette demande est tardive;

Qu'à cette époque, il n'y a pas eu, de la part de Roux, la moindre constatation pour prouver que le gaz a été de mauvaise qualité;

Qu'il y a donc lieu de rejeter son offre tendante à faire la preuve, et de faire droit à la demande qui lui est faite en paiement de la somme de. . . . ;

Attendu que Roux est créancier de la Compagnie de la somme de . . . , il y a lieu d'établir la compensation de laquelle il résulte que Roux reste encore créancier de . . . . ;

Attendu que Roux n'a pas offert, au moment de la citation, la demande de sa créance et d'établir la compensation entre la somme qu'il doit à la Compagnie et celle qui lui est due, il doit être condamné aux dépens;

Par ces motifs : le Tribunal, statuant en dernier ressort et faisant droit à la demande de la Compagnie, condamne Roux à lui payer la somme de . . , montant des causes sus-énoncées; et statuant sur la demande reconventionnelle tendant à la compensation entre les parties des sommes dues à Roux par la Compagnie, en vertu du jugement précité rendu entre les parties, déclare que la condamnation prononcée par le présent est éteinte à due concurrence, et que la créance de Roux est réduite à . . . ; dit que les dépens de la présente seront supportés par Roux.

163. — On se rend difficilement compte de la différence qui existe entre le résultat de ce jugement et celui des jugements antérieurement rendus par le même Tribunal.

L'abonné qui est condamné par le dernier jugement est un des abonnés qui poursuivaient auparavant la Compagnie, puisqu'il demande la remise pour attendre le résultat de l'appel sur la cause précédente, et qu'il doit faire compte de sa dette avec la Compagnie dont il est créancier par suite des condamnations antérieures.

Le jugement du 4 avril 1864 le condamne parce qu'il n'y a pas eu, *de sa part*, la moindre constatation pour prouver que le gaz avait été de mauvaise qualité.

Il est donc nécessaire que l'abonné fasse constater légalement lui-même que le gaz est de mauvaise qualité, pour qu'il puisse opposer cette fin de non recevoir à la réclamation de la Compagnie ; et cela, du moins, lorsque le contrôle de la qualité du gaz n'est pas régulièrement organisé et opéré par la municipalité dans les conditions nécessaires de garantie pour assurer la sincérité des résultats constatés.

CHAPITRE XI

164. — L'article 9 de la police de la Compagnie Parisienne est ainsi conçu :

Dans le cas où quelque accident de force majeure obligerait la Compagnie à interrompre momentanément la fourniture de gaz, la Compagnie ne sera tenue à aucune indemnité autre que le remboursement du prix du gaz payé d'avance et qui n'aurait pas été fourni.

Les dispositions relatives à l'épuration et au pouvoir éclairant du gaz, inscrites dans l'art. 10 du nouveau cahier des charges, au point de vue de la surveillance exercée dans un intérêt général, par l'autorité administrative, ne pourront donner lieu, au profit de l'abonné, à aucuns dommages-intérêts autres que le remboursement mentionné ci-après :

Tant que le pouvoir éclairant du gaz restera dans les limites de la tolérance de 10 p. 100, mentionnée audit article, l'abonné n'aura droit à aucune réduction sur le prix du gaz qui lui aura été fourni.

12*

S'il arrivait que le pouvoir éclairant fût inférieur à ce minimum, le prix de la consommation excédant la tolérance lui serait remboursé par la Compagnie.

Ce remboursement serait effectué, pour chaque trimestre, par voie de déduction, sur la facture qui suivrait la publication du résultat des vérifications du pouvoir éclairant.

Les constatations faites et publiées par l'administration municipale feront seules, et de condition expresse, la loi des parties.

165. — Toutes les polices d'abonnement dans les diverses villes éclairées au gaz ne contiennent pas une stipulation aussi dure que celle du premier paragraphe de l'article ci-dessus. Nous avons sous les yeux une police, celle d'Albi, qui renferme la stipulation suivante que nous rencontrons dans beaucoup d'autres polices :

Dans le cas où quelque accident, cas de force majeure ou réparations à l'usine ou à la canalisation, obligerait la Compagnie à interrompre momentanément la fourniture du gaz, la Compagnie ne sera tenue à aucune indemnité.

166. — Cette irresponsabilité de la Compagnie, en cas de travaux importants, nous paraît bien plus logique que l'obligation de fournir le gaz, quoi qu'il arrive, sauf les cas de force majeure constatée.

En effet, l'obligation qui résulte du premier paragraphe de l'article 9 de la police de la Compagnie Parisienne constitue un engagement unilatéral qui n'a point de compensation, puisque l'abonné ne s'engage pas à prendre une quantité déterminée de gaz; qu'au contraire, il en prend livraison quand il lui plaît et en telle quantité qui lui convient; il peut même ne pas allumer du tout, s'il le juge convenable.

167. — A Paris et dans les grands centres de population, cette stipulation n'a guère d'inconvénient, car la consommation est en quelque sorte forcée. Un boutiquier ne peut garder son magasin sans lumière, quand tous ceux qui l'environnent sont éclairés; aussi la clause en question ne paraît-elle avoir rien d'exagéré.

Mais dans toutes les petites villes, elle serait en quelque sorte léonine, car les consommateurs, sous le moindre prétexte, n'allument pas le gaz, et la Compagnie se trouve avoir fabriqué une quantité de gaz qui demeure dans le gazomètre, ce qui n'améliore certes pas sa qualité.

Il a donc, avec raison, paru injuste à quelques municipalités de rendre la Compagnie responsable d'un manque accidentel d'éclairage occasionné par l'exécution d'importants travaux, soit à l'usine, soit à la canalisation, alors que les abonnés ne se gênent nullement pour faire de prétendues économies en employant souvent la chandelle ou l'huile au lieu de gaz.

168. — Examinons maintenant les diverses questions soulevées par cet article de la police:

1° Un manque d'éclairage n'est excusable qu'en cas de force majeure, et les fouilles exécutées sur la voie publique ne constituent pas un cas de cette nature;

2° La Compagnie est responsable de la mauvaise qualité du gaz causée par un mélange d'air lorsque cet effet n'est pas le résultat d'un cas de force majeure;

3° Elle est également responsable d'un manque accidentel de gaz dû à la rupture d'un tuyau qu'elle n'a pas réparé;

4° Elle est responsable des avaries causées par le défaut de pureté du gaz;

5° Lorsque l'acte de concession réserve au maire le droit de faire vérifier le pouvoir éclairant du gaz, les tribunaux ordinaires sont incompétents pour statuer sur les litiges à ce relatifs;

6° Les imperfections dans l'éclairage ne peuvent être attribuées à la Compagnie lorsque le gaz qu'elle livre n'est consommé qu'après avoir passé par un carburateur.

169. — 1re espèce. — Fouilles exécutées par la Compagnies, manque d'éclairage, responsabilité.

Une Compagnie d'éclairage par le gaz ne peut être déchargée de l'obligation de fournir du gaz à ses abonnés, ni des dommages-intérêts résultant de ce que le gaz a manqué, qu'autant qu'elle établit que le défaut d'éclairage doit être attribué à un cas de force majeure, ou à un fait quelconque, né de la nature de l'éclairage par le gaz, et qu'il lui aurait été impossible de prévoir et d'éviter.

On ne saurait considérer comme tel le fait de fouilles pratiquées sur la voie publique ; ces fouilles, loin de constituer un cas fortuit ou de force majeure, étant, au contraire, une des causes d'accident que les Compagnies doivent prévoir, et dont il est possible de prévoir et d'atténuer les effets.

Cour impériale de Paris
Arrêt du 18 mars 1852.

Considérant que les appelants, en qualité de gérants de la Compagnie Parisienne du gaz, se sont obligés à mettre le gaz à la disposition des intimés, dans les termes et suivant les conditions énoncés dans leurs polices d'abonnement ; — qu'il est constant, en fait, que dans la soirée du 25 août 1849, le gaz a manqué dans les établissements tenus par les intimés ; — Considérant qu'un fait de cette nature constitue à la charge de Dubochet et Pauwels, ès-noms, un manquement aux obligations par eux contractées envers leurs abonnés ;

Considérant qu'il n'est nullement prouvé que l'accident du 25 août 1849 puisse être imputé à une cause qui soit personnelle aux intimés ; — Considérant que, dans un tel état de choses, Dubochet et Pauwels ne sauraient être déchargés de la responsabilité qui leur incombe qu'autant qu'il serait établi par eux que le défaut d'éclairage du 25 août 1849 ne peut être attribué qu'à un cas de force majeure ou à un fait quelconque, né de la nature même de l'éclairage par le gaz, et qu'il leur aurait été impossible de prévoir et d'éviter ;

Considérant que le cas de force majeure n'est pas établi par les appelants, qu'il n'est pas non plus établi par eux que le fait dont se plaignent les intimés doive être considéré comme une suite inévitable de l'éclairage par le gaz, et qu'il résulte du rapport de Pouillet, expert commis par la Cour, qu'en supposant, comme semblent l'indiquer les appelants, qu'il ait fallu rattacher l'accident du 25 août 1849 à des fouilles pratiquées rue Hautefeuille, cette dernière circonstance, loin de constater un cas fortuit ou de force majeure, était au contraire une de celles qu'on doit prévoir, et dont il était possible de prévenir ou d'atténuer les effets ;

Confirme, et néanmoins réduit à . . . les dommages-intérêts.

Une affaire de même nature a été portée devant le Tribunal civil de Lyon qui a rendu, le 7 décembre 1864, le jugement suivant :

Attendu qu'il est constant que le   , l'éclairage au gaz a manqué au café de   , tenu par X***; que ce fait, ayant eu lieu au moment où cet établissement était le plus fréquenté, a causé à ce dernier un préjudice dont il demande réparation à la Compagnie du gaz dont il est l'abonné ;

Attendu que la Compagnie explique cette privation pendant un certain espace de temps par le résultat de travaux exécutés par elle-même dans l'intérêt de X***, et qui ont occasionné des obstacles à la circulation du gaz dans les tuyaux ; qu'en outre, la position de l'établissement de X*** dans une partie basse du réseau d'éclairage rend plus difficile la circulation du gaz ;

Attendu que la Compagnie oppose ces circonstances et aussi la réserve qu'elle aurait faite dans la police consentie à X***, de suspendre l'éclairage en cas d'interruption par des travaux accidentels ou imprévus, exécutés aux branchements et aux appareils ;

Attendu que le monopole accordé à la Compagnie de l'éclairage d'une partie de la ville l'oblige de fournir à tous ses abonnés l'éclairage, objet de l'abonnement ; que, sauf le cas de force majeure non imputable à la Compagnie, les travaux entrepris par elle ne peuvent la décharger de sa responsabilité qu'autant que les moyens de prévenir la privation de l'abonné ou de l'atténuer ont été employés par la Compagnie, et que l'abonné a été utilement averti ; qu'en outre, l'obligation d'éclairer les lieux occupés par X***, tels qu'ils sont connus de la Compagnie, avec les inconvénients ou les obstacles que les lieux entrainent par leur position, a été accepté comme sa conséquence ;

Attendu que les moyens et précautions à employer, notamment la pression augmentée, ne l'ont pas été utilement et à temps pour prévenir ou amoindrir la privation éprouvée par X***, ainsi que cela résulte des circonstances de la cause, sans qu'une preuve par enquête soit nécessaire ;

Attendu qu'il y a dommage, et que le Tribunal a les éléments d'évaluation nécessaires ;

Par ces motifs : dit et prononce, sans s'arrêter à la preuve offerte, que la Compagnie du gaz est condamnée à payer, à titre de dommages-intérêts, à X***, pour privation d'éclairage, la somme de 200 fr., ainsi que les dépens, etc.

Cette décision paraît rigoureuse en présence de la réserve faite par la Compagnie dans sa police d'abonnement relativement aux interruptions dans l'éclairage qui pourraient être la conséquence de l'exécution de travaux à la canalisation ; il semble que le Tribunal aurait dû tenir compte de cette réserve qu'il a visée dans l'un des considérants de son jugement, surtout alors que les travaux avaient été exécutés dans l'intérêt de l'abonné.

170. — 2ᵉ espèce. — Une compagnie d'éclairage par le gaz est tenue de dommages-intérêts envers ses abonnés lorsque, pendant un certain intervalle de temps et à diverses reprises, le gaz, par suite du mauvais conditionnement des tuyaux et de la faiblesse de la pression au siége de l'émission, ne leur est parvenu que mélangé d'air, ce qui le rendait impropre à l'éclairage. (Code Napoléon, 1146).

Jugement du Tribunal de commerce de la Seine 4 mai 1852.

Le Tribunal : — Attendu que si la Compagnie française du gaz allègue que C*** et autres n'ont été privés de gaz pur que pendant une durée à peine sensible ; que cette privation est due à des cas de force majeure impossibles à éviter, tels qu'en amènent les constructions et les travaux publics des rues, et qu'enfin il n'est dû aucune indemnité pour un tel objet aux abonnés, il ressort des débats, des documents, notamment du rapport de l'expert-arbitre, que C*** et consorts ont été positivement privés, dans leurs établissements respectifs, de gaz recevable pendant un certain intervalle de temps, les 27 et 28 juillet, les 8, 9, 17, 18, 22, 24 et 25 août ; — que si le gaz est arrivé dans les becs mélangé d'air, et par conséquent impropre à son but, cela n'est pas provenu de force majeure, mais du mauvais conditionnement des tuyaux et de la faiblesse de la pression exercée au siége de l'émission, inconvénients qu'il est possible et facile à la Compagnie de prévenir ;

Qu'enfin, le manque de lumière a porté un préjudice manifeste aux abonnés en cause, et que ce préjudice, d'après les éléments d'appréciation que possède le Tribunal, peut être évalué, savoir : envers M***, à 60 fr.; envers R***, à 60 fr.; envers P***, à 15 fr.; envers F***, à 5 fr.; envers B***, à 50 fr.; envers G***, à 10 fr.; envers D***, à 25 fr.; envers R***, à 10 fr.; soit, en totalité, à la somme de 290 fr.

Par ces motifs : condamne la Compagnie, etc.

171. — 3e espèce. — La Compagnie est responsable du manque accidentel d'éclairage dû à la rupture d'un tuyau qu'elle a négligé de réparer.

Voir à ce sujet un jugement du Tribunal de commerce de la Seine du 16 septembre 1852 (chap. 4, 2e espèce, n° 9).

172. — 4e espèce. — La Compagnie est responsable des avaries causées par le défaut de pureté du gaz chez les abonnés; de plus, est susceptible d'appel le jugement qui statue sur une demande tendante à dommages-intérêts (pour privation de gaz), dont le montant est inférieur au taux du dernier ressort, lorsque les demandeurs concluent, en outre, à ce que le Tribunal règle la nature, la qualité et la quantité du gaz qui devra être fourni à l'avenir.

Tribunal de commerce de Meaux
13 avril 1855.

Attendu que des pièces produites il résulte que les demandeurs sont tous abonnés à la Compagnie d'éclairage par le gaz de la ville de Meaux, pour l'éclairage nécessaire à l'exploitation de leur industrie ;

Attendu que si, pendant plusieurs années, la Compagnie a fourni à ses abonnés un gaz pur, il n'en a pas été de même pendant les derniers jours du mois de décembre 1854 et le commencement du mois de janvier 1855 ;

Attendu, en effet, qu'il est constant pour le Tribunal que le gaz fourni aux sus-nommés pendant cette période a donné un éclairage imparfait, — qu'il répandait une odeur nauséabonde et

13

ternissait le cuivre et l'or, — que ce gaz était tel, que pour en faire usage, quelques abonnés ont été contraints de tenir ouvertes les portes de leurs établissements, et que les autres ont préféré l'éteindre;

Attendu que par ce fait la Compagnie du gaz a causé aux demandeurs un préjudice dont elle doit les indemniser.

Par ces motifs, jugeant en dernier ressort, — dit que la Compagnie du gaz sera tenue de livrer, à l'avenir, à ses abonnés un gaz pur, ayant les qualités voulues pour constituer un éclairage parfait, sinon dit qu'il sera fait droit. — Et pour le préjudice éprouvé par les demandeurs, le Tribunal, possédant les éléments nécessaires pour arbitrer les dommages-intérêts qui leur sont dus, condamne la Compagnie du gaz commercialement à payer, savoir : à ....

La condamne, en outre, aux intérêts de ces sommes au taux de 6 o/o par an, courus depuis le 7 février dernier, et aux dépens, etc.

Appel par la Compagnie; mais les demandeurs ont opposé que cet appel n'était pas recevable, puisque leur demande se réduisait à des dommages-intérêts dont le montant était pour chacun d'eux au dessous du dernier ressort. Toutefois, la Compagnie a fait remarquer que, par l'exploit introductif d'instance, et bien que le jugement ne renfermât à cet égard aucune disposition, les demandeurs avaient conclu à ce qu'il fût fait règlement pour l'avenir au sujet du gaz qui devait être fourni.

Cour impériale de Paris
1er février 1856.

La Cour, — en ce qui touche la fin de non-recevoir contre l'appel,

Considérant que la demande des intimés était indéterminée, puisque indépendamment des dommages-intérêts réclamés par chacun d'eux, il s'agissait, en outre, de régler la nature, la qualité et la quantité de gaz à fournir pour l'avenir, et qu'ainsi l'appel est recevable ; déclare l'appel recevable ;

Au fond, — adoptant les motifs des premiers juges, — confirme.

173. — Voici, sur la même matière, un jugement du Tribunal de commerce de Dax du 8 juillet 1864 :

Attendu qu'il s'agit de rechercher si les altérations, dégradations et dommages prétendus éprouvés par D*** existent et proviennent de la mauvaise qualité du gaz fourni par l'usine à son magasin ;

Qu'à cet égard, il ne peut y avoir doute dans l'esprit du Tribunal et, qu'en effet, il résulte expressément du rapport des experts, que les altérations qu'ils ont constatées dans le magasin sont dues à la mauvaise qualité du gaz, par suite du défaut d'épuration, fourni par l'usine, notamment dans les premiers jours du mois de janvier dernier ; que les soins apportés par les experts à l'examen des questions qui leur ont été soumises et les motifs sur lesquels ils ont appuyé leur opinion, que n'a point détruite la Compagnie, à qui toute latitude a été donnée à cet égard, doivent faire accepter ce rapport par le Tribunal ;

Que les experts ont évalué à deux cents francs le dommage occasionné à D*** par la mauvaise qualité du gaz ; qu'il y a lieu de lui accorder cette somme à titre de dommages-intérêts, et de condamner la Compagnie aux dépens.

Par ces motifs : le Tribunal, homologuant le rapport des experts Meyrac, Dives et Bourgeolles, en date des 8 et 9 avril 1864,

Condamne la Compagnie à payer au sieur D*** la somme de deux cents francs à titre de dommages-intérêts, pour le dommage à lui causé dans son magasin par la mauvaise qualité et le défaut d'épuration du gaz fourni par l'usine, notamment pendant le courant du mois de janvier dernier. La condamne, en outre, aux dépens.

174. — 5ᵉ espèce. — Toutes les fois que dans un traité pour l'éclairage d'une ville, passé entre une Compagnie et une municipalité, il a été stipulé que le gaz aurait un pouvoir éclairant déterminé, et que, comme garantie de l'exécution de ces stipulations, des expériences seraient faites à la diligence du maire, le résultat de ces expériences doit servir de règle dans les discussions qui peuvent s'élever entre la Compagnie et les consommateurs particuliers, au sujet de l'intensité lumineuse du gaz, et c'est à l'autorité administrative qu'ils doivent s'en rapporter à cet égard.

M. le maire de la commune de Courbevoie a mis en adjudication, au mois de juin 1864, l'éclairage au gaz de cette commune. Le cahier des charges, approuvé par M. le préfet de la Seine, stipulait les conditions et le prix de cet éclairage, tant dans l'intérêt public de la commune, que dans l'intérêt privé des habitants.

Des contestations se sont élevées entre MM. Dromain, Nanty et Ruwel fils, négociants à Courbevoie, et la Compagnie adjudicataire, relativement à la puissance éclairante du gaz, à eux fourni par cette Compagnie pour l'exercice de leurs industries, et, par suite, sur le prix à payer conformément aux prévisions du cahier des charges imposées à la Compagnie.

Ils ont, en conséquence, actionné en leurs noms personnels la Compagnie devant le Tribunal civil de la Seine, et demandé une expertise. Mais la Compagnie a opposé à leur action deux exceptions : la première, tirée de ce qu'il s'agissait de l'exécution d'un acte administratif; la seconde, tirée de ce qu'en tous cas il s'agissait d'un acte commercial passé entre commerçants. La Compagnie demandait donc le renvoi, soit devant la juridiction administrative, soit devant la juridiction commerciale.

Le Tribunal civil de la Seine a rendu, le 15 mars 1865, le jugement suivant :

Statuant sur l'exception d'incompétence proposée par Hugon, ès-noms;

Attendu que si, par une décision administrative du 22 avril 1864, Hugon, comme représentant la Compagnie du gaz portatif, a été reconnu ajudicataire de l'entreprise de l'éclairage dans la commune de Courbevoie, l'acte par lequel ledit Hugon s'est soumis aux charges de cette adjudication n'est obligatoire que pour la commune avec laquelle il a traité;

Attendu que chacun des habitants de Courbevoie, qui a manifesté l'intention d'être éclairé par ladite Compagnie, n'a été tenu au paiement de la redevance stipulée pour prix de cet éclairage qu'en vertu de l'adhésion tacite ou formelle par lui donnée au cahier des charges, dont il s'est ainsi approprié toutes les clauses;

Attendu que les contestations qui se sont élevées, non pour l'interprétation de l'acte administratif, mais pour la fixation de la redevance d'après les bases fixées audit acte, ne se rapportent qu'à un contrat purement privé qui doit être apprécié par les Tribunaux ordinaires;

Attendu que si la Compagnie du gaz portatif a fait acte de commerce en s'engageant à fournir du gaz aux demandeurs, il n'en est pas de même de ces derniers, puisque le gaz à eux livré n'est pas l'objet direct de leur commerce;

Attendu qu'il ne suffit pas, pour déterminer la juridiction commerciale, que les deux parties soient commerçantes, mais qu'il faut, de plus, que toutes deux, en contractant, aient fait un acte de commerce, et que cette double condition ne se rencontre pas dans l'espèce actuelle ;

Retient la cause;

Ordonne qu'il sera plaidé au fond ; à cet effet, renvoie la cause à quinzaine, et condamne Hugon ès-noms en tous les dépens de l'incident.

Le sieur Hugon ès-noms a interjeté appel de ce jugement. Il reproduit, devant la Cour, les deux exceptions d'incompétence par lui proposées en première instance.

Arrêt de la Cour impériale de Paris du 25 novembre 1865 :

La Cour, etc.,

En ce qui touche la compétence commerciale :

Adoptant les motifs des premiers juges;

En ce qui touche la compétence administrative :

Considérant qu'au mois de juin 1864, le maire de la commune de Courbevoie a mis en adjudication l'éclairage de ladite commune; qu'il a stipulé, dans le cahier des charges, les conditions et le prix de cet éclairage, soit dans l'intérêt public, soit dans l'intérêt privé des habitants;

Considérant que dans l'article 39 du traité, il a été convenu que pour le cas qu'on supposait peu probable où la Compagnie Parisienne viendrait à cesser l'éclairage de Courbevoie, auquel elle pourvoyait alors, avant que l'adjudicataire ait pu satisfaire aux conditions de son service, celui-ci serait autorisé à substituer provisoirement, au gaz à la houille qui lui était imposé, tout autre gaz, et que dans ce cas, le prix fixé dans le traité d'adjudication serait augmenté, comparaison faite de la puissance ou pouvoir éclairant de ce gaz;

Considérant que ce mode de comparaison a été réglé dans l'article 10 du même traité, article relatif tant à l'éclairage public qu'à l'éclairage privé, et qu'il a été convenu que le pouvoir éclairant du gaz serait vérifié par un ingénieur des mines choisi spécialement par l'autorité municipale;

Considérant que les intimés se plaignent précisément de ce que la Compagnie adjudicataire exige un prix supérieur au pouvoir éclairant du gaz par elle fourni; qu'ils fondent leur demande sur les conditions stipulées par le maire dans l'intérêt des habitants de la commune; qu'ils ne rapportent aucune police ou traité intervenu entre eux et la Compagnie appelante qui aurait modifié à leur égard les conditions de l'adjudication; qu'ils se sont donc soumis à toutes les charges dudit traité d'adjudication et qu'ils ne peuvent se prévaloir de quelques-unes et rejeter les autres;

Considérant que, dans ces circonstances, s'agissant de l'exécution d'un traité administratif, c'est à tort que les premiers juges se sont déclarés compétents;

Met l'appellation et le jugement dont est appel à néant;

Emendant,

Décharge l'appelant des dispositions contre lui prononcées;

Au principal,

Dit que le Tribunal civil était incompétent, et renvoie la cause devant les juges qui doivent en connaître;

Condamne les intimés aux dépens.

175. — 6ᵉ espèce. — Les imperfections dans l'éclairage ne peuvent être attribuées à la Compagnie lorsque le gaz qu'elle livre n'est consommé qu'après avoir passé par un carburateur.

C... est l'entrepreneur de l'éclairage du théâtre de la Gaîté; il achète le gaz à la Compagnie et le livre au théâtre après l'avoir carburé. Le système de la carburation demande l'emploi de becs d'un petit calibre, de sorte que, lorsque le liquide carburant n'est pas de toute première qualité, l'éclairage faiblit d'une manière sensible.

Pour cette cause ou pour d'autres, H..., directeur du théâtre, se plaint de l'insuffisance de l'éclairage. C... accuse le gaz d'être de mauvaise qualité. Un référé est introduit, et le juge rend, le 17 janvier 1861, la décision suivante :

Attendu qu'il est constant que C*** s'est engagé à fournir à Harmant, directeur de la Gaîté, des appareils d'éclairage et le gaz nécessaire pour éclairer le théâtre de la Gaîté ;

Attendu qu'Harmant se plaint de l'imperfection de l'éclairage et des appareils employés par C*** et demande un constat ;

Attendu que, de son côté, C*** prétend que son matériel est en bon état, et que le gaz qui lui est fourni par la Compagnie est de mauvaise qualité, et qu'il a mis cette Compagnie en cause, pour que le constat ait lieu contradictoirement avec elle ;

Attendu que la Compagnie prétend que les procédés employés par C*** sont de nature à empêcher l'éclairage d'être satisfaisant ;

Attendu qu'un constat est urgent :

Nommons Peyre, expert, pour examiner les appareils du théâtre de la Gaîté, lesquels seront vus et visités par lui ; dire s'ils sont suffisants, et si la prétendue imperfection de l'éclairage dont se plaint Harmant tient à la qualité du gaz fourni par la Compagnie.

Cette affaire n'a jamais reçu de solution. En vertu de la mission que lui avait conférée le jugement ci-dessus, M. Peyre a procédé à deux ou trois expertises par lesquelles il a pu constater et la bonne qua-

lité du gaz livré par la Compagnie, et l'efficacité du
système de carburation employé par C... à l'éclairage
du théâtre de la Gaîté. Sur ces entrefaites, le directeur
dudit théâtre fut avisé de la prochaine démolition du
théâtre, et l'affaire en resta là.

CHAPITRE XII

Explosions de gaz. — Responsabilité.

176. — Certaines polices d'abonnement, et, à défaut, la majorité des contrats passés entre les villes et les compagnies, stipulent que la Compagnie ne sera responsable des dommages et avaries causés par les explosions de gaz qu'autant que la cause de ces explosions pourra leur être attribuée. Cette stipulation est logique et indiscutable.

Nous n'avons donc qu'à citer des exemples pour présiter les cas où la Compagnie doit être responsable des accidents.

177. — Déjà nous avons vu (chap. 3, 9e espèce, n° 65), que la Compagnie peut être responsable des accidents qui peuvent arriver chez les abonnés auxquels elle a livré le gaz avant que la permission d'éclairer ait été accordée par l'autorité.

178. — La Compagnie est responsable de l'incurie de ses employés.

Une fuite de gaz s'étant manifestée rue de Cléry, chez un individu qui ne faisait pas usage du gaz, l'inspecteur de la Compagnie fut prévenu ; mais faute par celui-ci d'avoir pris à temps les précautions nécessaires, une explosion eut lieu.

Le Tribunal civil de la Seine, saisi de l'affaire, a rendu le jugement suivant, le 6 avril 1838 :

Attendu que, dans la nuit du 22 au 23 janvier, une explosion de gaz a eu lieu dans la maison du sieur Dumeyner, lequel a été blessé ;

Que, dans la même nuit, le sieur T*** et la fille C*** ont été asphyxiés par le gaz qui s'était échappé et affluait dans leur chambre ;

Qu'heureusement, ils ont pu être ramenés à la vie ;

Attendu que tous ces faits doivent être imputés à l'imprudence de Mettais, inspecteur de la Société du gaz, qui, averti de la fuite qui s'était manifestée, n'avait pris aucune précaution pour en prévenir les effets ;

Qu'ainsi, Mettais s'est rendu coupable du délit prévu par l'article 320 du Code pénal ;

Attendu que Pilté, gérant de ladite Société du gaz, est civilement responsable des faits de Mettais, son employé ;

Condamne Mettais à six jours de prison, 100 fr. d'amende, et Pilté, solidairement, aux frais.

179. — Lorsque le sinistre peut être attribué, tant à la négligence de la Compagnie qu'à celle de l'abonné, les résultats doivent en être supportés par les deux parties.

Une explosion de gaz eut lieu le 15 avril 1841, chez Biget, chapelier, et causa de nombreuses avaries : des experts furent nommés, et le différend ayant été déféré à trois arbitres, ceux-ci condamnèrent la Compagnie à payer à Biget 11,000 francs pour réparation du préjudice causé. Sur l'appel interjeté par la Compagnie devant la Cour royale de Paris, celle-ci rendit l'arrêt suivant, le 22 mai 1843 :

Considérant que les torts sont respectifs; que celui de la Compagnie consiste à avoir laissé ouvert le robinet extérieur, qui eût dû être fermé; que ceux de Biget consistent à avoir laissé ouvert les robinets intérieurs, et introduit une lumière dans la boutique après y avoir reconnu la fuite du gaz;

Infirme le jugement arbitral; ordonne que les résultats du sinistre seront supportés moitié par la Compagnie et moitié par Biget, et que les dépens seront partagés par moitié.

180. — Lorsqu'un abonné cesse de s'éclairer au gaz, la Compagnie doit faire couper le branchement extérieur, et elle est responsable des dommages causés tant que ce travail n'est pas exécuté, ou qui résulte de l'imperfection dans ce travail.

Un sieur Guibert était éclairé au gaz ; il vend son fonds; son successeur ne voulant pas s'éclairer au gaz, prévient la Compagnie. Garnier, employé de la Compagnie, prévient Chabrié, entrepreneur, qui coupe le branchement, mais l'opération étant mal exécutée, une fuite de gaz se déclare, le soir une explosion arrive, Guibert est blessé.

Le Tribunal de police correctionnelle de la Seine, saisi de l'affaire, prononce le jugement suivant, le 12 novembre 1847 :

En ce qui touche Garnier :

Attendu qu'il n'est pas suffisamment justifié d'un fait d'imprudence personnel à ce prévenu ;

En ce qui touche Chabrié :

Attendu qu'une part de responsabilité de l'accident dont il s'agit doit lui être imputée ; qu'en effet, Chabrié, par la nature de ses fonctions, qui ont pour objet d'interrompre, en enlevant les appareils extérieurs, toute communication du gaz avec l'intérieur de la localité occupée par Leduc et Guibert, au moyen du bouchonnement et du scellement des conduits, ne s'est acquitté de cette mission que d'une manière imparfaite ; qu'il résulte de l'instruction que les bouchons par lui placés ne fermaient pas hermétiquement l'office distributrice du gaz, et qu'ainsi, par son fait, une fuite a été opérée ;

En ce qui touche la Compagnie :

Attendu que d'une part, et en admettant que Garnier ne soit pas l'auteur originaire de l'accident, il est constant pour le Tribunal que la transmission du gaz de l'extérieur à l'intérieur a eu lieu ;

Que cette transmission est un fait personnel à un agent quelconque de la Compagnie, lequel impliquerait, à ce point de vue, sa responsabilité civile ;

Mais, attendu qu'en dehors de cette dernière responsabilité, la responsabilité directe de la Compagnie est engagée par les faits de la cause et par ses propres obligations ; qu'en effet, et sauf la part attribuée par les ordonnances spéciales au paiement des travaux, il est constant qu'aux termes desdites ordonnances, reproduites en partie dans les polices, la Compagnie est tenue de couper les branchements extérieurs, lorsqu'elle est prévenue de la cessation d'abonnement, ou à défaut de paiement par l'abonné ;

Attendu qu'il est constant, en fait, que la Compagnie a reçu avis de la cessation d'abonnement, et que là a commencé pour elle l'obligation de couper immédiatement le branchement;

Attendu qu'il suit de là que Chabrié et la Compagnie ont à s'imputer une imprudence ;

Attendu qu'un préjudice a été causé ; que le Tribunal a les éléments nécessaires pour l'apprécier;

Renvoie Garnier des fins de la plainte ;

Condamne Chabrié et la Compagnie, chacun à 100 fr. d'amende;

Les condamne solidairement à payer à Guibert une somme de 2000 fr., à titre de dommages-intérêts ;

Fixe à un an la contrainte par corps.

181. — Lorsqu'une explosion arrive à la suite d'une avarie causée à la conduite principale par des travaux exécutés sur la voie publique, l'entrepreneur de ces travaux est responsable des effets de l'explosion, et la Compagnie du gaz partage cette responsabilité avec ledit entrepreneur, attendu qu'elle doit veiller à ce que les travaux exécutés n'endommagent pas ses conduites.

Jugement du Tribunal civil de la Seine du 23 avril 1861 :

Attendu que, le 26 décembre 1859, une explosion de gaz a eu lieu au domicile de Simon ; que ce dernier a été grièvement blessé, et, qu'en même temps, des dégâts ont été causés à la devanture de sa pharmacie, ainsi qu'aux substances et autres effets mobiliers qui s'y trouvaient renfermés; que l'explosion a été occasionnée par une fuite de gaz provenant de la rupture du conduit souterrain appartenant à la Compagnie; qu'il résulte du rapport de l'expert que cette rupture doit être attribuée à l'affaissement des terres qui avaient servi aux remblais d'une tranchée d'égoût ouverte par Dufour pour le compte de la ville d'Auteuil, lesquelles terres n'avaient pas été convenablement pilonnées ; qu'aucune faute ne peut être imputée à Simon ; que si, avant l'explosion, une odeur de gaz s'était répandue dans la pharmacie, il n'en connaissait pas l'origine, et que ce n'était pas pour lui un motif de ne pas user de son abonnement.

En ce qui touche la responsabilité :

Attendu que l'entretien du conduit brisé était à la charge de la Compagnie, qu'elle avait été avertie des travaux exécutés par Dufour, et qu'elle devait veiller à la bonne exécution de ces travaux, dans l'intérêt de la sécurité de ses abonnés ; qu'elle n'a pas exercé la surveillance et pris les précautions que la prudence commandait à cet égard ; qu'ainsi, elle est responsable, vis-à-vis de Simon, des conséquences de l'accident.

Sur la demande en garantie :

Attendu que les travaux d'égoût exécutés par Dufour avaient mis à découvert le conduit qui a été brisé ; que Dufour, en comblant la tranchée, a négligé de faire pilonner les remblais, de manière à leur donner une solidité suffisante pour prévenir leur affaissement et les accidents qui pourraient en résulter ; qu'il a ainsi commis une faute dont il est responsable vis-à-vis de la Compagnie ; que, toutefois, la Compagnie ayant elle-même manqué de vigilance, doit supporter une part de la responsabilité ;

Condamne la Compagnie à payer à Simon, à titre de dommages-intérêts, une somme de 2400 fr., et la condamne aux dépens ; condamne Dufour à garantir la Compagnie de la moitié desdites condamnations.

182. — Une violente explosion de gaz portatif ayant eut lieu au Casino de la rue Cadet, le 31 décembre 1861, un sieur Desmazes, qui passait dans la rue, fut atteint par les débris projetés au dehors par l'explosion et mourut bientôt des suites de ses blessures.

Sa veuve et sa fille mineure actionnèrent la Compagnie du Gaz portatif et le propriétaire du Casino en dommages-intérêts.

Le Tribunal civil de la Seine prononça contre eux, le 19 juillet 1862, la condamnation suivante :

Condamne la Compagnie du gaz portatif à payer, à titre de dommages-intérêts, savoir ;

1° A la veuve Desmazes, 1800 fr. de rente viagère ;

2° A la mineure Desmazes (sa fille), 600 fr. de rente viagère. Jouissance du 3 janvier 1862, payable par trimestre et d'avance ;

Dit qu'en cas de prédécès de la mère, sa rente sera reversible, à concurrence de 600 fr., sur la tête de sa fille ;

Dit que faute par la Compagnie d'avoir, dans le mois de ce jour, fait accepter par la veuve Desmazes, en sa double qualité, des sûretés pour le service des rentes viagères en question, elles seront assurées au moyen de rentes 3 p. o/o sur l'État français, à inscrire conformément à ce qui vient d'être réglé ;

Condamne la Compagnie (et celle du Casino) à payer à la veuve Desmazes personnellement, à titre de provision, 5000 fr., avec exécution provisoire pour 2000 fr., sans caution ;

Condamne aux dépens ;

Condamne la Compagnie à garantir le Casino des condamnations contre lui prononcées, et aux dépens envers lui.

183. — Une autre action fut aussi intentée contre la Compagnie du gaz portatif par le propriétaire du Casino, pour les dommages causés par la même explosion à cet établissement.

Un jugement du Tribunal de commerce, du 6 mai 1864, condamna la Compagnie à payer une indemnité de 35,628 francs ; mais sur l'appel, la Cour im-

périale de Paris, par arrêt du 28 janvier 1865, réduisit cette indemnité à 25,000 francs.

184. — La Compagnie ne saurait être responsable
envers la Compagnie d'assurance des suites d'une explosion due à l'incurie de l'abonné.

Tribunal civil de Rouen.
12 avril 1865.

Le 18 novembre 1864, dans l'après midi, une forte
explosion de gaz se faisait entendre dans une maison
de la rue Ecuyère, portant le n° 69, et occupée par
une dame Liébaut. A la suite, un commencement
d'incendie s'allumait, et quoique promptement éteint,
laissait aux flammes le temps de dévorer le devant de
la boutique de la dame Liébault. Le dommage fut
estimé à environ 600 francs, que paya l'ancienne
Mutuelle à laquelle l'immeuble était assuré.

Mais la Compagnie d'assurance ne voulut pas supporter définitivement cette perte ; elle demanda et
obtint une expertise destinée à faire ressortir les causes de l'explosion, alléguant qu'elle ne pouvait pas
lui être imputable.

Devant le Tribunal, les deux Compagnies (la Compagnie d'assurance et la Compagnie du gaz) ont discuté, expertisé et précisé leurs moyens. L'expert avait
constaté qu'en décembre 1860, la dame Liébaut avait
fait conduire le gaz devant sa porte par la Compagnie

Pariset, dont les travaux s'étaient arrêtés à un gros robinet et placé dans le mur de la devanture. A partir de ce gros robinet, et pour distribuer le gaz dans la boutique, la dame Liébault avait fait faire les travaux du plombier par un ouvrier de son choix, qui avait dû d'abord souder le tuyau intérieur au tuyau extérieur au-dessus du gros robinet. Elle s'était également adressée à des fournisseurs de son choix pour ses appareils et son compteur. Bientôt elle s'aperçut que le compteur était mauvais et le fit remplacer par la Compagnie du gaz. Les travaux de conduites intérieures ne valaient pas mieux. La soudure faite au-dessus du gros robinet se rompit.

Un inspecteur de la Compagnie, auquel la dame Liébault signala la fuite, lui dit de faire refaire au plus tôt la soudure et lui offrit de boucher provisoirement la fente avec du mastic, ce qui fut accepté avec empressement. Mais, le 18 novembre 1864, la dame Liébault n'avait encore rien fait réparer. L'expert constatait encore que, ce jour-là, un ouvrier de la Compagnie était venu, le matin, chercher le compteur pour le nettoyer, qu'il avait fermé le petit robinet que l'abonné a toujours à sa disposition, mais qu'il avait laissé ouvert le gros robinet dont la Compagnie seule a la clef. Quelques heures après, la mauvaise soudure rompit son enveloppe, et comme elle était placée après le gros robinet ouvert et avant le petit robinet fermé, elle laissait échapper le gaz. Quelqu'un, dans la boutique, apporta une lumière; de là l'explosion et l'incendie.

L'ancienne Mutuelle a cru pouvoir s'emparer de ces constatations pour dire que l'ouvrier de la Compagnie Pariset, et par conséquent elle-même, était responsable d'avoir laissé le gros robinet ouvert, et que s'il avait été fermé, aucun accident ne serait arrivé. Quant au vice de la soudure, il a été reproché à l'inspecteur de la Compagnie Pariset de l'avoir réparée avec du mastic au lieu de l'avoir fait réparer par un plombier.

La Compagnie du gaz a répondu que jamais elle ne fermait son gros robinet dans l'éclairage au compteur, et que si, dans l'espèce, elle l'eût fermé, l'accident serait infailliblement arrivé quelques heures plus tard lorsqu'elle l'eût ouvert. Si, au contraire, la soudure avait été bien faite, la fermeture du petit robinet empêchait tout accident. Maintenant, qui était responsable de la soudure? Évidemment, celui qui l'avait faite, c'est-à-dire le plombier choisi par l'abonné en dehors des ateliers de plomberie de la Compagnie. L'abonné est en faute de ne pas l'avoir mieux choisi; il est encore en faute lorsque l'inspecteur de la Compagnie lui a recommandé de faire replomber la soudure, de ne pas avoir suivi ce conseil et de s'être indéfiniment contenté de la réparation toute provisoire et gratuite que cet agent avait faite sur l'heure. Les polices de la Compagnie Pariset énoncent d'ailleurs, qu'à moins de stipulations contraires, la responsabilité des appareils intérieurs est à la charge de l'abonné, parce qu'il les pose comme il l'entend et les achète à qui il l'entend. La Compagnie ne pourrait être responsable de leur malfaçon qu'à la condition de les avoir fournis et posés.

Le Tribunal a rendu un jugement par lequel il a repoussé la demande de la Compagnie d'assurance, et l'a condamné aux dépens.

185. — La Compagnie n'est point responsable vis-à-vis de l'abonné des suites d'une explosion arrivée par le fait de celui-ci.

Tribunal civil du Hâvre.
20 décembre 1865.

Attendu qu'il est résulté de la comparution des parties, et est d'ailleurs constant entre elles, que l'explosion a eu lieu vers onze heures du matin par le frottement, par la jeune Blout fille de l'abonné), d'une allumette chimique contre le foyer de la cuisine, afin d'allumer l'appareil de chauffage pour faire cuire le déjeuner ;

Attendu que les parties sont en désaccord sur le point de savoir si, pendant l'opération de soudure qui avait eu lieu le matin par l'ouvrier de la Compagnie, l'appareil de la cuisine était ou non resté allumé; Blout soutenant qu'il n'avait cessé de brûler, et le directeur de la Compagnie prétendant, d'après l'ouvrier, que de l'ordre de celui-ci, Blout avait d'abord fermé le compteur, et ensuite, de son ordre, l'avait rouvert pour, par l'ouvrier, en passant d'après l'usage une allumette enflammée sur la partie soudée, s'assurer qu'il n'y avait plus de fuite ;

Attendu que les parties sont tombées d'accord que, pendant toute l'opération, et jusqu'après le départ de l'ouvrier, Blout est resté dans la cuisine et a surveillé le travail ;

Que c'est en présence de ces faits qu'il y a lieu d'examiner si l'enquête et l'expertise conclues par Blout doivent être ordonnées ;

Attendu que de ce que dessus, il résulte que la cause déterminante et immédiate de l'explosion a été le frottement de l'allumette chimique ;

Que ce fait a été une faute, puisque la détonation ne pouvant avoir lieu qu'autant qu'un huitième de gaz au moins se trouve répandu dans l'air atmosphérique, et une telle quantité ne pouvant exister dans une pièce sans y porter une forte odeur, il y a eu imprudence à y faire de la lumière ;

Que si l'âge de la jeune Blout et le malheur dont elle a été victime excusent cette faute, Blout, responsable de sa conduite comme père et comme maître de maison, ne peut, soit en son nom personnel, soit au nom de sa fille, s'en armer pour en faire supporter les conséquences à un tiers ;

Attendu que la cause première en date de l'accident a été, il est vrai, la fuite du gaz ; mais que cette cause a été, quant à l'effet, secondaire et éloignée ;

Qu'il est facile, au reste, de se rendre compte de la manière dont cette fuite a eu lieu, et de déterminer qui doit en supporter la responsabilité ;

Que d'après Blout lui-même, lors de l'entrée de l'ouvrier, l'appareil de la cuisine était allumé, et, par conséquent, son robinet ouvert ;

Que l'assertion de l'ouvrier, qu'il a ordonné de fermer le compteur avant de commencer son travail est évidemment vraie, parce que c'est une précaution toujours prise en pareil cas, et que, d'ailleurs, Blout se trompe en soutenant que l'appareil est toujours resté allumé, puisqu'il ne dit pas que le robinet ait été fermé plus tard, et que, cependant, il convient qu'on a voulu l'allumer pour faire le déjeuner, et que par conséquent, le gaz était alors éteint ;

Que si le compteur a été fermé, il a dû, nécessairement, être rouvert pour le flambage ; que Blout ni l'ouvrier, ne disent qu'il ait été refermé ;

Que le gaz a, dès lors, continué de couler et de se répandre dans la pièce, le robinet de l'appareil de chauffage n'ayant pas été fermé en même temps que le compteur, et Blout n'en ayant pas vu, à ce moment, la nécessité, l'extinction du gaz étant presque simultanée à la fermeture du compteur ;

Que l'ouvrier eût dû, peut-être, ordonner de refermer le compteur ou s'assurer si le robinet était rouvert ; mais que ce fait ne peut lui être imputé à faute par l'abonné lui-même, lorsque celui-ci est présent sur les lieux, et a fermé et ouvert lui-même ce compteur ;

Attendu que l'enquête et l'expertise conclues ont pour but d'établir le temps qui s'est exactement écoulé entre le travail opéré et l'explosion, et que la fuite qui aurait pu se faire pendant ce temps par l'appareil de la cuisine n'aurait pu être suffisante pour déterminer la détonation ;

Mais qu'évidemment, elles ne pourraient donner une certitude légale sur les deux points de fait ;

Qu'en fût-il même autrement, la preuve serait inconcluante ; une fuite, par toute autre cause que les déchirures des tuyaux lors du travail, ayant pu avoir lieu, et ces tuyaux étant sous la garde de Blout ;

Que d'ailleurs, il n'indique même pas le point où un déchirement se serait opéré, et n'énonce ce fait que comme simple supposition ;

Qu'il n'a pas pris la mesure usitée en pareil cas pour faire immédiatement constater l'état des choses, et rechercher la cause de l'événement, et n'a intenté son action que treize jours après ;

Que l'expertise, comme l'enquête, n'est qu'un mode de preuve de faits précis et concluants ;

Par ces motifs :

Le Tribunal, statuant en premier ressort et matière ordinaire ; sans avoir égard aux offres d'enquête et d'expertise, lesquelles sont rejetées ;

Déclare Blout, ès-noms, mal fondé dans son action et l'en déboute ; le condamne aux dépens, etc.

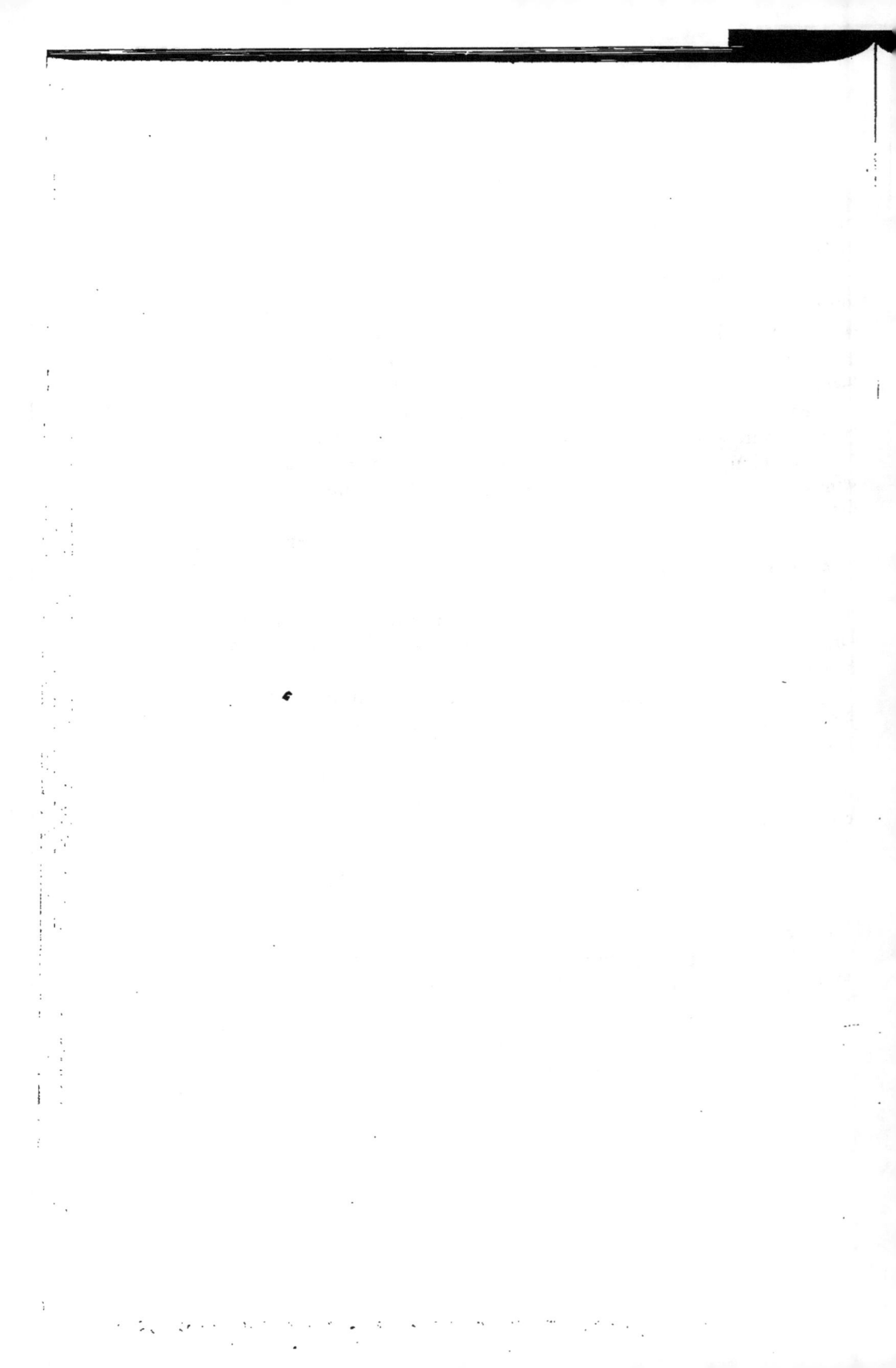

CHAPITRE XIII

Cessation de l'abonnement.

186. — Il n'existe point, dans la police d'abonnement de la Compagnie Parisienne, d'article spécial qui fixe l'époque à laquelle l'abonnement doit prendre fin, et cela paraît assez naturel à Paris. Quand une fois l'on a adopté l'éclairage par le gaz, on continue toujours à en faire usage et l'on ne cesse guère que pour l'un des motifs suivants : changement de domicile, cessation de commerce, faillite ou décès.

Dans l'un, comme dans l'autre cas, l'abonnement prend fin de droit.

187. — Les polices d'abonnement en province contiennent presque toujours une clause de renouvellement *par tacite reconduction* pour une durée égale à la période de temps pour laquelle elle a été souscrite.

Bien qu'il soit anormal d'appliquer en pareil cas

14

le principe de tacite reconduction, lorsque pareille condition a été inscrite dans la police, elle doit faire loi entre les parties.

Mais lorsque le renouvellement de la police par tacite reconduction n'est pas formellement stipulé, l'application de ce principe n'a pas de raison d'être en pareille matière.

188. — En effet, la tacite reconduction n'est applicable qu'en matière de *bail* et non en matière de *vente*.

On comprend, en effet, que l'on renouvelle par consentement tacite la location d'une maison, on en connaît les charges et les avantages; mais, en matière de vente, comme la chose qui fait l'objet de la vente peut à chaque instant varier de qualité, ce qui vicie essentiellement le marché contracté, le principe de tacite reconduction est naturellement inapplicable.

189. — Cependant tout le monde, les tribunaux eux-mêmes ont pris l'habitude de l'appliquer en matière d'abonnement à l'éclairage. Citons un fait :

Un sieur X..., habitant l'une des communes de l'ancienne banlieue de Paris, alors éclairée par la Compagnie du Nord avait signé, avec ladite Compagnie, le 27 octobre 1854, une police d'abonnement d'une année.

L'année expirée, il ne renouvela point son abonnement, mais il continua à employer le gaz de la Compagnie du Nord.

Cet état de choses dura jusqu'au mois d'avril 1857, époque à laquelle, mécontent de son éclairage, dont il attribuait la faiblesse au petit diamètre du branchement extérieur, X... demanda l'établissement d'un second branchement.

Malgré ce second branchement, l'éclairage ayant continué à être insuffisant, X... résolut de s'éclairer au gaz portatif, ce qu'il mit à exécution un mois après la pose du second branchement.

La Compagnie du Nord assigna X... devant le Tribunal de commerce de la Seine.

Sa demande tendait à ce que le sieur X... fût tenu de se livrer du gaz fabriqué par elle jusqu'au 20 octobre 1857, époque à laquelle, par deux applications successives du principe de la tacite reconduction, la police de 1854 devait prendre fin; sinon à payer 10 francs de dommages-intérêts par jour de retard, plus 250 francs pour préjudice causé, et enfin au paiement du prix du branchement.

Un rapporteur fut nommé qui, tout en reconnaissant ce que l'application du principe de la tacite reconduction avait d'anormal en matière de gaz, au point de vue du droit strict, n'en conclut pas à moins à l'admission des prétentions de la Compagnie, se fondant sur l'usage admis en pareille circonstance, usage en parfait accord, du reste, avec la jurisprudence à cet égard du Tribunal de la Seine.

Sur l'ouverture de ce rapport, le Tribunal condamna, par défaut, le sieur X..., adjugeant à la Compagnie le bénéfice entier de ses prétentions.

Opposition ayant été formée à ce jugement, la cause fut de nouveau appelée, puis mise en délibéré.

Le délibéré n'ayant pu être vidé, les parties durent comparaître à nouveau devant le Tribunal, qui rendit, le 2 février 1858, le jugement suivant :

Le Tribunal reçoit X*** opposant en la forme au jugement par défaut ;

Sur la demande en exécution de convention, sinon 10 fr. par chaque jour de retard ;

Attendu que par conventions verbales intervenues entre les parties le 27 octobre 1854, X*** s'est engagé pour une année à se fournir à ladite Compagnie de tout le gaz nécessaire à l'éclairage de son établissement ; que si X*** soutient que l'engagement dont il s'agit étant arrivé à son terme le 27 octobre 1855, n'a pas été renouvelé, et qu'il pouvait à son gré cesser ses rapports avec la Compagnie demanderesse, il résulte des débats et des pièces produites, que ledit abonnement s'est continué l'année suivante aux mêmes clauses et conditions; *que la tacite réconduction qui s'est ainsi opérée, devait se poursuivre dans les mêmes termes d'année en année, jusqu'à l'expiration de chaque période commencée ;*

Attendu, en outre, que X*** n'établit pas, ainsi qu'il le prétend, que le gaz ne lui arrivait pas en quantité suffisante ; qu'il ressort, au contraire, des renseignements recueillis et notamment du rapport de l'arbitre, que dans le courant d'avril, sur la demande de X***, et par suite de l'agrandissement de son établissement, la Compagnie du Nord a fait établir un nouveau branchement nécessaire à l'alimentation des nouveaux becs;

Attendu que le 1er juin 1857, X*** a cessé de se fournir à ladite Compagnie; qu'il ressort de ce qui précède, que c'est par son fait que les conventions qui liaient les parties n'ont pas reçu leur exécution ; que cette résiliation arbitraire a causé à la Compagnie un préjudice que le Tribunal, d'après les éléments d'appréciation qu'il possède, fixe à la somme de 250 francs, au paiement de laquelle le sieur X*** doit être tenu pour tous dommages-intérêts ;

En ce qui touche les 117 fr. 80 c.;

Attendu que ladite somme est la représentation du branchement que la Compagnie du Nord a fait établir d'ordre et pour compte de X***; que celui-ci ne saurait se refuser à en payer le montant :

Par ces motifs,

Vu le rapport de l'arbitre,

Déboute X*** de son opposition au jugement contre lui rendu en ce Tribunal, le 8 octobre dernier ; en conséquence ordonne que ce jugement sera exécuté selon sa forme et teneur, mais seulement en ce qui touche la condamnation à 250 fr. pour indemnité, et celle de 117 fr. 80 c. pour prix d'un branchement, etc.

Ainsi le principe de la tacite reconduction, malgré tout ce qu'il peut avoir d'anormal en fait de vente, est formellement appliqué par le Tribunal de commerce lorsqu'il s'agit d'abonnement au gaz. L'usage prévaut sur le droit strict.

Voyons maintenant comment la Cour impériale de Paris a jugé la question.

Appel du susdit jugement du Tribunal de commerce fut interjeté devant la Cour, et, le 18 mai 1858, la cause fut appelée.

A l'audience, Me Plocque, avocat de la Compagnie, s'attacha à démontrer que le principe de la tacite reconduction était parfaitement applicable dans l'espèce·

L'avocat général se prononça nettement contre l'ad-

14*

mission du principe de la tacite reconduction en matière de vente de gaz ; toutefois, s'appuyant de l'obligation que l'on est à Paris dans l'usage d'imposer à la Compagnie de livrer du gaz à toute personne qui a souscrit un abonnement de trois mois au moins, et en déduisant l'obligation réciproque pour l'abonné de prévenir la Compagnie de ses intentions au moins trois mois à l'avance, il conclut à la confirmation du jugement, le sieur X... n'ayant pas fait connaître à la Compagnie du Nord, d'une manière officielle, son intention de la quitter, et cela trois mois avant d'adopter un autre mode d'éclairage.

La Cour, n'envisageant pas la cause au point de vue de la question du principe, a déclaré qu'il n'était pas besoin de statuer sur l'application de la tacite reconduction ; qu'en l'espèce, le fait par le sieur X... d'avoir demandé à la Compagnie du Nord l'établissement d'un branchement dont il ne payait que la location, devait être considéré comme une demande d'abonnement pour une durée d'au moins de trois mois; que le sieur X... avait quitté la Compagnie avant l'expiration de ce terme, que, dès lors, il lui devait une indemnité ; en conséquence, elle a prononcé une condamnation pareille à celle portée au jugement du Tribunal de commerce.

190. — Une autre cause fort intéressante est celle qui fut portée devant les tribunaux à l'occasion de l'éclairage du passage Jouffroy.

Le gérant du passage avait passé, avec l'ancienne Compagnie anglaise, une convention ayant pour but l'éclairage du passage par le gaz. La Compagnie devait poser à ses frais les conduites nécessaires. La durée du traité était celle de l'existence de la Compagnie du gaz. Toutefois, le gérant s'était réservé le droit de quitter le gaz pour *un éclairage de toute autre nature,* et cela quand il lui plairait, à la seule condition de rembourser le coût des tuyaux de conduite.

Désirant adopter le gaz portatif, par motif d'économie, le susdit gérant mit la Compagnie en demeure de faire estimer les conduites. La Compagnie ne répondit pas. Le gérant traita avec la Société du gaz portatif. Alors seulement la Compagnie répondit que, par les sacrifices qu'elle avait faits pour l'installation du gaz dans le passage, elle avait acheté le privilége exclusif de l'éclairer au gaz.

Cette réponse faite, elle assigna la Compagnie devant le Tribunal de commerce de la Seine, qui prononça le jugement suivant le 19 novembre 1856 :

Attendu qu'on ne saurait voir dans la réserve dont s'agit autre chose que la faculté d'adopter tout système nouveau étranger au gaz que la science pourrait produire, ou de renoncer au gaz lui-même, mais nullement le droit de substituer à la Compagnie demanderesse une compagnie rivale d'éclairage par le gaz ;

Attendu que de ce qui précède il résulte que les défendeurs ont violé les conventions verbales des 30 septembre et 7 novembre 1846, et que c'est à bon droit que la Compagnie en demande l'exécution ; qu'il y a lieu d'ordonner, à peine de 100 francs de dommages-intérêts par chaque jour de retard et jusqu'à concurrence de deux mois, au-delà desquels il sera fait droit ;

Attendu que l'inexécution des conventions précitées, de la part des défendeurs, a causé à la Compagnie Parisienne un préjudice dont il lui est dû réparation, laquelle sera fixée par état;

Par ces motifs, le Tribunal dit que, dans la huitaine de la signification du présent jugement, les défendeurs seront tenus d'exécuter les conventions des 30 septembre et 7 novembre 1846;

En conséquence, rétablir les branchements et conduites du gaz par eux coupés, et remettre les lieux et les choses dans leur état primitif, afin de donner accès au gaz de la Compagnie, à peine de 100 francs de dommages-intérêts par chaque jour de retard pendant deux mois, au-delà desquels il sera fait droit de nouveau; les condamne, en outre, à des dommages-intérêts à fixer par état, et à tous les dépens.

Appel ayant été interjeté, la Cour impériale de Paris rendit l'arrêt suivant le 20 juillet 1857 :

Faisant droit sur l'appel interjeté par Lefébure et Cie, du jugement du Tribunal de commerce de Paris du 19 novembre 1856;

Considérant que le traité passé entre la Compagnie du Gaz Parisien et la Compagnie du passage Jouffroy ne prévoit d'autre cas de résolution que l'expiration du privilége de la Compagnie du gaz en 1863, sauf la réserve stipulée au profit de la Compagnie du passage Jouffroy du droit de substituer à l'éclairage par le gaz un éclairage de toute autre nature;

Que ni dans la lettre, ni dans l'esprit du contrat la réunion des différentes compagnies du gaz en une Société générale ne forme un cas de résolution, et que d'ailleurs, depuis la fusion, la Compagnie du passage a continué de recevoir son approvisionnement du gaz des Compagnies réunies;

Adoptant au surplus les motifs des premiers juges, met l'appellation à néant;

Ordonne que ce dont est appel sortira son plein et entier effet;

Condamne les appelants en l'amende et aux dépens de la cause d'appel.

CHAPITRE XIV

Abonnement au bec et à l'heure.

191. — Indépendamment des cas relatifs aux abonnements au bec et à l'heure, que nous avons eu l'occasion de mentionner dans le cours des chapitres précédents (1), il est certaines questions toutes spéciales à ce mode d'abonnement qui n'ont pu y trouver place. Nous leur consacrons donc un chapitre spécial, bien que l'intérêt qui s'attache à ce genre d'abonnement aille toujours en décroissant par suite de la substitution presque générale de l'emploi du compteur au mode primitif de l'abonnement à tant par bec et par heure.

192. — Entre autres conditions toutes spéciales, l'abonnement au bec et à l'heure impose aux consommateurs l'obligation de n'employer que des becs d'un certain calibre, puisque le prix à forfait de l'éclairage

(1) Voir chap. 8, le jugement du Tribunal de commerce de Lyon du 27 juin 1845 (n° 140), et celui des 23 septembre et 25 octobre 1845 (n° 141), tous deux relatifs à l'heure à laquelle on doit allumer chaque jour.

a été réglé sur la consommation connue et déterminée du brûleur employé. On comprend, dès lors, combien la Compagnie doit tenir à ce que les brûleurs employés soient bien ceux qu'elle a posés, et à ce que les consommateurs ne les altèrent pas en élargissant leurs orifices, manœuvre qui, en faussant le chiffre de la dépense du bec, puisque l'orifice élargi laisse passer plus de gaz que la quantité fixée, équivaut aux tentatives frauduleuses pratiquées sur le compteur pour obtenir plus de gaz au préjudice de la Compagnie, et constitue, dès lors, un délit puni par la loi.

193. — Une des anciennes compagnies de gaz de Paris imposait, à ses abonnés à l'heure, l'obligation de n'employer que des brûleurs poinçonnés par elle, ce qui se comprend parfaitement. Elle poussait même la précaution jusqu'à poinçonner également le robinet, précaution inutile, à notre avis, en ce qui concerne le robinet ; elle faisait payer à ses abonnés un droit de o fr. 5o pour ce poinçonnage.

Un de ses abonnés n'ayant point voulu payer cette rétribution, la Compagnie lui refusa le gaz et réclama des dommages-intérêts pour le tort que son refus lui avait causé. La Compagnie offrit alors de poinçonner gratuitement les becs et le robinet.

Mais le Tribunal de commerce de la Seine était saisi et prononçait, le 23 septembre 1846, le jugement suivant :

Attendu qu'au moment où les parties ont contracté il a été

dit que les becs et robinets seraient poinçonnés par la Compagnie ;

Qu'il résulte des débats que si la Compagnie offre aujourd'hui de poinçonner lesdits objets sans aucune rétribution, elle n'a pas toujours tenu le même langage, que dès lors le litige est venu de son fait ;

En ce qui touche la demande en dommages-intérêts ;

Attendu que cette demande n'est point justifiée ;

Par ces motifs,

Donne acte à la Compagnie de l'offre par elle faite de poinçonner l'appareil sans aucune rétribution, et sous le mérite desdites offres et à charge par elle de les réaliser,

Déclare le demandeur non recevable en sa demande et, vu les circonstances de la cause, condamne la Compagnie aux dépens.

Ce jugement n'infirme en rien le droit de la Compagnie de poinçonner le bec employé par l'abonné; ce bec étant calibré et réglé à l'avance pour dépenser une quantité de gaz déterminée, il est important que la Compagnie puisse reconnaître le brûleur qu'elle a fait placer chez l'abonné, car ce brûleur remplit, bien imparfaitement sans doute, le même office que le compteur.

Si la Compagnie n'avait pas le droit de poinçonner, elle serait à chaque instant trompée sur la quantité de la marchandise vendue par la substitution d'un bec d'un calibre plus fort que celui qui a servi de base à l'abonnement consenti.

194. — Autre question :

Le traité qui impose à la Compagnie Parisienne l'obligation de fournir le gaz à o fr. 3o c. le mètre cube n'est applicable qu'au gaz brûlé au compteur.

Pour tous les autres modes de livraison, le gaz est payable à prix débattu.

L'entrepreneur des bals de l'Opéra prend le gaz à forfait; mais il a refusé de payer la dernière facture, prétendant que, par le nouveau traité, il aurait droit à un rabais du quart depuis le 1er janvier 1866.

Tribunal de commerce de la Seine
5 juin 1866.

Attendu que la Compagnie demanderesse réclame au défendeur le prix du gaz d'éclairage à lui fourni comme entrepreneur des bals de l'Opéra, dans la nuit du 28 février dernier;

Attendu qu'aucun débat n'existe entre les parties sur la quantité de gaz consommée; mais que le défendeur prétend avoir droit, sur les prix fixés, à un rabais de 25 pour 100, en vertu du cahier des charges qui régit, à partir du 1er janvier dernier, le monopole de la Compagnie pour la fourniture du gaz à ses abonnés;

Attendu que l'article 44 de ce cahier des charges fixe, pour ses abonnés, à 3o centimes le mètre cube de gaz vendu au compteur, qui était établi par les anciens tarifs à 40 centimes; que cet article est le seul qui règle un prix, et ce, pour un mode unique de livraison du gaz;

Attendu que les articles 45, 46 et 47 établissent pour tous les autres modes de livraison, ou pour des services exceptionnels, que les prix seront débattus de gré à gré avec la Compagnie;

Attendu que le but évident de ces combinaisons est de favoriser la vente au compteur, dont les données sont les plus exactes sur le gaz véritablement consommé;

Attendu que Strauss, qui n'emploie pas de compteur, ne justifie pas qu'il ait traité avec la Compagnie pour un prix inférieur à celui qui est facturé, lequel n'excède pas d'ailleurs celui payé jusqu'alors par lui pour les modes d'éclairage qu'il emploie ;

Attendu que, dans ces conditions, ce prix ne saurait être considéré comme abusif, puisqu'il n'a pas été modifié par les parties ; qu'il existait au moment où le cahier des charges sus-énoncé a été imposé à la Compagnie demanderesse, et qu'alors l'administration publique n'a pas jugé à propos de le réglementer ;

Attendu qu'il suit de ce qui précède, que les offres de Strauss sont insuffisantes et qu'il y a lieu d'adjuger les conclusions de la demande ;

Par ces motifs, condamne Strauss à payer à la Compagnie Parisienne d'éclairage et de chauffage par le gaz la somme de 476 fr. 28 c., etc.

195. — Le prix du gaz à l'heure doit toujours être plus élevé que le prix du gaz consommé au compteur, car le service des abonnements à l'heure nécessite l'emploi d'un personnel d'agents chargés d'ouvrir les robinets à l'heure générale de l'allumage, et de les fermer aux diverses heures de la soirée où cessent les abonnements contractés ; de plus, la consommation des becs, bien que déterminée à l'avance, n'est, généralement, qu'un minimum en raison de l'influence de la pression sur la dépense des becs, pression toujours supérieure à ce qu'elle devrait être normalement pendant toute la durée de l'éclairage particulier.

196. — Voici une question plus grave ; il s'agit de la durée des abonnements à contracter :

Établissons d'abord que le prix des abonnements à l'heure étant calculé sur le nombre d'heures annuelles d'éclairage, divisé par le nombre des mois de l'année pour obtenir un chiffre fixe d'abonnement par mois, la moindre durée de l'abonnement à l'heure doit être d'une année ; car, si la taxe mensuelle de l'abonnement représente, en été, une consommation supérieure à la consommation réelle, en hiver, c'est tout le contraire qui a lieu, le prix uniforme mensuel ne représente qu'une partie de la consommation réelle.

Si maintenant le contrat, passé entre la ville et la Compagnie, laisse, par son silence à cet égard, la Compagnie libre de fixer la durée des abonnements, elle a le droit d'exiger des abonnements de longue durée. Toutefois, si ces exigences se produisent à l'égard d'un établissement déjà éclairé, elle doit être obligée d'avertir cet établissement de ses conditions assez à temps pour que celui-ci puisse pourvoir à son éclairage d'une autre manière, s'il ne veut pas souscrire aux conditions de la Compagnie.

Jugement du Tribunal de commerce de Toulon
27 janvier 1846.

Le Tribunal, considérant qu'il résulte des faits de la cause, de ses documents, et des aveux des parties : 1º que pendant les premiers mois de 1845, la Compagnie du Midi a fourni au demandeur l'éclairage au gaz de son établissement par abonnement mensuel, à raison de 150 fr. 50 c. par mois, payables d'avance sur quittances présentées par les agents de la Compagnie, au domicile de l'abonné ; 2º que le sieur M***, qui avait toujours exactement payé par anticipation, s'est présenté le 1er janvier pour acquitter le montant de son abonnement dudit mois, et que le directeur de la Compagnie, en en refusant le paiement, lui a déclaré que la Compagnie cesserait de lui fournir du gaz le soir même, s'il ne consentait à signer une police dont le modèle lui était présenté, et pour cinq années ; 3° que sur son refus de signer cette police, l'éclairage a été retiré, et l'établissement du Gymnase a complétement chômé toute la soirée du 1ᵉʳ janvier ;

Considérant qu'il résulte encore des documents de la cause et de la notoriété publique, que la Compagnie du Midi a récemment modifié les polices et consenti à divers de ses clients des abonnements à des conditions différentes ; qu'elle a même été jusqu'à s'engager vis-à-vis de certains d'entre eux à leur faire un rabais de 10 p. 100 au-dessous des frais portés aux tarifs reconnus de toute compagnie qui pourrait venir s'établir à Toulon, en concurrence avec la Compagnie du Midi ;

Considérant que les polices dont la Compagnie du Midi prétend exiger la signature de la part des clients, sous peine de leur retirer l'éclairage, contiennent des conditions exorbitantes et inacceptables, et notamment les suivantes : — que l'abonné doit s'engager pour cinq ans ; — qu'il doit payer par mois et d'avance ; — que les appareils seront fournis, posés et réparés par le poseur agréé de la Compagnie et ses ouvriers, et qu'en cas de dissentiment sur le prix, le directeur en serait juge ; — qu'en cas de différend entre la Compagnie et l'abonné, ce dernier ne peut suspendre le paiement, mais que la Compagnie ne peut suspendre l'éclairage ; — qu'en cas de retard dans le paiement, le prix de l'abonnement de l'année entière deviendra exigible ; — que si, par quelque accident, la Compagnie vient à suspendre l'éclairage, elle ne devra rembourser que ce qu'elle aurait reçu d'avance pour le temps pendant lequel l'éclairage viendrait à être interrompu ;

Considérant que la Compagnie du Midi a eu évidemment pour effet de contraindre, par une sorte de violence morale, certains de ses abonnés à s'engager pour un fort long terme, et à renoncer d'avance à un bénéfice de tous les progrès que le temps peut amener dans ce genre d'éclairage, et dans la baisse dans les prix que l'établissement d'une concurrence peut réaliser ;

Considérant que l'éclairage au gaz est devenu aujourd'hui un objet de première nécessité pour les établissements publics, tels que celui qu'exploite le sieur M***, et que, s'il fallait admettre les prétentions de la Compagnie d'avoir le droit de refuser et d'accorder le gaz, ou ce qui reviendrait au même, de fixer les conditions de l'éclairage suivant son caprice ou sa convenance, il en résulterait qu'étant seule à Toulon, à exploiter ce genre d'industrie, un tel mode de procéder porterait un préjudice notable à ceux qui en seraient l'objet, en ce qu'il ne leur permettrait pas, soit pour le présent, soit pour l'avenir, de soutenir la concurrence avec les établissements rivaux, auxquels la Compagnie du Midi ou toute autre Compagnie qui viendrait à s'établir à Toulon, accorderait de meilleures conditions ;

Considérant que, si la municipalité de Toulon n'a pas expressément imposé à la Compagnie adjudicataire de l'éclairage des rues, places et quais de cette ville, la condition d'éclairer les établissements particuliers suivant un tarif, il n'est pas moins évident qu'en concédant à cette Compagnie l'autorisation de sillonner les rues, places et quais, des tuyaux nécessaires à la conduite du gaz chez les consommateurs, elle n'a pu entendre concéder ce droit à la Compagnie pour son intérêt seul, mais bien aussi dans l'intérêt des habitants, et avec cette réserve sous-entendue que la Compagnie ne pourrait s'en prévaloir pour forcer ainsi les habitants à souscrire des polices à long terme et onéreuses de tout point, telles que celle proposée à Meyer, ce qui rendrait toute amélioration et toute concurrence impossibles pendant le temps qu'il plairait à la Compagnie de fixer ; — qu'ainsi la Compagnie du Midi ne peut refuser l'éclairage à celui qui la paie d'avance et exactement au prix porté par ses tarifs et prospectus, pour le genre d'éclairage qu'il adopte ;

Considérant que, par la suppression brutale et sans motifs de l'éclairage du Gymnase, le 1er janvier 1846, jour de recette forcée, la Compagnie du Midi a porté au sieur M*** un préjudice notable, et que le Tribunal peut d'ores et déjà apprécier, d'après les principes de l'art. 1149 du Code civil ;

Considérant qu'une sanction pénale doit nécessairement être attachée à l'obligation de fournir l'éclairage au sieur M***, à laquelle l'astreint le présent jugement ;

Considérant qu'il y a urgence ;

Condamne la Compagnie du Midi et le sieur Rubichon, ès-qualités, à continuer, dès la prononciation du jugement, à éclairer l'établissement du sieur M*** comme par le passé, c'est-à-dire par abonnement au mois au prix de 150 fr. 50 c., exigible d'avance; et, pour ne l'avoir pas fait au 1er janvier 1846, la condamne à lui payer la somme de 500 francs, à titre de dommages-intérêts ; et, dans le cas où la Compagnie refuserait ledit éclairage, la condamne d'ores et déjà à payer au sieur M*** la somme de 200 francs par chaque jour de retard, d'aujourd'hui comptable ;

Ordonne que le présent jugement sera exécuté provisoirement, nonobstant appel par la Compagnie et sans bail de caution.

Appel.—Arrêt de la Cour d'Aix du 19 février 1846.

La Cour,

Considérant que le commerce et l'industrie étant libres en France, les producteurs ont le droit incontestable d'imposer à la vente de leurs produits ou de leurs marchandises le prix et les conditions qu'ils jugent être les plus conformes à leurs intérêts; le consommateur demeurant libre, de son côté, de ne point traiter avec eux si le prix et les conditions ne lui conviennent point ;

Considérant qu'il n'existe point de disposition législative qui ait privé les usines à gaz de ce droit, commun à toutes les industries ; que le gaz est, en effet, un produit industriel dont aucune loi ne prescrit la vente forcée, et qui, par conséquent, est entièrement libre entre les mains de son producteur ;

Qu'en supposant, ce qui n'est pas, que l'éclairage par le gaz fût devenu un objet de première nécessité, et qu'il y eût lieu, dans l'intérêt public, d'imposer certaines entraves à ce genre d'industrie, ce serait par une loi et non par des jugements que cette grave exception au principe de liberté pourrait être posée et réglée ; — qu'en l'absence de toute loi à cet égard, le principe de liberté subsiste et doit être respecté;

Considérant, d'ailleurs, que la ville de Toulon n'a imposé à la Compagnie du Midi aucune obligation qui pourrait limiter son droit, et lui a laissé sa complète indépendance dans ses rapports avec les particuliers ;

Que cela résulte évidemment du cahier des charges, qui est tout à fait muet sur ce point ; que ce cahier des charges étant la loi des parties, on ne peut suppléer à son silence pour y supposer des obligations qui ne s'y trouvent pas ;

Que, dès lors, tout ce que pouvait exiger M***, c'était que le refus de la Compagnie de continuer à éclairer l'établissement sur les mêmes bases que par le passé, lui fût connu assez à temps pour qu'il pût substituer, sans préjudice pour lui, l'éclairage à l'huile, par exemple, ou tout autre éclairage, à l'éclairage au gaz que la Compagnie ne voulait plus lui fournir ;

Considérant que la Compagnie a refusé, dans la soirée du 1er janvier, de continuer à éclairer l'établissement M***, sans que celui-ci eût été régulièrement constitué en demeure de se procurer un autre mode d'éclairage ; que le refus de la Compagnie a causé à M*** un préjudice qui doit être réparé, mais que l'indemnité de 500 fr. accordée à ce sujet étant évidemment exagérée, il y a lieu de la réduire à 200 francs ;

Sur les conclusions subsidiaires prises par M*** en cause d'appel principal de la Compagnie, demande tendante à faire déclarer que, depuis le 1er février courant, M*** est sans droit d'exiger la continuation de son éclairage ;

Considérant que par police, en date du 18 novembre 1844, la Compagnie s'est engagée à éclairer au gaz, pendant cinq ans, l'établissement d'Adam et Fontaine, sous diverses conditions énumérées dans ladite police ;

Que M*** est aujourd'hui aux droits desdits Adam et Fontaine, pour la gestion et l'exploitation de leur établissement dont il est devenu concessionnaire ;

Que, dès lors, il est fondé à demander l'exécution de l'engagement contracté par la Compagnie envers Adam et Fontaine, surtout alors qu'il consent, ainsi qu'il le fait de la manière la plus formelle, à ce que le paiement de son éclairage soit effectué par douzième et d'avance, au lieu de l'être à la fin de chaque mois ;

Par ces motifs, émendant, décharge ladite Compagnie de l'obligation à elle imposée d'éclairer, pendant un temps indéterminé et tant qu'il plaira à M***, l'établissement de ce dernier ; réduit à 200 fr. l'indemnité prononcée au profit de M***, à raison du défaut d'éclairage de son établissement dans la soirée du 1er janvier; et de même suite, faisant droit aux conclusions subsidiaires dudit M***, ordonne que la Compagnie du Midi sera tenue de fournir l'éclairage au gaz à l'établissement de M***, jusqu'au 18 novembre 1849, aux clauses et conditions insérées dans la police du 18 novembre 1844, sous cette modification toutefois que chaque douzième est payable par avance au lieu de l'être à la fin de chaque mois.

197. — Voici une autre affaire de même nature plaidée devant les mêmes tribunaux :

La Compagnie du gaz de Toulon avait averti le sieur Mille, qui était éclairé, sans police écrite, par abonnement mensuel, et les sieurs Leloup et Fabre, porteurs de polices, l'un d'une année, l'autre de quatre, expirant toutes les deux à la même date, que s'ils ne contractaient pas un abonnement de cinq ans, le gaz leur serait retiré. Ils offrirent de s'abonner au mois en payant d'avance. Cette offre n'ayant pas été acceptée, et les fournitures de gaz ayant cessé, les sieurs Mille et consorts assignèrent la Compagnie.

Jugement du Tribunal de commerce de Toulon
6 mars 1846.

Considérant que les demandeurs ont constamment offert de prendre et de payer d'avance, par abonnement, au mois et au prix du tarif, le gaz nécessaire à leurs établissements ;
Considérant que la Compagnie du Midi ayant seule, jusqu'ici

obtenu et exerçant le privilége exclusif de l'éclairage de la ville de Toulon, de sillonner les places, quais et rues des tuyaux destinés audit éclairage, elle se trouve à la fois chargée d'un service public et investie d'un monopole ;

Considérant que, dans l'état de nos habitudes désormais établies, l'éclairage au gaz est devenu une nécessité pour les établissements publics, cafés, buvettes, magasins, etc., et qu'il serait souverainement injuste qu'une Compagnie investie d'un tel monopole pût refuser d'une manière absolue et à son gré, l'éclairage à tout individu qui offre de le payer d'avance et au prix de son tarif, ou de le soumettre à des conditions tellement onéreuses qu'elles soient inacceptables par lui ;

Considérant que la condition d'éclairer les particuliers est une obligation résultant implicitement, à la charge de la Compagnie, de son traité passé avec la commune de Toulon, et qu'elle l'a reconnu elle-même en publiant des tarifs et prospectus qui constituent, de sa part, une offre, laquelle, acceptée par les particuliers, devient une obligation parfaite ;

Considérant que la Compagnie du Midi, en ajoutant récemment dans ses polices la condition de s'abonner pour cinq ans et de payer d'avance, etc., tend à priver les particuliers de toutes les diminutions de prix et de tous les perfectionnements dont ce genre d'éclairage peut être susceptible, lorsqu'une concurrence serait établie et le monopole aboli, et à détruire d'avance, à son profit, la liberté des enchères qui vont s'ouvrir, en 1847, pour l'éclairage municipal, puisque, si tous les propriétaires des établissements éclairés étaient liés pour cinq ans avec la Compagnie, comme cette clientèle offre seule les moyens d'offrir de bonnes conditions à la ville, il en résulterait fatalement que la Compagnie du Midi serait maîtresse du marché, et anéantirait la liberté morale dans ses transactions avec les particuliers, par le monopole dont elle jouit, et celle de la commune dans la prochaine adjudication, par la clientèle entière dont elle se serait assurée pour cinq ans, ce qui est subversif de tous les principes ;

Considérant que les demandeurs ont éprouvé un préjudice par le refus de l'éclairage de la Compagnie, depuis le 1er mars,

mais qu'ils ont déclaré ne pas insister sur la réparation pécu-
niaire ;

Considérant que personne ne peut être directement contraint
à un fait, et que les tribunaux ne peuvent que prononcer des
dommages-intérêts éventuels, en cas de non exécution d'une obligation reconnue d'ailleurs ;

Condamne la Compagnie du Midi à exécuter son exécution verbale, à fournir au mois, et sauf paiement d'avance, aux trois
demandeurs, et suivant les tarifs, le gaz nécessaire à leurs établissements respectifs, et pour l'avoir refusé depuis le 1er mars
courant, les condamne aux dépens à titre de dommages-intérêts ;
et faute de le livrer dès le jour même de la prononciation du
présent jugement, sans qu'il en soit besoin d'autre, condamne
ladite Compagnie à 30 francs par jour de dommages-intérêts
envers chacun desdits demandeurs.

Appel devant la Cour royale d'Aix qui, le 31 mars
1846, rendit un arrêt semblable à son précédent arrêt
du 19 février 1846, en s'appuyant exactement des
mêmes motifs.

198. — Modèle d'une police d'abonnement :

ABONNEMENT AU BEC ET A L'HEURE.

Conditions de l'abonnement.

ART. 1er.

La Compagnie fournit le gaz, à ***, sur tout le par-
cours des conduites installées sous la voie publique,
à tout consommateur qui aura contracté un abonnement d'un an, au moins, et qui se sera d'ailleurs conformé aux dispositions des règlements concernant la

.pose des appareils, ainsi qu'aux stipulations du présent engagement.

ART. 2.

La Compagnie conduit le gaz devant la demeure du consommateur qui en prend livraison au moyen d'un branchement sur la conduite principale. Cet embranchement et les travaux et fournitures y relatifs sont exécutés par la Compagnie aux frais de l'abonné.

L'abonné, au moment de la signature de la police, est tenu de verser le montant estimatif de la valeur du branchement. Il pourra en faire régler la dépense par architecte, dans la forme ordinaire et dans un délai de trois mois, à partir de l'achèvement des travaux. Passé ce délai, la somme restera acquise à la Compagnie.

Le branchement extérieur sera entretenu par la Compagnie aux frais de l'abonné.

L'entretien du branchement comprend, en outre de tous les travaux nécessités par la réparation des fuites et des avaries, le remplacement, en cas de besoin, et les modifications de toute nature, résultant des travaux de la voie publique, qui nécessiteront des changements ou des réparations aux conduites et aux branchements. La Compagnie sera chargée de cet entretien moyennant cinquante centimes par mois.

Le robinet extérieur, destiné à mettre le gaz en communication avec les appareils intérieurs, sera également fourni et posé par la Compagnie aux frais de l'abonné. La Compagnie restera chargée de l'entretien et du remplacement, en cas de besoin, dudit robinet et de sa porte, moyennant cinquante centimes par mois.

Le graissage du robinet aura lieu une fois par mois au moins. La Compagnie aura seule en sa possession la clef de la porte recouvrant ce robinet.

Les appareils intérieurs seront construits par des appareilleurs agréés par la Compagnie ; ils devront tous être disposés de manière à être aperçus de l'extérieur pour faciliter la surveillance de la Compagnie.

ART. 3.

Il ne sera fait usage que de becs à flamme libre, soit des becs à fente, dits *papillon*, soit à deux trous inclinés, dits *Manchester;* leur consommation devra être de 140 litres de gaz à l'heure. Ces becs seront marqués du poinçon de la Compagnie et fournis par elle. L'emploi de tout bec non poinçonné donnera lieu à la saisie de l'appareil, à la suppression de l'éclairage et à des dommages-intérêts à déterminer par voie de justice.

ART. 4.

L'abonné devra laisser le libre accès des localités éclairées aux agents de la Compagnie chargés de la surveillance du service ; il ne pourra faire aucun changement ni addition à son appareillage intérieur sans le consentement écrit du directeur de l'usine et l'intervention de l'entrepreneur agréé. Indépendamment du robinet extérieur, dont l'ouverture et la fermeture sont opérées par la Compagnie, l'abonné devra veiller à ce que le robinet général intérieur, et celui de chaque bec, soient bien fermés, tout accident qui pourrait résulter de sa négligence restant à sa charge.

Dans le cas où la plaque qui recouvre le robinet extérieur serait enlevée à l'insu de la Compagnie, l'abonné sera tenu de la faire rétablir à ses frais, le gaz pouvant lui être refusé jusqu'à ce qu'elle soit remplacée.

ART. 5.

L'abonnement est contracté, soit pour tous les jours ouvrables seulement, soit pour toute l'année, au choix de l'abonné; l'éclairage durera de la chute du jour à dix heures du soir, onze heures ou minuit, également à son choix.

Les heures d'allumage sont fixées ainsi qu'il suit :

Janvier,	du 1er au 15,	à 4 h. 00 m.
—	du 16 au 31,	à 4 h. 15 m.
Février,	du 1er au 14,	à 4 h. 30 m.
—	du 15 au 28,	à 5 h. 00 m.
Mars,	du 1er au 15,	à 5 h. 30 m.
—	du 16 au 31,	à 6 h. 00 m.
Avril,	du 1er au 15,	à 6 h. 15 m.
—	du 16 au 30,	à 6 h. 30 m.
Mai,	du 1er au 15,	à 6 h. 45 m.
—	du 16 au 31,	à 7 h. 00 m.
Juin,	du 1er au 15,	à 7 h. 30 m.
—	du 16 au 30,	à 8 h. 00 m.
Juillet,	du 1er au 15,	à 8 h. 00 m.
—	du 16 au 31,	à 7 h. 30 m.
Août,	du 1er au 15,	à 7 h. 00 m.
—	du 16 au 31,	à 6 h. 30 m.

Septembre, du 1er au 15, à 6 h. 00 m.

—   du 16 au 30, à 5 h. 30 m.

Octobre, du 1er au 15, à 5 h. 00 m.

—   du 16 au 31, à 4 h. 30 m.

Novembre, du 1er au 15, à 4 h. 15 m.

—   du 16 au 30, à 4 h. 00 m.

Décembre, pendant tout le mois, allumage à 3 h. 45 m.

Le prix de ces divers éclairages est ainsi fixé, en prenant pour base une consommation de 140 litres à l'heure, et le prix de ..... centimes par mètre cube de gaz, ainsi que cela est stipulé dans l'art...... du traité passé avec la ville, savoir :

Pour tous les jours ouvrables seulement :

    10 heures, »   »» par mois.

    11 heures, »   »»   —

    Minuit,   »   »»   —

Pour tous les jours de l'année :

    10 heures, »   »» par mois.

    11 heures, »   »»   —

    Minuit,   »   »»   —

Art. 6.

Le prix de l'abonnement est payable par mois et d'avance ; à cet effet, l'abonné dépose le montant du premier mois en signant son engagement, et dans les derniers jours de chaque mois, il lui est présenté la quittance du mois suivant ; à défaut de paiement avant le premier du mois, il est facultatif à la Compagnie de ne pas lui fournir le gaz ou d'exiger le paiement immédiat du reste de l'année.

La Compagnie ne tient point compte à l'abonné des suspensions d'éclairage résultant du fait de celui-ci; quant à celles qui peuvent provenir des cas de force majeure ou résulter de travaux en cours d'exécution à l'usine ou à la canalisation, la Compagnie n'est nullement responsable vis-à-vis de l'abonné, auquel elle aura seulement à tenir compte du montant des heures pendant lesquelles l'éclairage n'aura pu avoir lieu.

Art. 7.

Il est formellement interdit à l'abonné d'user du gaz en dehors des heures fixées pour l'éclairage, et dans le cas où il aurait besoin d'une prolongation d'éclairage, il devra en prévenir par écrit la Compagnie et donner un bon pour cet éclairage supplémentaire qu'il acquittera à la fin du mois en même temps que le prix de son abonnement.

Art. 8.

Toute prise de gaz autre que celles déclarées à la Compagnie, ainsi que toute contravention à l'art. 7 ci-dessus, seront poursuivies par toutes les voies de droit sur les procès-verbaux de constatations dressés par les agents de la Compagnie.

Art. 9.

Trois mois avant l'expiration de son engagement, l'abonné devra prévenir la Compagnie s'il veut cesser d'employer l'éclairage au gaz, faute de quoi l'engagement continuera de droit par tacite reconduction, et ce, pour une année, et ainsi de suite d'année en année jusqu'à ce que la Compagnie ait été prévenue dans le délai susdit.

Toute personne succédant à un abonné dont l'engagement est en cours d'exécution, en prend de fait la continuation pour son propre compte, si mieux elle n'aime souscrire un nouvel engagement personnel.

ART. 10.

A l'expiration de l'engagement, le branchement extérieur sera coupé ou la clef du robinet bouchée, et cela aux frais de l'abonné.

ART. 11.

Toute contravention aux conventions stipulées dans le présent engagement entraînera provisoirement la suppression du gaz jusqu'à ce que l'abonné s'y soit conformé, et cela sans qu'il puisse réclamer pour ce fait aucune indemnité, la Compagnie se réservant le droit de poursuivre en dommages-intérêts s'il y a lieu.

ART. 12.

Toutes les clauses du présent engagement sont librement consenties et réciproquement acceptées. En cas de contestations, soit devant les tribunaux, soit devant les arbitres, le présent acte sera timbré et enregistré aux frais de celle des parties qui y aura donné lieu ; le paiement mensuel du prix de l'abonnement ne pourra être suspendu, l'abonné conservant le droit de répétition contre la Compagnie après le jugement, s'il y a lieu.

CHAPITRE XV

Questions diverses

199. — Nous avons réuni dans ce chapitre quelques questions qui n'ont pu trouver place dans les chapitres précédents, et qui n'en offrent pas moins un grand intérêt.

Voici quelles sont ces questions :

1° La fusion qui vient à s'opérer entre deux ou plusieurs compagnies d'éclairage qui concourent à l'éclairage d'une ville par le gaz, annule-t-elle les polices d'abonnement consenties entre ces compagnies et leurs abonnés réciproques ?

2° La prescription imposée aux abonnés par un arrêté réglementaire, émané de l'autorité locale, d'avoir à placer le robinet d'ordonnance dans le mur de façade de leur maison, les oblige à placer ce robinet dans le mur qui borde la voie publique, quand bien même ce mur dépendrait d'une maison qui ne serait pas la propriété de l'abonné.

3° Le gaz livré pour l'éclairage des églises doit-il être payé au prix stipulé pour l'éclairage des particuliers? Une église peut-elle être considérée comme un établissement municipal?

4° Le directeur d'une société anonyme d'éclairage par le gaz peut-il être personnellement responsable des condamnations de simple police pour les contraventions commises par les agents de la société?

200. — 1re Question.

La fusion qui vient à s'opérer entre deux compagnies de gaz n'annule pas les polices d'abonnement consenties entre les abonnés et chacune des compagnies fusionnées; les considérants du jugement suivant en font suffisamment comprendre les motifs.

M. T... avait signé un abonnement avec l'une des anciennes compagnies de Paris; il prétend que la fusion, ayant absorbé cette compagnie, a mis fin à son engagement.

La Compagnie Parisienne, qui est substituée à toutes les anciennes compagnies de Paris, a fait assigner M. T... en exécution de son traité.

Jugement du Tribunal de commerce de la Seine
30 juillet 1856.

Attendu qu'une des conditions de la fusion a été l'apport dans la Société de tous les traités que chacune d'elles pouvait avoir avec des consommateurs de gaz ;

Attendu que T*** ne saurait arguer d'ignorance de ces faits contre lesquels il n'a pas protesté en ce qui le concerne ; qu'il ne saurait raisonnablement soutenir non plus que les garanties de bonne exécution ont été diminuées à son égard ;

Attendu, en outre, que depuis le 1er janvier jusqu'au 26 mars dernier, il a reçu et payé le gaz qui lui a été fourni par la Compagnie Parisienne, conformément aux conventions verbales intervenues ; que ladite Compagnie ne méconnaît pas, d'autre part, qu'elle est comptable envers T*** d'une somme de 960 fr. que celui-ci avait payée par avance et à titre de dépôt à l'ancienne Compagnie ;

Attendu que de cet ensemble de faits il faut conclure que le traité verbal dont il s'agit doit être continué, et que si, devant n'expirer que le 14 septembre prochain, T*** se refuse à l'accomplir, il y a lieu d'en ordonner l'exécution, suivant la demande ;

Attendu que l'indemnité du préjudice éprouvé dans le cas contraire doit être équitablement fixée d'après les éléments d'appréciation que possède le Tribunal, à 500 francs.

En ce qui touche la demande en paiement de 675 francs ;

Attendu que cette demande est le prix du gaz fourni par la Compagnie depuis le 26 mars jusqu'au 29 avril dernier, que ces fournitures sont justifiées et que le paiement doit en être ordonné.

Par ces motifs,

Dit que T*** sera tenu de continuer jusqu'au 14 septembre prochain l'exécution du traité verbal d'éclairage dont il s'agit ; ordonne, en conséquence, qu'il sera tenu de rétablir les compteurs nécessaires au service dans les trois jours de la signification du présent jugement, sinon et faute de ce faire, le condamne dès à présent, et sans qu'il soit besoin d'un autre jugement, à 500 fr. à titres de dommages-intérêts pour résiliation ;

Le condamne, en outre, par toutes les voies de droit et même par corps, à payer à la Compagnie 765 fr. 40 c.

Dit que, le cas échéant, la somme de 960 francs dont la Compagnie est dépositaire viendra en compensation des sommes portées dans les condamnations ci-dessus, laquelle ne sera, au contraire, imputable que sur le règlement final des fournitures ; et condamme T*** aux dépens.

201. — 2ᵉ Question.

La prescription d'un arrêté qui veut que le robinet d'ordonnance soit placé dans le mur de façade de la maison de l'abonné, oblige celui-ci à poser ce robinet dans le mur qui borde la voie publique, quand bien même ce mur dépendrait d'une maison dont il ne serait pas propriétaire.

L'article 4 de l'arrêté préfectoral du 18 février 1862, prescrit que les robinets extérieurs, dits robinets d'ordonnance, qui livrent passage au gaz du branchement extérieur au compteur, soient placés dans le soubassement du mur de façade de la maison éclairée. Cette prescription, empruntée aux arrêtés antérieurs, a eu pour effet de détruire l'ancienne habitude qui consistait à placer ce robinet sur le branchement extérieur même, sous le sol de la voie publique.

Ce robinet servait jadis à la livraison du gaz à l'abonné, et ne s'ouvrait qu'après que le gaz avait été mis en charge pour l'éclairage du soir ; on le fermait ensuite au moment où les gazomètres allaient cesser d'être en communication avec les conduites.

Aujourd'hui que, dans la ville de Paris, le gaz est constamment en charge, le robinet d'ordonnance a beaucoup perdu de son importance ; il ne sert guère qu'à empêcher l'abonné de faire usage du gaz avant l'autorisation préfectorale, ou qu'à fermer le gaz à l'abonné qui ne paie pas son éclairage. En cas d'incendie dans le local habité, il sert encore à isoler de la conduite principale le bâtiment dans lequel le sinistre se produit.

C'est en raison de cette utilité, bien que restreinte, que les prescriptions relatives aux dispositions de ce robinet ont conservé toute leur force. Or, voici un cas qui doit se présenter fort rarement.

La maison, dans laquelle l'administration du journal la *Presse* est établie, est éclairée au gaz depuis longtemps. Elle consiste en un corps de logis situé au fond d'une cour, en arrière d'un corps de logis principal qui donne sur la rue Montmartre, où la maison porte le n° 123 ; cette disposition offre cela de particulier que les deux corps de logis appartiennent à deux propriétaires différents. Il en résulte que le corps de logis occupé par le journal n'a point son robinet extérieur dans le mur de façade de la maison n° 123, car il n'appartient pas aux administrateurs du journal, MM. Serrières et Cᵉ, de placer un robinet dans le mur de la maison de devant, dont M. Bérot est propriétaire.

La préfecture ayant prescrit à MM. Serrières et Cᵉ d'avoir à faire établir leur robinet extérieur dans la façade du mur de la maison n° 123, sur la rue Montmartre, MM. Serrières ont répondu qu'ils ne pouvaient pas exécuter cet ordre, la maison principale étant la propriété de M. Bérot ; il leur fut alors enjoint d'avoir à se conformer à l'ordre donné, sous peine de se voir supprimer l'usage du gaz.

Nous n'examinerons pas ici la question de savoir si le cas était assez urgent pour motiver une suppression d'éclairage ; l'ordre était donné de se conformer au texte de l'arrêté du 18 février 1862, il fallait s'y soumettre. Sans doute, MM. Serrières auraient pu faire observer qu'ils s'étaient conformés aux prescriptions de cet arrêté en installant leur robinet dans la façade de leur maison, mais la conformation des lieux rendait cette disposition insuffisante, car l'autorité pouvait ne pas avoir un libre accès auprès de ce robinet au cas où le corps de logis de devant eût été fermé.

Ils auraient pu invoquer encore une longue possession d'état, laquelle avait été précédée des formalités exigées par l'autorité, formalités suivies de l'autorisation de faire emploi du gaz dans les conditions actuelles. Placée sur ce terrain, la question eût pu devenir embarrassante, car de deux choses l'une :

Ou la prescription de l'arrêté du 18 février 1862, invoquée pour demander l'installation du robinet d'ordonnance dans la façade du corps de logis de devant, est une prescription nouvelle,

Ou elle a été empruntée aux arrêtés antérieurs.

Si elle est nouvelle, l'installation du gaz dans le bâtiment de la *Presse* étant antérieure à l'arrêté; comme aucune loi ne peut avoir d'effet rétroactif, on était sans droit à exiger que l'installation fût conforme à l'arrêté ;

Si elle est ancienne, l'autorisation d'éclairer, délivrée jadis par l'autorité, couvrait le consommateur et le mettait à l'abri de toute autre interprétation du texte de l'arrêté, car l'approbation donnée constatait que les prescriptions établies avaient été observées.

Quoi qu'il en soit, MM. Serrières et Ce songèrent à exécuter l'ordre reçu, et firent auprès de M. Bérot, propriétaire, les démarches nécessaires pour obtenir son consentement à ce que le robinet en question fût placé dans le mur de façade de sa maison.

M. Bérot ayant refusé de laisser entailler son mur, ce qui, disait-il, pouvait compromettre la solidité de la maison, MM. Serrières et Ce introduisirent un référé pour se faire autoriser, vu l'urgence, à faire exécuter les travaux nécessaires pour placer le robinet dont il s'agit.

Le 24 août 1866, le juge des référés rendit la décision suivante :

Nous, président, ouï... Donnons acte à Bérot de ce qu'il ne s'oppose point à l'exécution des travaux prescrits par l'arrêté administratif qui ne lui a jamais été signifié et auquel il est étranger, mais en réservant tous ses droits pour le cas où il en résulterait pour sa propriété un trouble ou un dommage ; et, attendu qu'il demande que les tuyaux de conduite du gaz soient établis au dehors et sans être incrustés dans les murs de l'immeuble, que Serrières et Cie soutiennent que ces tuyaux ont été ainsi placés, et qu'il reste seulement à poser un robinet et une clef régulatrice ; que les parties sont contraires en fait sur le mode d'exécution des prescriptions administratives ; qu'une expertise est urgente et nécessaire,

Disons que Peyre, expert dispensé du serment d'office, constatera l'état des travaux d'établissement de conduites et appareils à gaz exécutés par Serrières et Cie dans l'immeuble de Bérot, sis rue Montmartre, 123, et, connaissance prise de l'arrêté préfectoral, reconnaîtra s'ils ont été convenablement effectués, ou comment ils doivent l'être pour ne causer à la propriété ni danger, ni dommage, indiquer les déplacements et rectifications nécessaires, le mode le plus avantageux d'exécution de travaux encore à faire, s'expliquer sur tous les dires et difficultés, spécialement sur l'endroit où doit être placé le robinet réglementaire et la clef régulatrice, et s'il ne peut concilier les parties, donner son avis sur tout préjudice causé, son importance, les moyens de les réparer, et du tout déposera son rapport afin qu'il soit requis et statué, ce qui sera exécutoire par provision, nonobstant appel.

A la suite de ce jugement, M. Bérot ayant, sur les observations de M. Peyre, consenti à ce qu'il fût procédé à l'installation du robinet, la pose en a été faite sous la surveillance et d'après les indications de l'expert, de manière à n'apporter aucun trouble ni dommage à la propriété de M. Bérot.

202. — 3ᵉ Question.

Une église doit-elle payer le gaz qu'elle consomme pour son éclairage au prix stipulé par le contrat pour l'éclairage des particuliers? ou bien doit-elle être considérée comme un établissement municipal, et jouir, dès lors, en cette qualité, du prix réduit stipulé en faveur de l'éclairage public?

Cette question présente un haut intérêt pour les usines à gaz, car l'emploi du gaz qui, dans le principe, paraissait ne devoir pénétrer qu'avec d'énormes difficultés dans l'intérieur des édifices consacrés au culte catholique, en raison de certaines prescriptions canoniques que nous ignorons, tend aujourd'hui à se généraliser chaque jour davantage.

A Paris, l'éclairage des églises se paie au même prix que l'éclairage public pour les églises qui sont la propriété de la ville, et au prix de l'éclairage particulier pour celles des églises qui ne sont point la propriété de la ville, comme l'église Saint-Eugène, par exemple, qui a été construite par des souscriptions particulières.

Mais il ne faudrait pas tirer de cet état de choses des conclusions tendant à établir un précédent qui serait en désaccord avec la situation légale des églises.

Une église n'est pas, à proprement parler, un établissement municipal, comme nous allons le voir par la cause suivante :

L'Eglise Saint-Charles, à Nîmes, a voulu s'éclairer au gaz ; en conséquence, la Compagnie chargée de l'éclairage de la ville a procédé à l'installation du gaz. Mais, lorsqu'elle présenta son mémoire d'éclairage, dans lequel le gaz était compté au prix des particuliers, la fabrique prétendit qu'elle devait être traitée comme un établissement municipal, et qu'elle ne devait payer le gaz qu'au prix de la ville.

De là procès.

Pour élucider complètement la question, nous croyons devoir reproduire ici le mémoire qui fut dressé sur cette question par l'avocat de la Compagnie.

16

203. — Consultation.

Le soussigné, avocat à la Cour impériale de Nîmes, consulté sur la question de savoir si la Compagnie est obligée d'éclairer l'église Saint-Charles aux prix et conditions stipulés en faveur de la ville de Nîmes,

Vu le cahier des charges qui règle les droits et obligations réciproques de la ville et de la Compagnie ;

Vu les lois de la matière, notamment le décret du 30 septembre 1809, concernant les fabriques des églises ;

Est d'avis que la fabrique de l'église Saint-Charles ne peut pas revendiquer le bénéfice des avantages concédés à la ville de Nîmes, par la Compagnie, et qu'elle doit payer les frais d'installation et d'éclairage au prix fixé pour les simples particuliers.

§ I

D'après l'article 1er du cahier des charges, l'éclairage public comprend toutes les voies publiques, tous les établissements municipaux (notamment le théâtre), tous les établissements départementaux, et enfin les établissements militaires de la ville de Nîmes.

Si l'on s'en tient à la nomenclature qui précède, il paraît bien impossible de classer les églises dans la catégorie des établissements municipaux. En traitant avec la Compagnie, la ville de Nîmes a entendu, évidemment, obtenir une réduction de prix afférente aux établissements dont l'éclairage était à sa charge; mais si, comme nous le démontrerons bientôt, l'éclairage des églises incombe aux fabriques, il faudra bien reconnaître que la fabrique de Saint-Charles n'est pas fondée à revendiquer le bénéfice des avantages conférés à la ville.

L'article 1er du cahier des charges contient des expressions qui dévoilent clairement la pensée des parties contractantes et font voir ce qu'elles ont entendu par établissements municipaux. Cet article dit, en effet, que la Compagnie éclairera les établissements municipaux, qu'ils soient exploités par elle-même ou par ses préposés. Or, n'est-il pas manifeste que les églises ne sont exploitées ni par les communes ni par leurs préposés, et qu'on ne saurait, dès lors, les comprendre dans la catégorie des établissements municipaux dont s'occupe le cahier des charges ?

Il existe, dans le cahier des charges, une autre disposition dont la fabrique de Saint-Charles se prévaut contre la Compagnie ; elle est renfermée dans l'article 12 : « La Compagnie établira ou complètera, à « ses frais, tout le matériel nécessaire à l'éclairage pu- « blic, tels que lanternes, consoles, etc., etc. »

Mais y a-t-on bien réfléchi, et peut-on appeler éclairage public le luminaire des églises ? Il faudrait, pour cela, qu'une église fût un établissement public dans le sens légal du mot. Or, le législateur ne s'y est pas trompé. L'article 30 de la loi du 18 juillet 1837 appelle une église, non pas un établissement public, mais bien un édifice consacré au culte ; et le législateur comprend si bien la différence qu'il y a entre une église et un établissement public ou communal, que, dans ce même article 30, après avoir désigné la première sous la dénomination d'édifice consacré au culte, il parle des édifices communaux.

Ces explications suffiraient, sans doute, à démontrer que la f.brique de l'église Saint-Charles n'est pas fondée dans ses prétentions. Mais on verra bientôt combien cela est rendu plus clair par les observations ci-après :

§ II

Le décret du 30 décembre 1809, concernant les fabriques des églises, est toujours la loi en vigueur en cette matière.

L'article 36 de ce décret détermine quels sont les revenus des églises ; ils se composent : 1°, 2°, 3°, 4°, 5°, du produit de la location des chaises ; 6°, 7°, etc.; 11° du supplément donné par la commune, le cas échéant.

Après les revenus, viennent les charges, l'article 37 les énumère :

« Les charges de la fabrique sont : 1° de fournir aux « frais nécessaires du culte, savoir : 1°, 2°, etc., 5° le « luminaire. »

« 2° De veiller à l'entretien des églises, et, en cas « d'insuffisance des revenus de la fabrique, de faire « toutes les diligences nécessaires pour qu'il soit « pourvu, par la commune et par l'administration, « aux réparations et reconstructions devenues néces- « saires (Voy. *Dalloz, rép. V° culte, n° 597, et V° com- « munes, n° 132*). »

Même disposition dans l'article 92 du décret précité.

Ainsi, point de doute, l'entretien des églises est à la charge des fabriques, et nous venons de voir qu'au nombre des charges, figure le luminaire. On se demande, dès lors, en vertu de quelle convention ou de quel droit, la fabrique de Saint-Charles exigerait d'être éclairée à prix réduit, comme l'est la ville, et pourrait faire supporter par la Compagnie les frais d'installation?

Le cahier des charges, accepté par la Compagnie, engage celle-ci envers la ville de Nîmes, mais, assurément, il ne viendra jamais à la pensée de personne de soutenir que les fabriques des églises, étrangères à ces conventions, peuvent en revendiquer le bénéfice.

Un seul mot tranche la question. Qui paiera le gaz consommé dans l'église Saint-Charles? Sera-ce la ville ou la fabrique? Si c'était la ville, évidemment elle s'abriterait derrière son cahier des charges, et n'aurait à payer que quatorze centimes; mais, qui oserait le soutenir?

C'est donc la fabrique qui doit payer le luminaire, et, dans ce cas, elle subit la loi commune, en payant, non-seulement les travaux d'installation, mais encore le gaz à vingt-huit centimes.

L'argument est sans réplique.

Je sais bien que les articles 37 et 92 du décret, après avoir mis l'entretien des églises à la charge des fabriques, ajoutent, qu'en cas d'insuffisance de leurs revenus, les fabriques peuvent demander un secours à la commune.

16*

Mais il faut remarquer, en premier lieu, que dans l'espèce, l'insuffisance n'est pas constatée ; que les travaux d'installation et d'établissement pour éclairer au gaz l'église Saint-Charles ont été commandés sans qu'aucune des formalités prescrites par la loi, en cette matière, aient été observées. Ce qui suffit à démontrer que le paiement de ces travaux ne saurait être une charge municipale, et si, comme c'est surabondamment prouvé, ce paiement incombe à la fabrique, elle n'a droit à aucun rabais.

Que si, pour arriver à une solution contraire, l'on voulait prétendre qu'en cas d'insuffisance des revenus de la fabrique, la ville serait obligée de payer, et si l'on voulait induire de là que, dans cette hypothèse, le cahier des charges deviendrait applicable, il nous suffirait de répondre, pour démontrer combien est profonde cette erreur, que le droit pour la Compagnie, de réclamer le paiement des travaux au prix qu'ils ont coûté, et du gaz à vingt-huit centimes le mètre cube, serait le même ; car la ville n'a entendu stipuler des avantages aussi exorbitants à son profit que par rapport à l'éclairage laissé directement à sa charge, et non par rapport à celui qu'elle serait obligée de payer indirectement, accessoirement et seulement pour le cas d'insuffisance des revenus de la fabrique.

Pour faire supporter par les communes les dépenses qui, *à priori*, incombent aux fabriques, la loi détermine certaines formalités qui n'ont pas été observées ici. (Voy. *Dalloz*, *V° culte*, *n°* 598).

Donc, à tous les points de vue, la fabrique doit, et

la ville, fût-elle obligée de payer à sa place, devrait également, et ne pourrait exiger aucun rabais.

Quand une commune est obligée de suppléer à l'insuffisance des revenus de la fabrique, c'est le conseil municipal qui vote, et sa délibération doit être approuvée par le préfet, qui, dans certains cas, et selon l'importance du chiffre, consulte l'évêque. Il faut même ajouter que, s'il y a désaccord entre l'évêque et le préfet, on en réfère au ministre des cultes. (Voy. art. 93 du décret de 1809 et *Dalloz, eodem,* n° 599).

Ici, nous l'avons déjà dit, aucune formalité n'a été remplie.

Ajoutons qu'au nombre des formalités omises, se place celle qui, en cas d'insuffisance des revenus des fabriques, enjoint à celles-ci de justifier de cette insuffisance par leurs comptes et budgets.

Cette justification est une innovation de la loi du 18 juillet 1837 (art. 30, § 14). Elle n'avait pas été exigée par le décret de 1809. (Voy. *Dalloz, V° communes* n° 424).

Disons enfin que les dépenses pour lesquelles le conseil municipal doit venir en aide aux différents cultes sont celles qui sont considérées comme nécessaires pour l'existence même de ces cultes et la célébration de leurs cérémonies. (*Dalloz, V° communes,* n° 425).

Dans l'espèce, le conseil municipal n'a rien voté, ni la dépense, ni le mode d'éclairage. Donc, à tous les points de vue, la Compagnie nous paraît fondée dans ses prétentions.

Ainsi délibéré à Nîmes, le 2 février 1860.

PARADAN, *avocat*.

204. — Cette consultation si nette, si précise, était, en outre, appuyée des adhésions suivantes :

J'adhère. L'article 1er du cahier des charges comprend dans l'éclairage de la ville les établissements municipaux. Cette désignation n'est pas applicable à une église. Propriété de la commune, dont les deniers auront été employés à l'élever, l'église sera un édifice communal, un édifice public, un édifice consacré au culte, un monument municipal, et non point un établissement municipal. Cette dénomination ne s'entend que des marchés, halles, abattoirs, théâtres, etc.

L'art. 1er précise le théâtre; il aurait été certainement plus utile d'indiquer notamment les églises, qui rentrent bien moins encore dans la dénomination d'établissements municipaux. L'art. 1er ajoute : « établissements exploités. »

L'inconvenance serait criante si l'on avait voulu parler des églises. Et plus loin : « Etablissements exploités directement par la ville ou ses préposés. »

Cette indication exclue formellement les églises.

Les moyens développés par M. Paradan démontrent enfin la commune intention des partis et la nécessité d'appliquer l'article 1156 du Code Napoléon.

Le doute même suffirait pour que le cahier des

charges dût s'interpréter au profit de la Compagnie qui est l'obligée. (Code Napoléon, art. 1162).

Nîmes, le 5 mai 1860.

G. BALMELLE, *bâtonnier*.

L'éclairage public dont il est question dans les articles 1, 6 et 12 du cahier des charges est celui des voies publiques, des établissements municipaux ou départementaux, exploités directement par la ville, le département, leurs préposés, et les établissements militaires de la ville.

L'éclairage des églises n'est point, en ce sens, un éclairage public. Les églises ne sont point des établissements municipaux occupés ou exploités directement par la ville ou ses préposés.

Chaque paroisse a sa fabrique, sa personnalité civile. L'église ou la fabrique possède des biens, des revenus propres qu'on appelle le temporel de l'église. Elle a sa caisse, son budget, son trésorier qui fait les recettes, pourvoit aux dépenses et la représente en justice.

L'administration de la fabrique est séparée de l'administration municipale. Souvent les administrations sont mises en contact pour des intérêts communs qui les rapprochent, à raison desquels des charges sont imposées aux communes relativement au culte ; mais ce contact ne produit jamais une confusion d'intérêts et d'administration.

En cas d'insuffisance des revenus de la fabrique, la

caisse municipale est mise à contribution pour combler le déficit, non pour pourvoir directement à telle ou telle dépense du culte, à celle du luminaire, par exemple.

Si l'on s'arrête aux termes de la convention, il est impossible de faire jouir la fabrique de Saint-Charles des avantages stipulés au profit des seuls établissements municipaux occupés ou exploités directement par la ville ou ses préposés.

Si l'on recherche la commune intention, moins encore.

Dira-t-on que le théâtre n'est pas exploité directement par la ville ou ses préposés, et qu'il profite des prix abaissés de l'éclairage public? C'est vrai, mais cela tient à une stipulation spéciale. Anciennement, l'éclairage de la salle de spectacle était à la charge du directeur, qui le payait comme éclairage particulier. Plus tard, on songea à faire profiter le théâtre des prix abaissés de l'éclairage public, pensant que les avantages faits aux directeurs pourraient diminuer leurs exigences toujours croissantes par rapport à la subvention municipale annuelle. C'est là une exception conventionnelle sans conséquence sur la question à résoudre.

Ainsi, je partage l'avis de mes confrères et j'y adhère.

Nîmes, le 10 mai 1860.

ALPH. BOYER, *avocat.*

205. — La question se présentait donc dans cet état

devant les juges. Comme on a pu le voir par le mémoire de M. Paradan, elle se compliquait d'une autre
question, à savoir si l'installation du gaz, dans l'église
Saint-Charles, devait être opérée gratuitement par la
Compagnie, ainsi que la municipalité prétendait que
cela ressortait des termes du cahier des charges, point
sur lequel elle se trouvait en désaccord formel avec la
Compagnie.

On s'attendait donc, à l'audience, à voir la fabrique
de l'église invoquer l'appui de la municipalité, celle-ci
appelée en conséquence à la barre, et, attendu le désaccord existant entre la ville et la Compagnie sur
l'interprétation des termes du cahier des charges, le
Tribunal déférer la question au Conseil de préfecture
du département, seul juge de l'interprétation à donner
à un acte administratif.

Et en effet, le maire fut cité devant le Tribunal;
il déclara qu'aux yeux de la municipalité l'église
Saint-Charles était un établissement municipal.

Le Tribunal civil de Nîmes rendit alors, le 19 juin
1865, le jugement suivant :

Attendu qu'il résulte du cahier des charges que les concessionnaires du gaz sont obligés de fournir aux édifices religieux
le gaz au prix de 0 fr. 14 c. (prix payé par la ville);

Attendu qu'il en résulte encore que tous les branchements intérieurs sont à la charge de la Compagnie ;

Que la seule chose qui ne soit pas à sa charge, ainsi que cela
a été exécuté, ce sont les frais d'ornementation et de compteur;

Par ces motifs, le Tribunal, parties ouies, et Me Second, subs-
titut du procureur impérial en ses conclusions verbales et mo-

tivées, jugeant en matière ordinaire et en premier ressort, a déclaré et déclare que le cahier des charges soumet la Compagnie à l'obligation de fournir le gaz aux établissements religieux au prix de o fr. 14 c., ainsi qu'à l'obligation de fournir gratuitement les branchements intérieurs, sauf tout ce qui est relatif à l'ornementation et au compteur, le tout soit par voie d'exception, soit par voie de demande reconventionnelle, qu'en conséquence le compte de l'église Saint-Charles sera réglé conformément à ce que dessus, et à l'offre faite par les défendeurs ;

Condamme la Compagnie aux dépens, même en ceux de l'appel en garantie, etc.

206. — Ce jugement ne donne pas, évidemment, la solution demandée ; il tranche la difficulté par une affirmative qui n'est motivée par aucun considérant, il ne pèse pas les considérations qui militent contre l'admission de l'église au nombre des établissements municipaux, il ne réfute pas les motifs sérieux émis contre cette prétention ; au lieu de voir, dans le cahier des charges, des clauses douteuses ayant besoin d'être interprétées par l'autorité administrative, il déclare qu'il lit, dans ce cahier des charges, les obligations qu'il énumère, et laisse ainsi, au fond, la question tout entière sans solution motivée.

Par malheur, ce jugement a acquis depuis force de chose jugée.

La question de savoir si les églises doivent être considérées comme des établissements municipaux n'a donc point encore été jugée par les tribunaux, du moins à notre connaissance.

207. — 4ᵉ Question.

Le directeur d'une Société anonyme d'éclairage par

le gaz peut-il être poursuivi personnellement pour les contraventions commises par ses agents aux arrêtés qui règlementent l'exercice de l'industrie exploitée par cette société?

L'affirmative a été résolue par le jugement suivant du Tribunal de simple police.

Un inspecteur, chargé de la visite des appareils d'éclairage, dressa un jour un rapport par lequel il constatait que dans l'établissement d'une dame F... le robinet d'ordonnance était disposé de telle sorte que l'action d'un agent de la Compagnie n'était nullement nécessaire pour la mise en service des appareils, et que le gaz avait été livré à la dame F... avant l'autorisation régulière, et cela par le sieur G..., employé de la Compagnie du gaz.

Citation, pour contravention à l'arrêté du 18 février 1862, fut donnée à la dame F..., au sieur G... et, de plus, à M. X... personnellement, comme directeur de la Société anonyme du gaz.

Devant le Tribunal de police, la dame F... et le sieur G... nièrent les faits énoncés au rapport.

Quant au sieur X..., son avocat soutint qu'il ne pouvait être responsable personnellement d'une contravention qui n'était point son fait, qu'il n'avait pu empêcher, et qui même aurait causé un préjudice à la Société, puisque le gaz aurait été livré à la dame F... sans qu'elle en acquittât le prix; qu'enfin, le directeur d'une Société anonyme n'était qu'un membre du Conseil d'administration, un sociétaire qu'on ne saurait atteindre de préférence à tout autre pour lui ap-

17

pliquer une condamnation qui, en cas de récidive, deviendrait corporelle, ce qui rendrait impossible la direction de toute société anonyme importante.

Le commissaire de police, faisant fonctions de ministère public, répondit : qu'en fait, il y avait eu contravention formelle aux termes des articles 2 et 7 de l'arrêté du 18 février 1862, puisqu'il y avait eu réellement consommation illégale de gaz, et que le robinet extérieur avait une conformation vicieuse ; il a soutenu que la responsabilité de la contravention devait retomber tant sur la dame F... que sur le sieur G... et le directeur X... représentant la Compagnie ; que la qualité du sieur X... ne pouvait le mettre à l'abri de cette responsabilité, qu'il est le représentant de la Compagnie, que décliner cette responsabilité, c'est demander l'impunité pour toutes les contraventions qui peuvent être commises par la Compagnie.

Le Tribunal de police de Paris a rendu le jugement suivant le 19 août 1863 :

En ce qui touche la dame F***,

Attendu qu'il résulte d'un débat engagé sur le rapport dressé le 3 juin 1863 par le sieur Picard, inspecteur des appareils à gaz dans les habitations, que ledit jour la dame F*** faisait usage de gaz sans autorisation préalable, ce qui constitue une contravention à l'art. 2 de l'arrêté du 18 février 1862, aux termes duquel : « Aucun appareil ne peut être mis en service « sans une autorisation préalable et écrite du préfet de la Seine « ou de son délégué. »

Attendu qu'en admettant même que la dame F*** ait été, pendant un certain délai, munie d'une autorisation provisoire à l'effet d'allumer le gaz dans l'intérieur de son habitation, il résulte des explications fournies que cette autorisation était expirée depuis la fin de mai 1863, et que dès lors le fait à elle imputé, et qui a eu lieu le 3 juin, ne saurait être considéré comme couvert par ladite autorisation provisoire;

Que la contravention commise par la dame F*** tombe sous l'application de l'article 471, n° 15, du Code pénal,

Condamne la dame F*** à 5 francs d'amende et aux dépens.

En ce qui touche X***, directeur-gérant de la Compagnie générale du gaz :

Attendu que l'industrie qui a pour objet le chauffage et l'éclairage par le gaz dans l'intérieur des habitations a été réglementée par l'ordonnance de police du 27 octobre 1855 et par l'arrêté préfectoral du 18 février 1862 ;

Que ces ordonnances et arrêtés, intervenus en vertu de pouvoirs conférés à l'administration municipale par la loi des 16-24 août 1790, obligent donc la Compagnie concessionnaire de l'éclairage par le gaz ;

Attendu qu'aux termes de l'article 7 de l'arrêté du 18 février 1862, les robinets extérieurs doivent être pourvus d'un appendice disposé de telle sorte ou construit de telle manière que le consommateur ne puisse ouvrir ces robinets pour se donner le gaz, sans l'action préalable de la Compagnie ;

Attendu qu'il est constaté, par le rapport dressé le 3 juin dernier, et non détruit par la preuve contraire, que dans l'établissement de la dame F***, le robinet d'ordonnance était disposé de telle sorte que l'action d'un agent de la Compagnie n'était nullement nécessaire pour la mise en service des appareils ;

Que cette infraction à l'article 7 de l'arrêté du 18 février 1862 constitue une contravention qui tombe sous l'application de l'article 471, n° 15, du Code pénal ;

Que cette contravention est du fait et à la charge de la Compagnie du gaz, puisque c'est à elle que l'arrêté précité faisait un devoir d'assurer, par la disposition régulière du robinet extérieur placé chez la dame F***, la surveillance de l'administration supérieure ;

Attendu que la Compagnie du gaz ne saurait échapper à la

responsabilité pénale qui résulte, pour elle, de cette infraction, en s'abritant derrière sa qualité de Société anonyme ;

Attendu, en effet, qu'au regard de l'autorité, et en ce qui concerne l'exécution des arrêtés pris pour la réglementation de son industrie, une Société anonyme se personnifie nécessairement dans son directeur-gérant ; que c'est à ce directeur-gérant qu'incombe, comme représentant la Compagnie, comme disposant, pour faire fonctionner son industrie, de son matériel et de son personnel, l'obligation d'exécuter lesdits arrêtés ; que dès lors, s'il néglige ce soin, c'est sur lui que retombe la responsabilité pénale attachée à leur inexécution ;

Qu'autrement, et toutes les fois qu'il s'agirait d'industries exercées par des Compagnies anonymes, c'est-à-dire par des êtres collectifs insaisissables dans leur ensemble, l'autorité supérieure se trouverait désarmée, et l'action publique deviendrait complètement impuissante, et cela, alors même qu'il s'agirait, comme dans l'espèce, d'infractions à des arrêtés intéressant au premier chef la sécurité publique, ce qui n'aboutirait à rien moins qu'à assurer aux Compagnies anonymes le privilége de l'impunité pour l'exercice de leurs industries, quoique réglementées ;

Attendu que X*** est directeur-gérant de la Compagnie générale du gaz ; qu'à ce titre, et comme personnifiant la Compagnie, il devait veiller à l'exécution de l'arrêté du 18 février 1862 ; que dès lors, c'est sur lui que pèse la responsabilité pénale, au sujet de l'infraction dénoncée par le rapport ;

Attendu que X*** ne saurait détourner cette responsabilité en la rejetant sur celui des préposés de la Compagnie qui aurait eu, dans ses attributions, la surveillance du robinet signalé comme irrégulier ;

Attendu, en effet, qu'il est de principe, qu'en matière de professions industrielles réglementées, c'est sur le maître ou le chef de l'établissement, et non sur les divers agents qu'il peut convenir à celui-ci d'appeler à son aide, que pèse directement et personnellement l'obligation, au regard de la loi pénale, d'observer les conditions du mode d'exploitation imposées à son industrie par des arrêtés de police, dans un intérêt de sûreté publique;

Que c'est d'ailleurs, en ce qui concerne l'industrie du gaz, ce qui résulte des dispositions diverses de l'arrêté préfectoral du 18 février 1862, dont les injonctions, par la nature même des choses, s'adressent évidemment à la Compagnie du gaz elle-même, ou à celui qui le représente, et non aux ouvriers ou agents subalternes auxquels peuvent être confiés, par la Compagnie, tel ou tel détail de service; que ces ouvriers et agents, en tant qu'il ne s'agit pas de contraventions de droit commun, ne sont responsables que vis-à-vis de la Compagnie qui les met en œuvre, et non vis-à-vis de la loi pénale, qui ne leur prescrit rien personnellement, du plus ou moins de régularité qu'ils peuvent apporter dans l'exécution des ordres qui leur sont donnés;

Que le ysstème contraire aurait pour résultat, en déplaçant la responsabilité pénale, de mettre en quelque sorte l'action publique entre les mains de la Compagnie, et de subordonner la poursuite à l'indication qu'elle ferait de tel ou tel agent, par elle réputé délinquant;

Qu'un tel système est en tous points inadmissible; que de ce qui précède, il ressort que X*** doit, en raison du fait signalé au rapport, subir personnellement, comme directeur de la Compagnie générale du gaz, l'application de la peine édictée par l'article 471, n° 15, du Code pénal;

Condamne X*** à 5 fr. d'amende et aux dépens;

En ce qui touche G***, à l'égard de qui le ministère public déclare ne pas insister :

Attendu qu'il résulte des motifs ci-dessus déduits, qu'en admettant qu'il soit l'auteur du fait qui motive la poursuite, ce n'est pas sur lui, simple agent de la Compagnie, que pèse, au regard de la loi pénale, la responsabilité de ce fait; le renvoie sans dépens.

CHAPITRE XVI

APPENDICE

RÈGLEMENTS ADMINISTRATIFS

relatifs à l'emploi du gaz

ACTUELLEMENT EN VIGUEUR DANS LE DÉPARTEMENT DR LA SEINE

---

208. — *Arrêté concernant les conduites et appareils d'éclairage et de chauffage par le gaz dans l'intérieur des bâtiments.*

Le Sénateur, Préfet du département de la Seine, grand officier de l'ordre impérial de la Légion-d'Honneur,

Vu la loi des 16-24 août 1790 (titre xi) sur la police municipale ;

Vu le décret impérial du 10 octobre 1859, relatif

aux attributions de la Préfecture de la Seine et de la Préfecture de police ;

Vu l'ordonnance de police du 27 octobre 1855, concernant les *Conduites et Appareils d'éclairage par le Gaz* dans l'intérieur des habitations ;

Vu le rapport, en date du 26 février 1861, par lequel l'inspecteur général des ponts et chaussées, directeur du service municipal des travaux publics, a proposé de réviser et compléter les dispositions de l'ordonnance susvisée, afin de tenir compte de l'extension que l'emploi et les diverses applications du gaz ont reçue depuis 1855 ;

Vu l'arrêté préfectoral du 8 mars 1861, qui a institué une Commission spéciale à l'effet d'étudier les modifications à apporter à ladite ordonnance ;

Vu l'avis émis par cette Commission spéciale,

ARRÊTE :

ARTICLE 1er.

Toute personne qui voudra placer chez elle, dans Paris, des conduites de distribution, des compteurs, brûleurs et autres appareils de consommation de gaz, faire usage d'appareils établis par d'autres personnes, les déplacer ou réparer, y opérer des changements, additions ou modifications quelconques, devra préalablement en faire la déclaration à la Préfecture de la Seine (direction du service municipal des travaux publics).

Cette déclaration devra indiquer le nom et l'adresse de l'entrepreneur chargé de l'exécution des travaux, la quantité de gaz à consommer, l'usage qu'on en veut faire, le système des appareils dont on se servira et l'époque à laquelle les travaux seront terminés.

Sera considérée comme addition aux appareils toute conduite piquée, avec ou sans compteur, sur une conduite de distribution déjà autorisée. La déclaration sera signée du propriétaire ou locataire de la conduite principale, et la permission délivrée en son nom. Ce propriétaire ou locataire demeurera seul responsable vis-à-vis de l'administration municipale.

Art. 2.

Aucun appareil ne pourra être mis en service sans une autorisation préalable et écrite du préfet de la Seine ou de son délégué. Cette autorisation ne sera donnée qu'aux conditions suivantes :

1º La canalisation devra porter à demeure un ou plusieurs appareils révélant immédiatement l'existence des fuites. Ces appareils seront choisis par l'abonné parmi ceux dont l'administration aura autorisé l'emploi.

2º Avant tout service, la canalisation, depuis le robinet de la rue jusqu'au dernier bec, abstraction faite du compteur, sera soumise, en présence d'un agent de l'administration, par des appareilleurs ou des ouvriers du choix de l'abonné, à une épreuve d'une demi-atmosphère de pression au moins, mesurée au manomètre.

Un procès-verbal de visite, dressé par l'agent de

17*

l'administration, constatera, en outre, que les appareils, dans leur ensemble, sont établis conformément aux prescriptions du présent arrêté, que les tuyaux de conduite et de distribution de gaz ont une épaisseur suffisante et le diamètre nécessaire pour débiter le gaz qui doit être consommé.

En cas d'inexécution de l'une des dispositions qui précèdent, il sera sursis à la délivrance de l'autorisation.

Art. 3.

Les Compagnies d'éclairage et de chauffage par le gaz ne pourront délivrer du gaz à la consommation que sur la présentation qui leur sera faite de l'autorisation prescrite par l'article 2.

Art. 4.

Aucun branchement ne pourra être établi sur une des conduites que la Compagnie parisienne d'éclairage et de chauffage par le gaz est autorisée à poser sur la voie publique sans une autorisation spéciale. Les robinets des branchements devront être placés dans les soubassements des maisons ou boutiques, ou dans l'épaisseur des murs.

Les robinets existant sous la voie publique seront supprimés aux frais de qui de droit, au fur et à mesure de la réfection des trottoirs ou du pavé.

Art. 5.

Le robinet extérieur sera enfermé dans un coffre disposé de telle manière que le gaz qui s'y introduirait ne puisse se répandre dans les lieux où il est con-

sommé, non plus que dans les vides des devantures,
et qu'il soit forcé de s'échapper au dehors.

Ce coffre sera fermé par une porte en métal, dont la
Compagnie aura seule la clef. L'abonné ne pourra
toucher ni à la porte du coffre ni à l'appareil qui y
sera enfermé; mais cette porte sera percée d'un orifice
qui permettra de manœuvrer le robinet de l'extérieur.

Une clef de ce robinet sera remise aux inspecteurs
de l'éclairage, ainsi qu'au consommateur, pour que
celui-ci puisse, à sa volonté, l'ouvrir ou le fermer,
soit pour se donner le gaz, soit pour annuler la pression, soit, en cas de fuite et d'incendie, pour inter-
cepter toute communication entre la canalisation de
la rue et la distribution intérieure.

Art. 6.

Dans le cas où la consommation du gaz serait sus-
pendue dans une localité ou interdite par l'administration, le tuyau sera coupé, aux frais de la Compagnie, à 0^m 10 de la conduite.

Art. 7.

Le robinet intérieur sera pourvu d'un appendice
disposé de telle sorte ou construit de telle manière que
le consommateur ne puisse point ouvrir ce robinet
pour se donner le gaz sans l'action préalable de la
Compagnie. Pour les abonnés à l'heure, un agent de
la Compagnie rendra ce robinet libre à l'heure où l'é-
clairage doit commencer, et le fermera à l'heure où
l'éclairage doit cesser.

Art. 8.

Les compteurs destinés à constater la quantité de

gaz consommé devront être conformes aux modèles approuvés par l'administration, et avoir été soumis, préalablement à leur mise en service, à une vérification constatée par un poinçonnage. Le mécanisme des aiguilles, avant d'être employé, devra être soumis à un poinçonnage spécial, ayant pour but de faire reconnaître l'exactitude de sa construction et le soudage des aiguilles sur l'axe.

Art. 9.

Les compteurs seront établis dans des lieux d'accès facile, parfaitement aérés, et fixés par des vis ou écrous sur des plates-formes horizontales.

A l'extrémité de chaque compteur, on placera un robinet de sûreté, et, à la sortie, *un robinet à trois eaux*, afin de permetre l'essai de la canalisation, en isolant le compteur sans nouvel ajustage.

Le compteur de toute distribution sera proportionné à la consommation *maxima* de gaz nécessaire tant pour l'éclairage que pour le chauffage et pour tous autres usages qu'on aura en vue.

On prendra pour unité de calcul un débit de 120 litres de gaz par heure, qui correspond à la consommation d'un bec ordinaire d'éclairage.

Art. 10.

Les tuyaux de conduite et de distribution, dans tout leur développement, et les autres appareils, devront, autant que possible, rester apparents. Si un tuyau de conduite ou de distribution traverse en quelque sens que ce soit un mur, un pan de bois, une cloison, un placard, un plancher ou un vide intérieur quelconque, il sera placé dans un tube ou manchon continu ouvert à ses deux extrémités.

Ce tube sera en métal, et les joints de ses diverses parties seront parfaitement soudés ; il dépassera au moins d'un centimètre le parement des murs, cloisons, planchers, etc., dans lesquels il sera encastré; son diamètre intérieur aura au moins un centimètre de plus que le diamètre extérieur du tuyau de conduite auquel il livre passage.

Art. 11.

Les canillons de tous les robinets devront être disposés de manière à ne pouvoir être enlevés de leurs boisseaux, même par un violent effort.

Art. 12.

Les tuyaux de conduite ou de distribution et leurs manchons devront être en fer étiré ou forgé, en fonte, en plomb, en étain ou en cuivre, et parfaitement ajustés ; les métaux employés seront de première qualité.

Art. 13.

Les montres ou espaces fermés, destinés à l'étalage des marchandises, les placards et tous les endroits qui contiendront des brûleurs ou autres appareils, ou qui seront traversés par des tuyaux de conduite ou de distribution, devront toujours être bien ventilés.

Art. 14.

Les appareils destinés au chauffage ou à la cuisson des aliments, quoique établis dans des lieux ventilés, devront, en outre, être placés dans une hotte de cheminée.

ART. 15.

Les tuyaux de conduite ou de distribution, leurs soudures et tous les accessoires devront être constamment maintenus en bon état ; pour que l'administration ait toute sécurité à cet égard, chaque fois qu'elle le jugera nécessaire, les inspecteurs de l'éclairage s'assureront qu'il n'y a pas de fuite, au moyen des indicateurs permanents dont l'emploi est prescrit par l'article 2. S'ils en reconnaissent, ils en prescriront la recherche par le procédé que l'abonné aura choisi parmi ceux qui seront autorisés, et ils s'assureront, avant de laisser remettre les appareils en service, que ces fuites ont été convenablement réparées.

ART. 16.

Il est défendu de chercher les fuites par le flambage, même en plein air ou dans les lieux parfaitement ventilés.

Tous les autres moyens employés à la recherche des fuites devront avoir été préalablement autorisés par l'Administration.

ART. 17.

Les directeurs des théâtres et autres établissements publics faisant usage de compteurs de cent becs et plus seront tenus de faire mettre le gaz en charge, une heure au moins avant l'allúmage, pour s'assurer, au moyen des indicateurs permanents, que la canalisation est en bon état. Si des fuites étaient révélées, elles seraient aussitôt recherchées et étanchées.

L'exécution de cette mesure de précaution sera constatée chaque jour sur un registre, qui devra être présenté à toute réquisition des contrôleurs de l'éclairage privé.

Art. 18.

Toute personne voulant employer du gaz pour mettre des machines en mouvement, ou voulant en faire usage d'une manière intermittente, devra isoler ses prises de gaz de la canalisation de la rue par un régulateur gazométrique dont les dimensions seront déterminées par l'Administration.

Art. 19.

La Compagnie qui aura reçu avis d'un accident sera tenue d'envoyer immédiatement sur les lieux, et d'en informer aussitôt l'inspecteur général des ponts et chaussées, directeur du service municipal des travaux publics.

Art. 20.

Un exemplaire du présent arrêté et des instructions relatives aux précautions à prendre pour l'emploi du gaz (1) sera délivré aux abonnés, en même temps que leurs polices d'abonnement, par les soins des Compagnies.

Art. 21.

Les contraventions aux dispositions du présent arrêté seront constatées par des procès-verbaux qui seront déférés aux tribunaux compétents, sans préjudice des mesures administratives auxquelles ces contraventions pourront donner lieu, notamment la suppression des branchements particuliers, lesquels,

---

(1) Voir ces instructions au présent arrêté.

dans ce cas, ne pourront être rétablis que sur une nouvelle autorisation.

ART. 22.

L'inspecteur général des ponts et chaussées, directeur du service municipal des travaux publics, est chargé de l'exécution du présent arrêté.

Fait à Paris, le 18 février 1862.

Signé : G.-E. HAUSSMANN.

Par le Préfet :

Le Secrétaire général de la Préfecture,

G. SEGAUD.

209. — *Instructions relatives à l'éclairage et au chauffage par le gaz, ainsi qu'aux précautions à prendre dans son emploi.*

Pour que l'emploi du gaz n'offre aucun inconvénient, il importe que les becs n'en laissent échapper aucune partie sans être brûlée.

On obtiendra ce résultat pour l'éclairage en maintenant la flamme à une hauteur modérée (8 centimètres au plus), et en la contenant dans une cheminée en verre de 20 centimètres de hauteur.

Les lieux éclairés ou chauffés doivent être ventilés avec soin, même pendant l'interruption de la consommation, c'est-à-dire qu'il doit être pratiqué, dans chaque pièce, des ouvertures communiquant avec l'air extérieur, par lesquelles le gaz puisse s'échapper en cas de fuite ou de non-combustion.

Ces ouvertures, au nombre de deux, devront, autant que possible, être placées l'une en face de l'autre, la première immédiatement au-dessous du plafond, et la seconde au niveau du plancher.

Sans cette précaution, le gaz pourrait s'accumuler dans les appartements et occasionner de graves accidents.

Les robinets doivent être graissés intérieurement de temps à autre, afin d'en faciliter le service et d'en éviter l'oxydation.

Pour l'allumage, il est essentiel d'ouvrir d'abord le robinet principal et de présenter la lumière successivement à l'orifice de chaque bec, au moment même de l'ouverture de son robinet, afin d'éviter tout écoulement de gaz non brûlé.

Pour l'extinction, il convient d'abord de fermer chacun des brûleurs, et ensuite le robinet principal intérieur. Ce robinet doit être fermé lors de l'extinction même, après la fermeture du robinet extérieur, pour que le lendemain, au moment de l'ouverture du robinet extérieur, le gaz ne s'échappe pas dans l'intérieur.

Dès qu'une odeur de gaz donne lieu de penser qu'il existe une fuite, on peut, dans beaucoup de cas, en attendant que la recherche puisse être faite par les moyens indiqués dans l'arrêté préfectoral du 18 février 1862, déterminer le point où elle se trouve, en étendant avec un linge ou un pinceau un peu d'eau de savon sur les tuyaux ; là où il y a fuite, il se forme une bulle et, pour empêcher l'écoulement du gaz, il suffit de boucher le trou avec un peu de cire molle.

Dans tous les cas, il convient d'ouvrir les portes et les croisées, pour établir un courant d'air, et de fermer les robinets intérieur et extérieur; de plus, on doit aussitôt en donner avis au directeur du service municipal, à l'appareilleur et à la Compagnie.

Le consommateur doit bien se garder de rechercher lui-même les fuites par le flambage, c'est-à-dire en approchant une flamme du lieu présumé de la fuite. Les fabricants d'appareils doivent également s'en abstenir, conformément à l'article 16 de l'arrêté préfectoral du 18 février 1862.

Dans le cas où, soit par imprudence, soit accidentellement, une fuite de gaz aurait été enflammée, il conviendra, pour l'éteindre, de poser dessus un linge imbibé d'eau.

Il arrive parfois que, par suite de contre-pentes dans les tuyaux de distribution, les condensations s'accumulent dans les points bas et interceptent momentanément le passage du gaz, dont l'écoulement devient intermittent; les becs situés au delà de la portion engorgée s'éteignent, puis, si le gaz, par l'effet d'une augmentation de pression, parvient à franchir cet obstacle, il s'échappe des becs sans brûler, et se répand dans les appartements, où il devient une cause de graves dangers.

Pour les prévenir, il importe d'établir à tous les points bas des moyens d'écoulement pour ces condensations.

Les emplacements où sont posés les compteurs doivent être ventilés très soigneusement, par des trous percés dans les parois des caissons, ou mieux encore, s'il est possible, en les mettant en communication avec l'extérieur tant en dessus qu'en dessous.

Lorsqu'on exécute dans les rues des travaux d'égouts, de pavage, de trottoirs ou de pose de conduites, les consommateurs au-devant desquels ces travaux s'exécutent feront bien de s'assurer que les branchements qui leur fournissent le gaz ne sont point endommagés ni déplacés par ces travaux, et, dans le cas contraire, d'en donner connaissance à la Compagnie d'éclairage et à l'Administration municipale.

210. *Formalités à remplir pour l'adoption de l'éclairage au gaz.*

SERVICE DE L'ÉCLAIRAGE PARTICULIER.

Instructions pratiques pour l'exécution des prescriptions de l'arrêté du 18 février 1862.

DEMANDES D'AUTORISATION.

La demande doit toujours être rédigée sur papier timbré et signée du pétitionnaire ou de son fondé de pouvoirs. Elle devra porter en marge la mention : *Installation nouvelle,* ou *additions,* ou *réouverture sans changement ;* elle indiquera le nombre des becs, le nom et l'adresse de l'appareilleur.

Le pétitionnaire doit être le propriétaire ou locataire du branchement principal.

Le nom du pétitionnaire devra être également en marge, en gros caractères et très lisible. L'adresse sera complète et indiquera l'arrondissement de Paris où se trouve l'immeuble du pétitionnaire.

La demande devra être portée au bureau de l'éclairage particulier, annexe nord, place de l'Hôtel-de-Ville, n° 9, 3ᵉ étage, où il sera délivré un récépissé.

RÉVÉLATEURS ET ÉPREUVES.

Le révélateur de fuite et l'épreuve à une demi-atmosphère de pression sont exigés toutes les fois que la canalisation dépasse 10 mètres ou que, bien que n'atteignant pas cette longueur, elle ne se compose pas d'un tuyau de plomb en un seul morceau et sans joints.

Les révélateurs de fuite indépendants, tels que ceux de Siry-Lizars, de Cantagrel, de Fournier, etc., devront toujours être placés en vue et à portée de la main; ils ne seront jamais acceptés placés dans la boîte du compteur.

COMPTEURS.

Le compteur doit toujours être établi dans un endroit accessible, jamais dans une pièce où l'on couche. Il doit être renfermé dans une boîte ventilée à sa partie supérieure, assez vaste pour permettre d'arriver à toutes les parties du compteur, et notamment au tambour des litres, aux raccords du niveau d'eau et du siphon.

Les compteurs devront toujours être vissés sur la

plate-forme, et celle-ci sera en outre parfaitement horizontale.

INSTALLATION DES APPAREILS.

Les tuyaux de conduite et de distribution ne pourront être dispensés de fourreaux, sous aucun prétexte, toutes les fois qu'ils ne seront pas apparents. Chaque fois que le tuyau traverse une *cloison en bois* quelque mince qu'elle soit, le fourreau est exigé, et, dans ce cas, l'Administration préfère les fourreaux en fer, le plomb se coupant sur l'arête du bois. Les extrémités des fourreaux doivent dépasser le mur ou la cloison d'au moins un centimètre. Lorsque le tuyau traverse un parquet ou les marches d'un escalier, le fourreau devra sortir du plancher d'au moins cinq centimètres, de façon à ne pas être obstrué par les balayures; il devra, en ce cas, être en fer ou en cuivre, pour qu'on ne puisse pas l'aplatir avec les pieds.

Les fourreaux doivent avoir un diamètre intérieur supérieur au moins d'un centimètre au diamètre extérieur du tuyau qu'ils renferment. Cette prescription très importante est rarement exécutée.

Ne sont dispensés de fourreaux que les parties de tuyaux cachées sous tapisserie et d'une longueur *maxima de* 10 *centimètres.*

Tous les robinets doivent être garnis de point d'arrêt.

VENTILATION.

La ventilation devra toujours être largement pratiquée au moyen d'ouvertures placées ailleurs que dans les carreaux. Si la ventilation se fait dans les murs ou boiseries, les ouvertures doivent présenter une section *minima de* 5o *centimètres carrés* pour toute pièce cubant moins de 5o mètres cubes. Pour les pièces plus spacieuses, la section des ouvertures devra être augmentée en proportion.

Les ouvertures ainsi pratiquées doivent l'être immédiatement au-dessous du plafond, de la corniche, ou du poitrail ; elles doivent être garnies d'appareils dits ventouses, ou de toiles métalliques ayant des mailles d'au moins cinq millimètres d'écartement. Si le percement du mur a plus de 10 centimètres de longueur, il doit être garni intérieurement d'un manchon en métal et de grillages ou ventouses aux deux extrémités. Les percements à travers la pierre de taille n'ont pas besoin de manchon, mais devront être garnis de grillages aux deux extrémités.

La ventilation pourra aussi se faire au moyen de vasistas ayant un point d'arrêt rivé, qui empêche le vasistas de se fermer complètement ; il devra y avoir 15 millimètres de jour au moins, et ce vasistas devra se trouver à moins de 25 centimètres du plafond. Nous répétons que, dans aucun cas, la ventilation ne sera acceptée dans les glaces ou carreaux.

La ventilation devra être pratiquée toujours dans un mur, cloison ou vasistas donnant sur l'air extérieur. La ventilation d'une pièce à une autre n'est permise que dans le cas où la pièce à ventiler n'a accès d'aucun côté sur l'extérieur, et alors la seconde pièce devra être doublement ventilée à l'extérieur.

La ventilation ne devra pas avoir lieu par une ouverture pratiquée dans la cheminée d'un foyer; cependant, exceptionnellement, on tolérera la ventilation effectuée dans la hotte d'un fourneau de cuisine.

RECHERCHE DES FUITES.

La recherche des fuites ne doit avoir lieu que par les moyens autorisés.

Le flambage est, en toute circonstance, expressément interdit. (*Voir pour le mode de recherche adopté, l'instruction imprimée sur la police de la Compagnie du gaz.*)

Paris, le 29 avril 1863.

L'inspecteur principal de l'éclairage particulier.

M. LAMING.

Vu : l'inspecteur général directeur du service municipal des travaux publics.

MICHAL.

FIN

TABLE DES MATIÈRES

Les chiffres placés à la suite des matières indiquées ne se rapportent pas à la pagination, mais renvoient le lecteur aux numéros d'ordre mis en tête des principaux alinéas dont se compose chaque chapitre.

18

CHAPITRE II
Compétence.

CHAPITRE III
Police d'abonnement, obligation de livrer le gaz.

CHAPITRE IV

*Branchement et robinet extérieurs, entretien,
appareilleur agréé.*

CHAPITRE V

Compteur, pose, plombage, entretien, libre accès aux agents.

CHAPITRE VI

Compteurs. — Location.

CHAPITRE VII

Fraudes.

CHAPITRE VIII
Temps de la mise en charge des conduites.

CHAPITRE IX
Prix du gaz.

CHAPITRE X

Paiement du prix de l'abonnement. — Dépôt préalable. — Remboursement du dépôt à l'expiration de l'abonnement.

CHAPITRE XI

Interruptions d'éclairage, force majeure, indemnités. — Pouvoir éclairant du gaz. — Constatations.

CHAPITRE XII
Explosion de gaz. — Responsabilité.

clairer au gaz, branchement extérieur coupé, malfaçon, explosion, responsabilité de l'appareilleur et de la Compagnie, jugement du 12 novembre 1847, **180**.

— Travaux exécutés sur la voie publique, avaries aux tuyaux, explosion, responsabilité de l'entrepreneur, Trib. civil de la Seine, **23** avril 1861, **181**.

— Gaz portatif, explosion, mort d'homme, dommages à la veuve et à l'orphelin, Trib. civil de la Seine, 19 juillet 1862, **182**.

— Même accident, dommages au propriétaire de l'établissement, **183**.

— Incurie de l'abonné, fuite non réparée, explosion, Compagnie d'assurances, irresponsabilité de la Compagnie, Trib. civil de Rouen, **12** avril 1865, **184**.

— Réparation aux appareils, fuite de gaz, explosion, irresponsabilité de la Compagnie, Trib. civil du Hâvre, 20 décembre 1865, **185**.

CHAPITRE XIII

Cessation de l'abonnement.

— Cas où l'abonnement cesse de droit, **186**.

— Renouvellement par tacite reconduction, **187**.

— La tacite reconduction n'est pas applicable en matière de vente, **188**.

— Police expirée, continuation tacite, insuffisance d'éclairage, pose d'un nouveau branchement, cessation d'abonnement, Trib. de commerce, Seine, 2 février 1858, arrêt de la Cour du 18 mai 1858, **189**.

— Traité, faculté de rompre pour adopter un autre mode d'éclairage, gaz portatif substitué au gaz courant, Trib. de commerce, Seine, 19 novembre 1856, arrêt du 20 juillet 1857, **190**.

CHAPITRE XIV

Abonnement à l'heure.

CHAPITRE XV

Questions diverses.

— Contravention , Société anonyme, responsabilité du directeur, **207.**

CHAPITRE XVI

Appendice. — Règlements administratifs.

— Arrêté du préfet de la Seine du 18 février 1862, **208.**
— Instructions relatives à l'éclairage et au chauffage par le gaz, **209**
— Formalités à remplir pour l'adoption de l'éclairage au gaz, **210.**

TABLE

PAR ORDRE CHRONOLOGIQUE

DES

JUGEMENTS & ARRÊTS

Relatés dans cet ouvrage

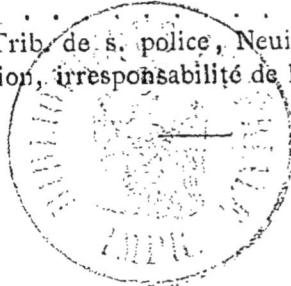

LE GAZ

10e ANNÉE   10e ANNÉE

Organe spécial des intérêts de l'industrie de l'Eclairage et du Chauffage par le Gaz.

Ce journal, qui paraît le dernier jour de chaque mois, traite de toutes les matières relatives à l'industrie du gaz, inventions, principes théoriques, résultats pratiques, événements, rapports des Sociétés gazières, jurisprudence spéciale, etc.

PRIX PAR AN :

Paris, 10 fr. — Départements, 13 fr. — Etranger, 15 fr.

LE CONSTRUCTEUR D'USINES A GAZ

RECUEIL MENSUEL

De plans, avec coupes et cotes, coloriés avec soin, d'usines, fours, appareils de fabrication et d'épuration, gazomètres, bâtiments, etc., en un mot, de tout ce qui entre dans la construction et l'organisation des usines à gaz.

UNE LIVRAISON DE 2 PLANCHES IN-4° PAR MOIS

Prix par an : 25 francs

La 5e année est en voie de publication

72, FAUBOURG MONTMARTRE, 72

TABLETTES

DU

DIRECTEUR D'USINE A GAZ

Sous ce titre, nous publions une série d'ouvrages relatifs à l'exploitation des usines à gaz.
Le premier ouvrage de cette collection traite du :

CONTROLE PRATIQUE

DE LA

QUALITÉ DU GAZ

Pouvoir éclairant. — Epuration

Prix du volume : 3 francs

Cet ouvrage est également indispensable aux municipalités et aux inspecteurs de l'éclairage public. Il traite d'une façon simple des expériences photométriques ; son succès auprès des municipalités et des compagnies démontre l'intérêt de cet ouvrage.

Le présent Recueil de jurisprudence est le deuxième ouvrage de cette collection.

EN PRÉPARATION :

Répertoire de jurisprudence, Usines : Administration, Municipalités, Charbons, Impôts, Enregistrements, etc.
Des sous-produits de la fabrication du gaz ;
De la comptabilité des usines à gaz, etc., etc.

*L'Aministration du journal LE GAZ, **72,** Faubourg-Montmartre, à Paris, se charge volontiers d'expédier les Appareils nécessaires à l'organisation des Cabinets d'expériences.*

On trouve aussi au bureau du journal, les objets suivants :

PHOTOMÈTRES à ombres unicolores, adoptés par la majeure partie des Municipalités de France pour le contrôle de la qualité du gaz. Prix : **30 fr.**; emballage en sus.

PAPIERS RÉACTIFS, acétate de plomb et tournesol pour la vérification de l'épuration du gaz. Prix : petits cahiers, 50 c., grands cahiers, **2 fr.**

GUIDE DE L'ABONNÉ au gaz d'éclairage et de chauffage ; ouvrage élémentaire et fort instructif. Prix : 1 fr. 50.

ÉTALON LÉGAL, instruction pratique, par MM. Dumas et Regnault. Prix, 60 c.

BREVETS pris dans l'industrie du Gaz, de 1791 à 1844, 1 volume in-8°. Prix : 5 francs.

www.ingramcontent.com/pod-product-compliance
Lightning Source LLC
Chambersburg PA
CBHW060135200326
41518CB00008B/1038